Der spanische Jakobsweg

Der spanische Jakobsweg

Ein Kunst- und Kulturführer

Von Bettina Marten

Mit 30 Abbildungen, 9 Risszeichnungen
und 9 Karten

Philipp Reclam jun. Stuttgart

RECLAMS UNIVERSAL-BIBLIOTHEK Nr. 18792

Umschlagabbildung: *Santa María de Eunate*; Innenklappe vorne: Christus als Pilger, *Santo Domingo de Silos, Kreuzgang*, Pfeilerrelief; Innenklappe hinten: *Frómista*, *San Martín*. Fotos: Achim Bednorz, Köln.
Gesamtherstellung: Reclam, Ditzingen. Printed in Germany 2011
RECLAM, UNIVERSAL-BIBLIOTHEK und
RECLAMS UNIVERSAL-BIBLIOTHEK sind eingetragene Marken der Philipp Reclam jun. GmbH & Co. KG, Stuttgart
ISBN 978-3-15-018792-0

www.reclam.de

Inhalt

Anhang

Vorwort

Der vorliegende Architektur- und Kulturführer möchte den Pilger unterwegs bei einer Rast oder am Ende einer Tagesetappe über Bau- und weitere Denkmale, ihre Entstehungskontexte sowie historische Ereignisse entlang des spanischen Jakobsweges unterrichten. Allerdings liegt es in der Natur der Gattung »Reiseführer«, dass nicht alle Objekte in gleich gebührender Länge beschrieben werden können. In der Hoffnung, der Geschichte des Jakobsweges gerecht zu werden, werden Denkmale ausführlicher behandelt, die üblicherweise keine Berücksichtigung finden, die aber im Gesamtgefüge ehemals eine wichtige, heute nur schwer nachvollziehbare Rolle spielten. Alle Angaben beziehen auch jüngste Forschungsergebnisse ein. Für die gezielte Suche nach Objekten einer bestimmten Stilepoche (Vor-Romanik und Romanik, Gotik, Renaissance bis Moderne, mudéjare Objekte, mozarabische Objekte) wurde ein eigenes Zeichensystem entwickelt (s. S. 31).

Dieses kleine Werk konnte nicht ohne den Rat anderer entstehen: Der Dank der Autorin geht an Michael Korey, Axel Börner, Michael Scholz-Hänsel, Horst Bredekamp, Christof Thoenes, Sigrun Jantzen, Nicole Hegener und Yvonne Fritz.

Puente la Reina, Iglesia de Santiago, Schwarzer Jakobus

›Ultreia‹ – die Geschichte des Camino de Santiago

Der vorliegende Band ist den Bau- und Kunstdenkmälern des spanischen Teils des Jakobswegs gewidmet, die im Laufe der Jahrhunderte seit dem Beginn der Pilgerreisen nach Santiago de Compostela zur Unterstützung der Pilger errichtet wurden. Mancher heute beschauliche Ort am Wegesrand verdankt seine Existenz allein der Tatsache, dass die zum Grab Jakobi ziehenden Pilgermassen Unterkunft, Verpflegung und Krankenfürsorge benötigten. Auf der iberischen Halbinsel war zu Beginn des 12. Jh.s die Hauptroute festgelegt und mit der entsprechenden Infrastruktur (Brücken, Hospize, Hospitäler, Gasthäuser) ausgestattet. Die Könige von Navarra, Kastilien und León förderten die Wallfahrt durch den Bau von Brücken und Hospitälern. Sie gründeten neue Städte und vergaben großzügige Privilegien an diejenigen Reisenden, die sich zum Bleiben entschlossen. Von der ehemaligen Bedeutung und Wichtigkeit künden an vielen Orten heute die verbliebene Bausubstanz; die Größe manches ehemaligen Klosters lässt sich heute aus den bestehenden Ruinen erschließen. Dieser Architektur- und Kunstführer will diese Orte durch Erklärungen und Interpretationen der Bau- und Kunstwerke in ihrer historischen Bedeutung dem heutigen Jakobus-Pilger erschließen.

In den letzten Jahrzehnten wurde die Pilgerfahrt nach Santiago de Compostela, neben Jerusalem und Rom das wichtigste Ziel christlicher Pilger, wiederbelebt und ist inzwischen wieder zu einer Massenbewegung geworden. Maßgeblich unterstützt wurde diese Entwicklung durch die Aufnahme des Jakobswegs in die Weltkulturerbeliste der UNESCO 1993, große internationale Ausstellungen und nicht zuletzt durch die zahlreichen Pilgerberichte namhafter Persönlichkeiten, z.B. von Cees Noteboom, Shirley MacLaine oder Hape Kerkeling, durch Romane,

z. B. von Paulo Coelho, oder durch Filme, z. B. von Coline Serreau. Fast jeder Angehörige der Euro-Zone trägt heute ein Abbild der Kathedrale von Santiago de Compostela in der Tasche in Form der 1- bis 5-Centmünzen aus Spanien. Jenseits der Pyrenäen werden in Mitteleuropa immer weitere und zusammenhängende Teile der alten Jakobswege wiederbelebt. So werden wir Zeuge eines mit großer Tradition behafteten gesamteuropäischen Wegesystems, auf dem sich die Menschen seit Jahrhunderten zu Fuß, zu Pferd oder mit dem Wagen bewegten und ihre Waren, Ideen und Kunstfertigkeiten transportierten.

Der Gedenktag des hl. Jakobus ist der 25. Juli, der in den Heiligen Jahren immer besonders aufwendig zelebriert wird. Ein Heiliges Jahr wird dann gefeiert, wenn der 25. Juli auf einen Sonntag fällt. Nur dann wird auch die Puerta del Perdón an der Kathedrale von Santiago de Compostela geöffnet. Entsprechend groß ist der Andrang der Pilger, die hier am Ende des rund 800 km langen Weges durch Spanien um die Vergebung ihrer Sünden bitten.

Die Geschichte der Wallfahrt nach Santiago de Compostela nahm ihren Anfang, als um 824 das vermeintliche Grab des Apostels Jakobus im äußersten Nordwesten Spaniens durch den Eremiten Pelayo und den Bischof Theodemir von Iria Flavia entdeckt wurde. Kurz darauf wurde unter dem asturischen König Alfonso II. eine erste Kirche als Andachtsstätte errichtet und der Bischofssitz von Iria Flavia nach Compostela verlegt. 899 erfolgte unter Alfonso III. die Weihe des zweiten, größeren Memorialbaus – der Neubau war nötig geworden, um den stark gestiegenen Pilgerstrom aufnehmen zu können. Für das Jahr 950/951 ist die Pilgerfahrt des Bischofs Godescalc von Le Puy nach Compostela überliefert und damit für das 10. Jh. bereits die Internationalität der Wallfahrer bezeugt. Zu diesem frühen Zeitpunkt waren es vorwiegend hohe Geistliche, Angehörige des Hochadels und Ritter, die zum Grab des Heiligen pilgerten. Abgesehen von der Petrusmemorie in Rom waren in Compostela die einzigen Apostelreliquien im Westen zu finden, von denen sich die Gläubigen die Vergebung ihrer Sünden und positive Auswirkungen für ein Leben nach dem Tod erhofften. Zwischen dem 11. und dem 16. Jh. erhöhte sich die Zahl der Pilger, die nun auch niederen sozialen Schichten angehörten. Die Wallfahrt nahm den Charakter einer Massenbewegung an – bot sie doch die Möglichkeit und häufig genug auch ein Alibi für den Ausstieg aus dem Alltag. Mit dem Beginn des 16. Jh.s wurde das Interesse an der Wallfahrt immer geringer, bis es in der ersten Hälfte des 20. Jh.s fast zum Erliegen kam. Die Gründe dafür sind wohl in den Auswirkungen der Reformation und in einem gewandelten Verständnis von der Bedeutung von Reliquien zu suchen. Seit den 1980er Jahren wächst die Zahl der Pilger stetig.

Jakobus der Ältere und Spanien

Dem Neuen Testament zufolge war Jakobus d. Ä. der Sohn des Zebedäus und der Maria Salome, der im Osten Galiläas in Betsaida am See Gennesaret lebte und mit seinem jüngeren Bruder Johannes dem Evangelisten seinen Lebensunterhalt als Fischer verdiente. Beide Brüder arbeiteten zusammen mit Petrus und dessen Bruder Andreas. Die Berufung der vier durch Jesus erfolgte beim Fischen (Mt. 4,21; Mk. 1,16; Lk. 5,1–11). Innerhalb der Apostelgruppe nahm Jakobus neben seinem Bruder Johannes und Petrus eine herausragende Stellung ein. Er wird in den Evangelien an zweiter oder dritter Stelle genannt. Bei allen entscheidenden Ereignissen im Leben Jesu war er anwesend: Bei der Auferweckung der Tochter des Jaïrus (Mk. 5,37), bei der Verklärung (Mt. 17,1 ff.) und beim Gebet Jesu im Garten von Gethsemane (Mt. 26,36–37). Unter Herodes Agrippa (reg. 41–44) erlitt Jakobus um 44 n. Chr. in Jerusalem durch das Schwert den Märtyrertod – als erster aus dem Kreis der Jünger

Christi (vgl. Apg. 12,1–2). Das Neue Testament gibt keine Auskunft darüber, wie der Leichnam des Apostels nach Spanien kam bzw. welche Verbindungen mit der Iberischen Halbinsel bestanden. Der Legende zufolge retteten die beiden Jünger Athanasius und Theodosius seinen Leichnam, legten ihn in ein Schiff, das auf wundersame Weise geleitet an der galizischen Küste anlandete, wo der Leichnam von seinen beiden Jüngern begraben wurde. Etwa 780 Jahre später wird die Grabstelle aufgrund von auffälligen Lichterscheinungen in einer ehemaligen römischen Nekropole nahe Iria Flavia (dem heutigen Patron) durch den Eremiten Pelayo und den Bischof Theodemir von Iria Flavia entdeckt.

Die Echtheit der in der Grabstätte ruhenden Gebeine ist nach wie vor zweifelhaft, was schon Martin Luther zur Äußerung veranlasste, es könnten auch Hühnerknochen in der Grabstätte liegen. Auch historische Quellen fehlen, die eine eindeutige Identifizierung zulassen. So wird weiterhin nach Erklärungsmodellen gesucht, weshalb der Leichnam Jakobi gerade im äußersten Nordwesten Spaniens seine letzte Ruhestätte fand. Für die Verbindung des hl. Jakobus mit Spanien lassen sich verschiedene Quellen aus der Zeit vor dem 9. Jh. heranziehen, z. B. die Schriften des Julius Africanus, gen. Pseudo-Abdias aus dem 5. Jh. oder die im 7. Jh. in Westeuropa verbreiteten Apostelverzeichnisse *Brevarium apostolorum*, die dem Bedürfnis Rechnung trugen, jedem Apostel ein spezielles Missionsgebiet zuzuweisen. Jakobus wird darin eine Missionstätigkeit in Spanien zugeschrieben, ohne jedoch eine Grablege auf der iberischen Halbinsel zu erwähnen. Diese Zuweisung nimmt auf hispanischem Boden der Mönch Beatus aus dem Kloster Liébana um 785 im Rahmen der dritten Redaktion seines Apokalypse-Kommentars vor. Um die gleiche Zeit entstand auch die Hymne *O Dei verbum,* in der Jakobus als Patron Spaniens und Verteidiger der Orthodoxie gepriesen wurde. Einen eigenen Feiertag gab es für Jakobus zu diesem Zeitpunkt noch nicht.

Die Auffindung der Grablege muss vielmehr im Zusammenhang mit der politischen Situation – seit 711 unternahmen die Mauren ihre Eroberungszüge durch die iberische Halbinsel – und den theologischen Auseinandersetzungen innerhalb der hispanischen Kirche um die Adoptianismus-Lehre, die von dem Erzbischof von Toledo vertreten wurde, gesehen werden. Die Entdeckung des Jakobusgrabes bot die Möglichkeit der Gründung einer unabhängigen asturischen Kirche mit gotisch-mozarabischer Kirchenordnung, die sich auf Jakobus als Gründungsvater berief. Da Jakobus als Garant für die Verbreitung und als Verteidiger des wahren christlichen Glaubens galt, verschaffte sich das asturische Königreich die Autorität für die von ihrem Boden ausgehende *reconquista*. Der Anfang des Jakobus-Kultes hatte kirchenpolitisch zwei Dimensionen: zum einen eine französisch-europäische vor allem nach der Jahrtausendwende als Bestandteil der Propaganda zur Anerkennung ihrer Primatsansprüche und zum anderen zur Reorganisation der spanischen Kirche gemäß römischer Prinzipien und der Gregorianischen Reform, die durch Cluny und den »Cluniazensischen Imperialismus« maßgeblich geleitet wurde. Die spanische Dimension des Kultes schritt progressiv mit der Reconquista fort, bis sich der Jakobus-Kult in einen echten Nationalkult verwandelte.

Santiago *matamoros*

Der hl. Jakobus wurde in Spanien im Kampf der christlichen Könige gegen die islamischen Eroberer in besonderer Weise verehrt und instrumentalisiert: Der Legende zufolge soll der Apostel im Jahr 844 in der Schlacht bei Clavíjo (bei Logroño) dem Anführer des christlichen Heeres, König Ramiro I. von Asturien (reg. 842–850), im Kampf gegen die Mauren beigestanden und zum Sieg verholfen haben. Seither trägt der Heilige den Beinamen *ma-*

Santiago matamoros, Burgos, Diözesanmuseum

tamoros – ›Maurentöter‹. Während der anschließenden Zeit der Reconquista wurde das Bild des Jakobus *matamoros* als Feldherr von Gottes Gnaden, der für die gerechte Sache kämpft, immer wieder beschworen, wie die zahlreichen Kunstwerke bezeugen, die den Heiligen auf einem Pferd heranpreschend, das Schwert bedrohlich schwingend, darstellen. Was für die iberische Halbinsel bis zur endgültigen Niederlage der Mauren 1492 und der Übergabe Granadas an die Katholischen Könige galt, wurde im 16. Jh. bei der Eroberung und Kolonialisierung Mittel- und Lateinamerikas ebenso beschworen. Nach Abschluss der Reconquista 1492 wurde der Heilige als *matamoros* immer wieder dann eingesetzt, wenn es um die Verteidigung nationaler Interessen und Herrschaftssicherung ging. Im 20. Jh. wurde der Jakobuskult 1937 durch General Francisco Franco wiederbelebt, der mitten im spanischen Bürgerkrieg den kämpferischen Maurentöter zum spanischen Nationalheiligen ernannte. Er rekrutierte ihn damit erneut als Vorreiter und Identifikationsfigur einer ›gerechten Sache‹.

Codex Calixtinus oder *Liber Sancti Jacobi*

»Offizielle« Grundlage für den Jakobus-Kult bildet das *Liber Sancti Jacobi.* Das aus 225 Blättern bestehende, 5teilige Original wird in der Bibliothek der Kathedrale von Santiago de Compostela aufbewahrt. Die in der Forschung gebräuchliche Bezeichnung *Liber Sancti Jacobi* oder *Codex Calixtinus* geht auf Joseph Bédier, 1929, zurück. Das lateinische Original trägt den schlichten Titel *Iacobus.* Der Autor des Sammelwerkes ist unbekannt. Offiziell wurde Papst Calixtus II. (1119–24) als Verfasser genannt und seine Autorschaft durch eine Miniatur am Beginn des Werkes bekräftigt, doch darf diese Zuschreibung als Erfindung gelten. Inzwischen wird die Autorschaft in Kreisen gebildeter Kleriker vermutet. Inhaltlich und stilistisch unterscheiden sich die Teile sehr stark voneinander. Die Kompilation der einzelnen Teile, die zuweilen auch Aimericus Picaudus (Aymeric Picaud) zugeschrieben wird, war wohl zwischen 1140 und 1160 abgeschlossen. Eng verbunden mit der Abfassung des *Liber Sancti Jacobi* ist auch der Name des Bischofs Diego II. Gelmírez (1098/99–1140). In seine Amtszeit fiel die Erhebung Compostelas zum Erzbistum durch Papst Calixt II. Auch die Zahl der Pilgerfahrten nahm in diesem Zeitraum deutlich zu. Diego II. Gelmírez trat auch als Auftraggeber für die *Historia Compostellana* in Erscheinung, der zweiten bedeutenden Quelle in Zusammenhang mit dem Jakobskult.

Das *Liber Sancti Jacobi* besteht aus fünf Teilen: In Teil I, der Predigten (z.B. *Veneranda dies*), liturgische Texte und Messformulare enthält, steht der hl. Jakobus im Mittelpunkt, der als biblisches Vorbild und Leitfigur dargestellt wird – jedoch immer in Verbindung mit seiner Grabstätte in Compostela. Die Predigt *Veneranda dies* (*Der ehrwürdige Tag*) wurde am Tag des Translationsfestes, am 30. Dezember, vorgetragen. Teil II enthält die Berichte über 22 ausgewählte Wunder (z. B. das Hühnerwunder) des hl. Jakobus, die aus Galicien, Deutschland, Italien, Ungarn und Dazien überliefert sind und sich in Italien, Deutschland und Frankreich, besonders Südfrankreich, begaben. Diese Erzählungen lassen darauf schließen, dass der Jakobuskult um 1100 schon ein gesamteuropäisches Phänomen war. Teil III berichtet auf sieben Seiten über die Translation des Leichnams Jakobi nach Santiago. Er berichtet von der Überführung des apostolischen Leichnams und soll die leibliche Präsenz des Heiligen in Compostela »beweisen«. Teil IV (sog. *Pseudo-Turpin*) ist dem Feldzug Karls des Großen 778 gegen die Mauren und die angebliche Befreiung des Weges nach Santiago de Compostela durch den Frankenkaiser gewidmet. Der Text wurde angeblich von dem Erzbischof Turpin (oder Tilpin) von Reims 748/749–794 (daher der Name »Pseudo-Turpin«) verfasst. Die Schlachten Karls des Großen auf der Iberischen Halbinsel sind auch in den *Chansons de geste* und hier besonders im *Rolandslied* überliefert. Der hl. Jakobus spielt hierin zwar nur eine untergeordnete Rolle, doch für die in den *Codex Calixtinus* aufgenommene Fassung wurde die Erzählung an die Hauptperson angepasst. Die Verbreitung des Pseudo-Turpin im 11./12. Jh. und der einsetzende Kult um den deutschen Kaiser ist im Zusammenhang mit der Kanonisierung Karls des Großen am 29. Dezember 1165 durch den Gegenpapst Paschalis III. zu sehen. Teil V enthält den Pilgerführer, der als Anleitung und Information für die Durchführung der Wallfahrt gedacht war. Dieser bietet u. a. die Streckenbeschreibung von St.-Jean-Pied-de-Port- bzw. Somport-Pass in Aragón bis nach Santiago de Compostela, eine Aufzählung der unterwegs zu besuchenden Heiligengräber, Hinweise auf Gefahren am Wege, eine ausführliche Beschreibung Santiagos mit einer Beschreibung auch der gerade im Bau befindlichen romanischen Kathedrale samt ihrer damaligen Hauptfassade. Dieser Textabschnitt wird wiederholt Untersuchungen unterzogen, denn es ist nicht eindeutig geklärt, ob der Verfasser bereits die endgültige Fassade (Meister Mateo, um 1188) gesehen hat oder aber seine Beschreibungen auf Zeichnungen stützte. Die Fassade des 12. Jh.s wurde im 18. Jh. durch die heutige verblendet. Der Pilgerführer endet mit der Aufzählung der darzubringenden Opfergaben und mit der Aufforderung um die ehrwürdige Aufnahme der Jakobspilger. Besonders für diesen fünften Teil wird vermutet, dass als Autoren gebildete Kleriker am Werke waren. In diesem Zusammenhang wird inzwischen auch vermutet, dass es hier möglicherweise weniger um eine praktische Hilfestellung geht, sondern der Pilgerführer vielmehr als moralische Reiseanleitung anzusehen ist, mit der die Kleriker die Volksfrömmigkeit mit ihren zuweilen subversiven Zügen zu kanalisieren suchten. Vom Pilgerführer des *Liber Sancti Jacobi* ging eine Initialzündung aus, wird er doch als erster der Gattung *Reiseführer* bezeichnet.

Herkunft des Wortes »Pilger«

Das deutsche Wort »Pilger« leitet sich vom lateinischen *peregrinus* ab und bedeutet zunächst ›der Fremde‹. Im weiter gefassten Sinn ist damit derjenige gemeint, der in der Fremde sein Heil sucht. Das Wort »Pilger« wird in zweifacher Hinsicht konnotiert: zum einen verband man damit die Vorstellung eines mönchisch-asketischen Lebens (z. B. das Eremitentum im 3. und 4. Jh.); zum anderen umschreibt es den Aufbruch der Mönche und anderer Heilsuchender ins Exil.

Die Predigt *Veneranda dies* aus dem *Liber Sancti Jacobi* nennt als ersten Pilger Adam, der die Verbannung auf sich nehmen und das Paradies verlassen musste, weil er das göttliche Gesetz übertreten hatte. Als weiterer Pilger wird darin Abraham auf der Suche nach dem verheißenen Land gezählt: »Ziehe fort aus deinem Land, aus deiner Verwandtschaft in das Land, das ich zeigen werde und ich will dich zu einem großen Volke werden lassen.« (Gen. 12,1) Der Auszug des Volkes Israel aus Ägypten wurde demzufolge ebenso als Pilgerreise gedeutet wie der Weg des Jacob nach Ägypten. Die im Neuen Testament erwähnte Reise der Jünger nach Emmaus wurde ebenfalls als Weg der Heilsuche interpretiert (→ Santo Domingo de Silos, Kreuzgang, Pfeilerrelief: *Christus als Pilger*). In der jüdischen und christlichen Religion wird schließlich auch das irdische Leben als Pilgerfahrt gedeutet: Der Einzelne ist als Fremder auf Erden auf dem Weg zur Erlösung. Ebenso wie die Apostel von Jesus mittellos und barfuß in die Welt geschickt wurden, sollten sich auch die Pilger auf die Reise begeben:

> Die Apostel waren Pilger, weil der Herr sie ohne Geld und ohne Schuhwerk schickte. Deshalb ist es den Pilgern nicht erlaubt, in irgendeiner Form Geld mitzunehmen, wenn sie dieses Geld nicht mit den Armen teilen.
> (*Jakobsweg*, »Veneranda dies«, S. 26/28)

Insignien des Jakobspilgers

Den Jakobspilger zeichnen folgende Insignien aus, die erstmals und mit ihrer symbolischen Bedeutung im *Codex Calixtinus* genannt wurden:

Die Jakobsmuschel (lat. *Pecten jacobeus* oder *Pecten maximus*) konnte der Pilger am Brunnen vor dem Nordportal der Kathedrale erwerben. Er befestigte sie entweder an der umgeschlagenen Krempe seines Pilgerhutes, am Pilgerumhang (*Pelerine*) oder an seinem Brotbeutel. Sie diente dem Pilger nicht nur als praktisches Gefäß zum Wasserschöpfen, sondern garantierte ihm als ausgewiesenem Jakobspilger auch Hilfe und rechtlichen Schutz auf dem Heimweg:

> Im Meer bei Santiago gibt es Fische, die gemeinhin *verae* (*vieiras*) genannt werden, sie haben auf beiden Seiten einen Schild, zwischen denen sich – gleichsam wie zwischen zwei Schalen – der Fisch in Form einer Auster verbirgt […]; die Pilger heften sie bei der Rückkehr vom Grab des hl. Jakobus an ihre Pilgermäntel zur Ehre des Apostels sowie zu dessen Gedächtnis und bringen sie als Zeichen der langen Reise mit großer Freude nach Hause zurück. Die zwei Schilde der Muschel, durch die der Fisch beidseitig geschützt wird, bezeichnen die zwei Vorschriften der Nächstenliebe, mit denen der Träger sein Leben festigen muss; das heißt Gott über alles und den Nächsten wie sich selbst zu lieben. (*Jakobsweg*, »Veneranda dies«, S. 24 f.)

Ein Lederbeutel enthielt den Proviant:

> Nicht ohne Grund erhalten diejenigen, die sich zu den Gräbern der Heiligen aufmachen, den Stab und die geweihte (Pilger-)Tasche in der Kirche. Wenn wir nämlich jene zu den Heiligtümern schicken, damit sie Buße leisten, geben wir ihnen eine geweihte Tasche und sprechen nach kirchlichem Brauch: *Im Namen unseres Herrn Jesus Christus. Nimm diese Tasche als Zeichen deiner Pilgerschaft, damit du geläutert und befreit zum Grab des hl. Jakobus gelangen mögest, zu dem du aufbrechen willst, und kehre nach Vollendung deines Weges unversehrt mit Freude zu uns zurück; dies gewähre Gott, der lebt und herrscht von Ewigkeit zu Ewigkeit. Amen.* […] Durch die Pilgertasche […] wird also die Freigiebigkeit in Almosen und die Abtötung des Fleisches versinnbildlicht. Sie ist ein enger Beutel, aus der Haut eines toten Tieres gefertigt, oben immer offen und nicht durch Bänder zusam-

> mengehalten. Die Enge der Pilgertasche bedeutet, dass der auf den Herrn vertrauende Pilger nur einen kleinen und bescheidenen Vorrat mit sich führen soll. Sie ist aus der Haut eines toten Tieres gefertigt, weil der Pilger selbst sein mit Lastern und Begierden versehenes Fleisch abtöten soll: durch Hunger und Durst, häufiges Fasten, durch Kälte und Nacktheit, durch viele Mühen und Schmach. Sie ist nicht mit Riemen verschlossen, sondern oben immer offen, ein Sinnbild für den Pilger, der zuvor seinen Besitz mit den Armen teilt und später zum Nehmen und Geben bereit sein muss. (*Jakobsweg*, »Veneranda dies«, S. 21–23)

Der Pilgerstab dient zum Stützen und Abwehren von wilden Tieren:

> Ebenso sagen wir, wenn wir ihm den Stab geben: *Nimm diesen Stab zur Unterstützung deiner Reise und deiner Mühen für deinen Pilgerweg, damit du alle Feindesscharen besiegen kannst, sicher zum Grab des hl. Jakobus gelangest und nach Vollendung deiner Fahrt zu uns mit Freude zurückkehrest. Dies gewähre Gott, der lebt und herrscht von Ewigkeit zu Ewigkeit. Amen.* […] Den Stab nimmt der Pilger gleichsam als dritten Fuß zur Unterstützung, er symbolisiert den Glauben an die hl. Dreifaltigkeit, an dem er festhalten soll. Der Stab hilft dem Menschen, sich gegen Wölfe und Hunde zu verteidigen. Der Hund pflegt den Menschen anzubellen, der Wolf das Lamm zu verschlingen. Hund und Wolf versinnbildlichen den Teufel als Verführer des Menschengeschlechts. […] Deshalb müssen wir den Pilger mahnen, wenn wir ihm den Stab geben, seine Schuld durch das Bekenntnis zu tilgen, sein Herz sowie seine Glieder durch das Zeichen der Dreifaltigkeit gegen Täuschungen und Gedanken des Teufels erneut zu stärken. (*Jakobsweg*, »Veneranda dies«, S. 21–24)

Ferner gehörten zur Ausstattung eines Pilgers der Umhang und der breitkrempige Hut als Schutz gegen Sonne und Regen sowie ein Flaschenkürbis (Kalebasse) für Wein oder Wasser. Muschel, Stab, Beutel und Kalebasse werden zu den Erkennungszeichen, die wie kleine Icons auch immer wieder am Pilgerweg zu finden sind.

Gründe für eine Pilgerreise

Die Gründe, weshalb Männer, Frauen, Kinder, Familien im Mittelalter zu einer Pilgerfahrt »ad limina Beati Jacobi« aufbrachen, sind vielfältig, wie sich aus den Pilgerberichten des 14. bis 16. Jh.s entnehmen lässt: Ein Grundmotiv lag in der Bittfahrt, häufig aufgrund körperlicher Gebrechen oder anderer schwerer diesseitiger Not, die mit der Bitte um Sündenvergebung verbunden wurde. Auch die wachsende Furcht vor dem Fegefeuer führte dazu, dass immer zuverlässigere Sicherheiten vor der ewigen Verdammnis gesucht wurden. Eine kirchlich angeordnete Wallfahrt konnte an andere delegiert werden. Ebenso wurden Pilgerfahrten als Sühne eines Verbrechens auferlegt. Ziel der Reise war die Erlangung des Ablasses und damit die Vergebung der Sünden im Jenseits. Der Ritterfahrt lagen andere Motive zugrunde. Wurden die Ritter zunächst von dem Kreuzzugsgedanken geleitet, die Errettung des Abendlandes und des Christentums in der zweiten Hälfte des 12. Jh.s im Kampf gegen die Mauren auch auf europäischem Boden auszutragen, so wandelten sich in der Zeit danach die Motive – eine gewisse Lust am Abenteurertum kann dem *peregrino caballeresco*, dem wallfahrenden Ritter, zu einer Reise *ad terris fineon* nicht abgesprochen werden. Jakobus hatte sich nicht zuletzt als Mitkämpfer der Reconquista auch als Patron des edlen Rittertums ausgewiesen. Als drittes Motiv lässt sich die Neugierde ausmachen: Das Pilgerwesen konnte sich im Laufe des 13. Jh.s zu einem

Massenphänomen entwickeln, weil der Mensch des Hoch- und Spätmittelalters das Reisen leidenschaftlich liebte.

Für die Zeit um 1500 lassen sich Veränderungen in der Motivation feststellen. Zwar überwog zweifellos das fromme Motiv, doch diente die Pilgerfahrt zunehmend als Erklärung, um sich »an ausländischen Höfen aufzuhalten, Länder mit fremden Sitten kennenzulernen, Handelsgeschäften nachzugehen oder seine Geschicklichkeit auf ritterlichen Turnieren zu beweisen« (Herbers/Plötz ^{6}1998, S. 24). Der Strukturwandel, der sich auch für die anderen internationalen Pilgerfahrten feststellen lässt, vollzieht sich im 16./17. Jh. und liegt im Zusammenhang mit den konfessionellen Konflikten des 16. Jh.s begründet. Mit der Aufklärung kommt ein neuer Typus der Reise in Mode – die Grande Tour, die keine religiösen Motive mehr zur Rechtfertigung benötigte.

Die Wege

Die wichtigsten Ausgangspunkte für die Wanderschaft waren auf deutschsprachigem Gebiet Köln und Einsiedeln (Schweiz). Von Köln aus führte der Weg zunächst nach Paris, Vézelay oder Arles (dorthin führte auch eine Hauptroute von Einsiedeln aus), wo die vier Hauptrouten auf französischem Boden ihren Anfang nahmen:

- Via Turonensis von Paris aus über Orléans, Tours, Poitiers, Saintes und Bordeaux.
- Von Vézelay über Nevers, Limoges, Périgueux nach Roncesvalles.
- Via Egidiana von Arles über Montpellier und Toulouse zum Somport-Pass.
- Die Via Podensis begann in Le Puy en Velay und führte über Conques, Figeac, Cahors und Moissac nach Roncesvalles.

Diese vier Hauptrouten trafen sich an zwei Stellen in den Pyrenäen, am Somport-Pass und in Roncesvalles. Vom Somport-Pass aus ging der Weg über Jaca und Leire nach Puente la Reina, wo er mit dem Weg von Roncesvalles über Pamplona zusammentraf und dort eine einzige Route, den *Camino Francés*, nach Compostela bildete. Der *Camino Francés* wird im *Liber Sancti Jacobi* oder *Codex Calixtinus* in folgende Etappen eingeteilt:

1. Route:	*2. Route:*
St. Jean Pied de Port – Viscarret	Somport-Pass – Jaca
Viscarret – Pamplona	Jaca – Monreal
Pamplona – Puente la Reina – Estella	Monreal – Puente la Reina – Estella

↘ ↙

Estella – Nájera
Nájera – Burgos
Burgos – Frómista
Frómista – Sahagún
Sahagún – León
León – Rabanal
Rabanal – Villafranca del Bierzo
Villafranca del Bierzo – Triacastela
Triacastela – Palas de Rei
Palas de Rey – Santiago de Compostela

Die dreizehn Etappen sind für Pilger zu Pferd berechnet; der Pilger zu Fuß benötigt je nach Kondition zwischen 20 und 30 Etappen. Parallel dazu gab es eine Küstenroute, die von Bayonne aus über Irún und Tolos verlief und in Burgos mit der anderen Route zusammentraf. Diese Küstenroute wurde mit fortschreitender Rückeroberung der maurisch besetzten Gebiete allerdings immer weniger genutzt. Weitere Routen führten vom Atlantik über Oviedo oder von Portugal aus nach Compostela.

Der Weg nach Santiago führt durch völlig unterschiedliche Landschaften. Hochgebirgspässe gehören ebenso dazu wie grüne Flusstäler und kahle Hochebenen, auf denen der Reisende den teilweise extremen Wetterbedingungen ausgeliefert ist – Schnee und Kälte im Winter, Hitze und Trockenheit im Sommer. Der Weg ist teilweise geschottert; teilweise führt er über die alten Römerstraßen; manchmal verläuft er aber parallel zur geteerten, stark befahrenen Landstraße. Jede Etappe hat ihre eigene Herausforderung.

Architektur und Kunst am Weg

Der kunstinteressierte Pilger wird entlang des Camino einen großen Reichtum an Kunstdenkmälern aller Epochen bis in die Gegenwart antreffen. Dabei ist anzumerken, dass die nordeuropäische Epocheneinteilung nicht mit der spanischen Kunstgeschichtsschreibung in allen Fällen kohärent einhergeht. Gotische Stilelemente werden beispielsweise noch lange bis in das 16. Jh. verwendet; ebenso sind die Stilmittel des Barock bis weit in das 18. Jh. hinein zu verfolgen, während sich an manchen Bauten schon der klassizistische Baustil beobachten lässt. Statt nach der reinen Stileinteilung ist vielmehr nach den Bauherrn und ihren Intentionen bzw. nach der Zweckbestimmung eines Kunstwerkes zu fragen, um das zeitliche Nebeneinander verschiedener Baustile und den Rückgriff auf ältere stilistische Mittel zu erklären.

Neben herausragenden Bauwerken wie z. B. der Kathedrale von Santiago de Compostela, der Kathedrale von León, dem Ensemble San Isidoro de León oder den Kirchen in Estella gibt es eine Vielzahl von kleineren, oftmals entlegenen Bauten und Überresten, die für die Entwicklung und Ausprägung der Kunststile von Bedeutung sind. So lassen sich schon frühe Zeugnisse für das Aufkommen z. B. der Gotik beispielsweise in den Fensterrosen der um 1200 datierten Kirche San Juan / San Nicolás in Portomarín oder in den Skulpturen des Portalgewändes von Santa María la Real in Sangüesa feststellen. Viele sakrale Bauten vor allem aus dem 11. und 12. Jh. zeichnen sich durch einen spezifischen Baudekor aus, wie z. B. den Würfelfries, Kugeln und Zapfen, Palmettenfriese usw. Sie sind im Zusammenhang mit den Bauherren bzw. den Auftraggebern und Stiftern dieser Bauwerke zu interpretieren, z. B. mit den Königshäusern von León und Aragón, die diesen speziellen Baudekor als ikonographisches Programm im Sinne der Repräsentation einsetzten. Die in Spanien besondere politische und religiöse Situation des konkurrierenden Nebeneinanders zweier monotheistischer Religionen, des Christentums und des Islams, führte zur Aufnahme von Dekorationselementen aus der arabischen bzw. islamischen Kunst auch in die christliche Kunst, wie z. B. dem Zickzackfries (Kirche Santiago in Puente la Reina, Kirche San Pedro de la Rúa in Estella). Hinsichtlich dieser Rezeption wurde bislang völlig außer Acht gelassen, dass sowohl die christliche wie die islamische Kunst auf ein gemeinsames Erbe zuruckgreifen, die Kunst und Architektur der römischen Antike, das in eine jeweils eigene künstlerische Sprache weiterentwickelt wurde.

Weitere Phänomene sind die für Spanien spezifischen Richtungen der mudéjaren bzw. mozarabischen Kunststile, die sich in den christlichen und islamischen Bevölkerungsgruppen herauskristallisierten, die in den jeweils anderen religiös dominierten Landesteilen lebten (z. B. mudéjare Bauten in → Sahagún). Durch Flucht und Vertreibung verbreiteten sich diese beiden Stile dann aber auch in den von der eigenen Religion bestimmten Gebieten (z. B. mozarabische Architektur in → San Miguel de Escalada). Im 14./15. Jh. wurden islamische Kunstfertigkeiten auch von der Oberschicht der christlichen Königreiche im Norden Spaniens goutiert, z. B. die *yeseria* genannten Gipsarbeiten (z.B. → Burgos, Las Huelgas Reales) oder die mudéjaren Holzdecken (z.B. → Carracedo, Kloster San Salvador / Santa María). Um 1500 entwickelte sich die sog. isabellinische Gotik und der plateresker Stil, beides verfeinerte Dekorationssysteme, die zum einen aus gotischen Elementen wie Maßwerken, Baldachinarchitekturen, Krabben usw. (isabellinische Gotik, z.B. → Burgos, Convento de Miraflores), zum anderen aus Maskeronen, Wappenschilden, Girlanden usw. (plateresker Stil, z.B. → León, Hostal de San Marcos) bestehen. Neue Altäre entstanden im sog. hispanisch-flämischen Stil unter dem Einfluss niederländischer Malerei auf die Malerei der spanischen Künstler. Zu den Besonderheiten des spanischen Kirchenbaus gehört der Einbau eines *coro* im Mittelschiff vor der Vierung, der den Klerikern vorbehalten war. Die oftmals reich verzierte Außenwand wird *trascoro* genannt.

Auch wenn nach 1500 weiterhin die Verwendung gotischer oder mudéjarer Stilelemente in der Architektur beobachtet werden können, so wird mit der Übernahme der Herrschaft durch die Dynastie der Habsburger, die mit Karl V. (d.i. in Spanien Carlos I.) beginnt, auch eine neue Architektursprache eingeführt, die ihre Wurzeln nicht auf der iberischen Halbinsel, sondern in Italien hat. Die Bauten der italienischen Renaissance und des Barock werden stärker rezipiert (z.B. die Rathäuser von → Viana, → Los Arcos, → Pamplona) und finden eine spanische Variante in dem sparsamen Herrera-Stil, benannt nach dem Architekten des Klosterpalastes El Escorial, Juan de Herrera. Um 1600 werden viele Gotteshäuser mit aufwendig gearbeiteten Altären ausgestattet, die in der Gestaltung architektonische Elemente der Renaissance aufgreifen. Zu erklären ist dies mit einem neuen Auftreten der katholischen Kirche, die im Land der Gegenreformation nach dem Konzil von Trient mit einer neuen »Bildpropaganda« und neuen visuellen Reizen die Gläubigen an sich zu binden sucht. Die Altäre sind oftmals stärker auf die Titularheiligen ausgerichtet, die bewusst in Szene gesetzt werden, und nicht allein auf Christus oder die Jungfrau Maria. Eine ganz eigene Richtung in der Bildhauerei entwickelt sich um 1500 mit den *esculturas polycromadas*, farbig gefassten Holzskulpturen, deren Farbigkeit ihre Expressivität verstärkt. Bis weit in das 18. Jh. hinein wird der barocke Baustil gepflegt, der sich einerseits in überbordender Ornamentierung der Architektur manifestiert (z. B. → Kathedrale von Santiago de Compostela – Westfassade), andererseits sich genau in das Gegenteil verkehrt mit schlichten, strengen Fassaden, in Fortführung der architektonischen Prinzipien des Juan de Herrera. Für die Malerei ist die Ankunft des Malers Anton Raphael Mengs von Bedeutung, der für die Kirche → Santa María de la Manzana in Castrojeriz ein Altarbild schuf. Um 1780 bürgert sich der *estilo neoclasizismo* in der Architektur ein; als einer der herausragenden Vertreter ist der Madrider Architekt Ventura Rodríguez zu nennen, der die Fassade der → Kathedrale von Pamplona entwarf. Viele sakrale Bauten am Wege erfahren im 18. Jh. eine Umformung, Modernisierung und Anpassung an den zeitgenössischen Geschmack. Im 19. Jh. herrscht keine rege Bautätigkeit am Camino. Erst kurz vor der Jahrhundertwende entstehen einige wenige Bauten, u. a. in → Astorga (Bischofspalast) und → León (Casa de Botínes) zwei Frühwerke des katalanischen Architekten Antoní Gaudí, der hier auf neogotisches Formenrepertoire zurückgreift. Im 20. Jh. entstanden ab 1950 einige neue Kirchenbauten (z. B. → Virgen del Camino), die sich an den internationalen Architekturstilen orientieren; seit dem Jahr 2000 sind verstärkt neue Museumsbauten oder Konzerthäuser entstanden (z. B. → Alzuza, Museo Oteiza; → León, Konzerthaus). Mit Beginn der Wiederbelebung der Pilgerfahrten nach Santiago ist darüber hinaus vielerorts das Bemühen der Kommunen zu beobachten, mit Hilfe von neuen Platzanlagen und der Installation von Skulpturen im öffentlichen Raum ein attraktives Umfeld zu schaffen und an die Anfänge der Pilgerreisen anzuknüpfen.

Zur Anlage des Buches

Der Architektur- und Kulturführer folgt topographisch der Strecke des Jakobsweges vom Ibañeta-Pass in Navarra bzw. dem Somport-Pass in Aragón bis nach Finisterra. Die Objekte wurden gemäß ihrer stilgeschichtlichen Einordnung mit kleinen Bogenicons bzw. einem Kreis am Rand versehen: Drei Bögen bzw. Kreise kennzeichnen Hauptwerke, zwei Bögen bzw. Kreise bezeichnen wichtige Werke, ein Bogen bzw. Kreis sehenswerte Objekte. Verschiedene Bögen an einem Bauwerk dokumentieren seine Bauphasen. Die mit einem ☧ gekennzeichneten Bauten tragen ein Chrismon; der Pfeil verweist auf wichtige Denkmale abseits der Hauptroute. Die Karten auf den Umschlagklappen geben eine relative Lage der Orte zueinander wieder. Kleinere Orte konnten aus Platzgründen nicht aufgenommen werden, wiewohl sie in der Abfolge des Weges beschrieben werden.

Hauptsehenswürdigkeiten in alphabetischer Ordnung

Ein Pfeil ⇨ verweist auf Orte, die nicht direkt auf dem Jakobsweg liegen.

Zeichenerklärung

Vorromanische und romanische Objekte
Gotische Objekte
Mozarabische Objekte
Mudéjare Objekte
Objekte des 16./17. Jh.s bis nach 1900
Bauwerke, die ein Chrismon tragen
Abstecher

Provinz Navarra

Von Puerto de Ibañeta über Roncesvalles, Pamplona, Puente la Reina, Estella und Torres del Río nach Viana

Der 1057 m hohe PUERTO DE IBAÑETA (Ibañeta-Pass; IV P) bildet einen der beiden Ausgangspunkte für den spanischen Teil des Pilgerwegs nach Santiago de Compostela, der von französischer Seite von St-Jean-Pied-de-Port aus erreicht wird. Bereits im Altertum wurde dieser Übergang von Kelten und Römern benutzt, später von den Sueben, Wandalen und Westgoten. Im 11. Jh. stand hier eine kleine, dem Kloster von Leyre angeschlossene Kapelle, die den Namen *Capilla de Carlomagno* oder *Roldán* trug, von der heute jedoch jede Spur fehlt. Die moderne Kapelle *San Salvador* wurde mitsamt dem Kreuz 1965 errichtet. Am Abstieg nach Roncesvalles führt der Weg am *Monumento a Roldán* vorbei. Der Stein, der ein Schwert in Erinnerung an das mythische Schwert Durendal des Roland und zwei gekreuzte Morgensterne trägt, gemahnt an die wenig ruhmreiche Schlacht des Heeres Karls des Großen im Jahr 778 gegen die heidnischen Waskonen, in der der legendäre Heerführer Roland sein Leben verlor. Diese historische Begebenheit wurde in den nachfolgenden Jahrhunderten mehrfach literarisch verarbeitet, z. B. in dem um 1100 in Nordfrankreich entstandenen Ritterepos *Chanson de Roland.*

RONCESVALLES: Das **Kloster Roncesvalles** (baskisch Orreaga; IV P) mit Kirche und Pilgerhospiz ist das erste Pilgerziel am Abstieg vom Ibañeta-Pass. Es wurde durch Sancho de Larrosa, Bischof von Pamplona, im Jahr 1127 gegründet, mit der ausdrücklichen Aufgabe, die Pilger zu pflegen, um die sich die ansässigen Augustinermönche kümmerten, wie in dem zwischen 1199 und 1215 entstandenen Lobgedicht *Precios* beschrieben. In getrennten Bereichen wurden Frau-

Roncesvalles, Klosteranlage

en und Männer u. a. mit weichen sauberen Betten, Fußwaschungen und der Reparatur der Sandalen nach den Strapazen der ersten Etappe verwöhnt. Im Hospital gab es eine Kapelle, die den hll. Katharina und Marina gewidmet war. Die Klosteranlage besteht aus dem ehemaligen Krankenhaus (heute **Jugendherberge**), dem ehemaligen **Prioranerhaus, Benefizierwohnungen** und **Schulgebäude**, die einen langgestreckten Block bilden, der **Stiftskirche Santa María** mit Kreuzgang, **Capilla de Espirito Santo** und **Capilla de Santiago**. Der schlichte Gebäudeblock mit **Kranken- und Prioranerhaus** wurde um 1800 nach Plänen des Architekten José Poudez errichtet. Ein Anbau aus dem 19. Jh. enthält heute **Bibliothek** und **Museum**. Das Gebäude der Benefizierwohnungen mit Schulhaus entstammt der zweiten Hälfte des 18. Jh.s. Es ist mit der Fassade der **Kirche Santa María** durch einen 1762 entstandenen Tunnel verbunden, das *Portal der Pilger*.

Die **Iglesia de Santa María** wurde zwischen 1215 und 1221 auf Veranlassung des Königs Sancho VII. (reg 1194–1234) errichtet und stellt eines der schönsten Beispiele frühgotischer Architektur auf der iberischen Halbinsel dar. Mehrere Brände und Bauschäden erforderten im 17. Jh. allerdings eine grundlegende Renovierung, die teilweise zu einer Überformung mit Elementen barocker Architektur führte.

Die Fassade wirkt trotz des Stufenportals, das beidseitig von spitzbogigen Biforiumsfenstern flankiert wird, und der Fensterrose sehr schlicht. Die Apsis wird außen durch starke Strebepfeiler gestützt. Der dreischiffige, basilikale Innenraum zeigt den für gotische Bauwerke charakteristischen dreizonigen Wandaufriss mit Arkade, Empore und Fenster. Im Chorraum steht unter einem modernen Baldachin das aus versilbertem Zedernholz gearbeitete Bildnis der *Nuestra Señora de Roncesvalles*, das neuerer Literatur zufolge um 1350 in Toulouse gefertigt worden sein soll.

Die pentagonale Krypta unterfängt die Apsis der Oberkirche und deren Presbyterium; die Gewölberippen tragen Blattgirlanden als Verzierung.

Auf der Südseite der Kirche schließt sich der zwischen 1615 und 1661 errichtete Kreuzgang an, der den um 1600 durch die große Schneelast zerstörten Vorgängerbau ersetzt. Heute verweisen noch Nischengräber auf diesen Vorgängerbau, dem stilistische Ähnlichkeiten mit demjenigen der → Kathedrale von Pamplona nachgesagt werden. Die mächtigen Strebepfeiler dienen als Präventivmaßnahme gegen weitere Schneeschäden. Auf der Ostseite des Kreuzgangs öffnet sich hinter einem Stufenportal die **Capilla de San Agustín** mit Kreuzgewölbe über Engelskonsolen, die wegen ihres turmähnlichen Äußeren auch **Torre de San Agustín** genannt wird. Die Kapelle, früher der Kapitelsaal des Klosters, beherbergt seit 1912 den Sarkophag von König Sancho VII., dem Mäzen des Klosters und einer der Sieger der Schlacht bei Tolosa im Jahre 1212. Die

Grabplatte mit der Liegefigur des Monarchen wurde um 1250 auf Wunsch von Teobaldo I. gefertigt. Der am Eingang im Boden eingelassene Grabstein ehrt den Abt García Juna de Viguria (1327–1346). Zwei Kapitelle tragen Darstellungen des Sündenfalls und der Vertreibung aus dem Paradies.

Die **Capilla de Santiago** stammt aus dem 13. Jh. Die Fassade ist mit dreistufigem Stufenportal und einem Okulus ebenso schlicht gehalten wie bei der Stiftskirche. Bis in das 18. Jh. diente die Kapelle als Pfarrkirche. Erst im 20. Jh. wurde sie mit einer feierlichen Zeremonie, während der die Glocke der alten Kapelle von Ibañeta in den Aufsatz gehängt wurde, wieder in Betrieb genommen.

Das **Monumento de Roldán** auf dem Hauptplatz des Gebäudeensembles wurde 1978 aufgestellt und erinnert an den Kampf des Roland gegen die heidnischen Feinde. Es zeigt neben Kriegern zu Fuß auch zwei Reiter, die mit dem Schwert aufeinander losgehen. Die Position der beiden Protagonisten über Eck lässt sich auf ein Kapitell am → Königspalast von Estella aus dem 12. Jh. zurückführen.

Die **Capilla de Espirito Santo**, ein quadratischer, von einem Portikus umgebener Bau, auch *Silo de Carlomagno* genannt, steht im Zusammenhang mit der im Pilgerführer des *Codex Calixtinus* genannten und in der Ode *Preciosa* besungenen Kapelle des Roland als Grabstätte des mythischen Kämpfers und seiner Mitkämpfer. Die Krypta diente als Beinhaus für die im Hospital verstorbenen Pilger. Der heutige Gebäudename ist seit dem 17. Jh. gebräuchlich. Im Inneren der Kirche ist die originale Konstruktion des 12. Jh.s zu sehen.

Von dem etwas abgelegenen Steinbau der **Albergue Itzandeguia** aus dem 14. Jh. wird angenommen, dass er früher als Hospital diente. Er steht womöglich an der Stelle des bereits für das 13. Jh. dokumentierten Krankenhauses. Der mit Spitzbögen überfangene Raum steht heute den Pilgern als Übernachtungsmöglichkeit zur Verfügung.

Am Ausgang des Komplexes befindet sich ein 1880 von Abt Francisco Polite aufgestelltes Pilgerkreuz, das **Crucero Viejo**, das aus älteren Elementen zusammengesetzt wurde. Unter dem stilisierten Kreuz ist ein Bildnis der Mutter Gottes zu sehen. Es ist das erste von einer Vielzahl von Pilgerkreuzen, die am weiteren Weg nach Santiago stehen.

Burguete (IV P) erhielt im Laufe der Geschichte mehrere Namen: Verbürgt ist u. a. *Auritz*, aber auch *Puerto de Ibañeta*. Die Grenzsituation zu Frankreich und die Lage an einem der wichtigsten Pyrenäenübergänge führten zu mehrfachen Zerstörungen des Dorfes. Dennoch gibt es in dem Straßendorf einige Wohngebäude, deren Ursprünge bis in das 18. Jh. zurückreichen. Einer der berühmtesten Besucher des Dorfes war Ernest Hemingway, der dessen Einwohner auch im Roman *Fiesta* verewigte.

Die **Kirche** ist dem hl. Nikolaus geweiht. Sie erhielt um 1699 eine neue Fassade mit Renaissance-Elementen, die von der ortsansässigen Familie Ocoz finanziert wurde. Das Portal schuf Juan de Miura aus Bera. Die Fensterrose darüber wird der Frühgotik zugerechnet. Der barocke Altar stammt aus der Kirche von Sarriguren.

Der Ort Espinal (IV P) wurde im Jahr 1269 von König Teobaldo II. von Navarra gegründet. Von der alten Bebauung hat sich nichts mehr erhalten.

Viscarret (*Biscarret*, IV P) wird im Pilgerführer als *Biscarellus* bzw. *Biscaretum* bezeichnet. Es wird angenommen, dass hier im 12. Jh. ein Hospiz bestand, das als Etappenende des ersten Tages angesteuert wurde. Es verlor seine Bedeutung später durch die Hospize in Roncesvalles. Um den Marktplatz stehen wuchtige, für die Pyrenäen typische Häuser mit hochgewölbten Einfahrten. Die **Pfarrkirche San Pedro** schmückt ein spätromanisches Portal.

Die **Casa Acotain** am Ortseingang trägt ein Chrismon.

Linzoain (auch Lintzoain; IV P) liegt am Fluss Erro. Die romanische **Kirche San Saturnino** wurde im 12. und 13. Jh. errichtet und im 20. Jh. renoviert. Das Portal ziert ein Chrismon, das in das 12. Jh. datiert wird.

Der Name des Ortes Zubiri (IV P) ist baskisch und bedeutet *Dorf der Brücke*. Er bezieht sich auf die zweibogige, dem Mittelalter zugerechnete Brücke über den Fluss Arga. Bereits zu römischer Zeit soll hier ein Übergang existiert haben. In einem der Brückenpfeiler sollen die Reliquien der hl. Quiteria aufbewahrt werden. Einem alten Aberglauben zufolge sind diejenigen Tiere, die bei Niedrigwasser dreimal den Mittelpfeiler umrunden, vor Tollwut geschützt. Außerhalb des Ortes führt der Weg an einer 1945 in Betrieb genommenen Fabrik für Eisenverhüttung vorbei.

Larrasoaña (IV P), der heutige Hauptort des Esteríbar-Tales, wird im Pilgerführer unter dem Namen *Ressogna* erwähnt. Diese wichtige Station am Pilgerweg konnte ihre Bedeutung bis in das 18. Jh. hinein bewahren. Für das frühe 11. Jh. ist ein **Augustiner-Kloster** bezeugt, das 1097 an das Kloster von → Leyre überging. 1174 wurden dem Ort die *fueros* (gewohnheitsrechtliche Privilegien) übertragen. Wie in anderen hauptsächlich von Franken besiedelten Ortschaften reihen sich die Häuser beiderseits der Hauptstraße, durch die schon früher der Pilgerweg führte. Im Jahr 1329 soll hier ein Reichstag stattgefunden haben, in dessen Verlauf König Philipp III. und seine Frau Juana inthronisiert wurden. Wichtigstes Baudenkmal ist die sogenannte **Puente de los Bandidos**, die *Banditenbrücke*, aus dem 14. Jh. Die **Kirche San Nicolás de Bari** mit der breiten Vorhalle datiert ins 13. Jh.

Zuriain, Iroz, Arleta (IV P): Die aus dem Mittelalter stammende **Pfarrkirche** von Zuriain ist dem hl. Millán geweiht; sie wurde im 16./17. Jh. restauriert. Bei Iroz führt eine romanische **Brücke** über den Fluss Arga. Arleta wartet in der romanischen Kirche **Santa Marina** mit einer modernen Statue des hl. Jakobus auf.

Villava – Trinidad de Arre (IV P), im Pilgerführer mit dem Namen *Villanova* erwähnt, wurde 1184 durch Sancho IV. el Sabio wiederbevölkert. 1254 bestätigte Teobaldo II. die *fueros*. Villava ist heute ein Vorort von Pamplona und bekannt durch eine Walkmühle, die schon seit dem Mittelalter (1254) existiert und in der auch Getreide gemahlen wurde. Heute ist hier ein Museum eingerichtet, mit Ausstellungsräumen und einer Werkstatt für die Papierherstellung. Einer der berühmtesten Söhne der Stadt ist der Radprofi Miguel Induraín, der fünfmal in Folge die Tour de France (1991–95) gewann.

Der Pilgerweg führt über eine sechsbogige Brücke über den Río Ulzama zur Wegestation von Trinidad de Arre, die außerhalb Villavas gelegen ist. Das Gebäudeensemble bestand ehemals aus einem **Hospital,** einer **Herberge** und einer **Basilika,** deren Apsis aus dem 13. Jh. erhalten ist. Ein Gebäudeteil ist nach umfassenden Umbauten wieder als Pilgerherberge in Benutzung, die der Gemeinschaft der Maristen untersteht. △

Die **Casa Besta Jira** wurde auf Initiative gutbürgerlicher Familien aus Pamplona als Vergnügungsort mit Kasino und Restaurant im Jahr 1911 errichtet. Der Name *Besta Jira* kommt aus dem Baskischen und bedeutet ›Festraum‹. Die Ausschweifungen des luxuriösen Lebens standen jedoch in Gegensatz zu dem kontemplativen Alltag in Villava. Im Jahr 1915 übernahmen Dominikanermönche das Anwesen, die es erweiterten und in eine Missionsschule umwandelten. Der architektonische Stil rekurriert auf die Renaissance. Die Glasfenster schuf der Dominikanermönch Domingo Iturgaiz. ○

Die **Casa Motza** wurde 1556 als Repräsentanz für Pedro ○

de Andosilla El Mayor errichtet, der als Vertreter des spanischen Königs hier seinen Dienst versah. Die mächtige Familie beeinflusste das religiöse Leben in der Stadt und führte den Brauch ein, dass das Bildnis des San Miguel Aralar am Beginn seiner Rundreise durch die navarresischen Dörfer in Villava »übernachtete«. Der Eingang des Gebäudes ist als mächtiges Renaissance-Portal gestaltet. In den Zwickelfeldern sind in Medaillons Porträts von Don Pedro und seiner Frau Francisca de Solchaga zu sehen, im Giebelfeld darüber das Wappen der Familie.

○ Am Rathaus steht das **Denkmal für Sancho VI. El Sabio**, das 1984 aus Anlass der 800-Jahr-Feier der Übergabe der *fueros* eingeweiht wurde. Es besteht aus der Büste des Monarchen, einem Werk des Bildhauers Rota, über einem Postament, das als Inschriften in drei Sprachen (Latein, Spanisch und Baskisch) Teile aus den *fueros* zitiert. Umrahmt wird die Anlage von einer Pergola, dem Stadtwappen als Bodenmosaik und acht Säulen, die die vergangenen acht Jahrhunderte symbolisieren.

○ An der Stadtgrenze zu Burlada steht die Hochschule für Landwirtschaft, **Escuela de Peritos Agrícolas,** die 1912 nach Plänen von José Yárnoz im Auftrag der Diputación Foral de Navarra als Memorialbau zur Erinnerung an die Schlacht von Tolosa im Jahr 1212 errichtet und die durch eine Visite des spanischen Königs Alfonso XIII. geadelt wurde. Das Gebäude nimmt stilistisch Elemente der Renaissance auf wie z.B. die Rustika im Erdgeschoss. Die dunkle, weit überstehende Dachkonstruktion aus Holz kontrastiert mit weißen Wandflächen, was einen ausdrucksstarken bewegten Baukörper hervorruft.

Burlada (IV P) tritt bereits im Jahr 1097 mit der Bezeichnung *Buruslata* in Erscheinung. Die heutige Form *Burlada* ist seit dem 15. Jh. gebräuchlich. Zunächst unterstand Burlada dem Domkapitel der Kathedrale von Pamplona und diente Ende des 14. Jh.s als Sommersitz der

Könige von Navarra. 1494 wurde hier ein Reichstag abgehalten. Auch wenn Burlada eher eine Durchgangsstation am Jakobsweg gewesen ist, so hat der *Camino* das Leben wesentlich beeinflusst: 1165 schenkte der Bischof Bibiano von Pamplona der Bruderschaft San Salvador die gleichnamige, heute nicht mehr existente Kirche. Sein Nachfolger Pedro de París übergab der Bruderschaft im Jahr 1187 ein Grundstück zwischen der Stadt und dem Jakobsweg für die Errichtung eines Gebäudes mit der Auflage, sich um die Armen zu kümmern. Auch die Bruderschaft von San Juan Bautista versorgte seit dem 12. Jh. die Durchreisenden.

Mit dem Bau der **Kirche San Blas** wurde 1970 nach Plänen von Serapio Esparza begonnen, die zunächst von der Kongregation Siervas de Marías als Unterkunft für Obdachlose genutzt wurde. In der gleichen Zeit wuchs die seit 1942 existierende Pfarrgemeinde Sankt Blasius, die sich in einem anderen Gebäude der Stadt traf. Nach dem Umzug der Nonnen wurde der Bau nach Veränderungen am 21. März 1999 durch den Erzbischof von Pamplona, Don Fernando Sebastián, geweiht. ○

Der Grundstein für die heutige **Kirche San Juan** wurde am 24. Juni 1952 gelegt; die Weihe erfolgte am 17. Oktober 1954. Als Architekt ist Javier Yárnoz zu nennen, der einen modernen Kirchenbau über dem Grundriss eines lateinischen Kreuzes errichten ließ. Der Hauptaltar stammt ursprünglich aus der Kathedrale von Pamplona und war ehemals dem hl. Blasius geweiht. ○

Huarte (IV P) am Río Arga entwickelte sich an strategisch wichtiger Stelle der Verkehrsverbindung zwischen Bordeaux und Astorga. Es wird erstmals in einem Dokument des 11. Jh.s erwähnt. Für das 12. und 13. Jh. ist die Existenz eines Hospitals bezeugt. Im Viertel San Esteban mit seinen Steinbauten hat sich die Aura vergangener Zeiten erhalten. Heute präsentiert sich Huarte als zukunftsorientiertes Mittelzentrum, das mit der Ansiedlung eines Europäischen Wirtschaftsforums und durch verschiedene kulturelle Aktivitäten, z.B. der Fundación Patxi Buldan, an Attraktivität gewinnt.

Die einschiffige Kirche **San Juan Evangelista** mit Turm und breiter Vorhalle nimmt den Platz eines gotischen Vorgängerbaus ein. Seit dem 16. Jh. mehrfach umgebaut, ist seine ursprüngliche Gestalt heute nicht mehr rekonstruierbar. Die letzte große Erweiterung erfolgte 1775 nach dem Zusammenschluss zweier Kirchengemeinden. Damals wurde auch die *Capilla del Niño Jesús* angebaut. Dennoch werden verschiedene Bauteile auf frühere Epochen zurückgeführt, wie beispielsweise die Fensterrose mit gotischen Elementen oder der Taufstein, der aus dem Vorgängerbau übernommen worden sein soll.

Zu den künstlerisch interessantesten Ausstattungsstücken gehört das **Bildnis der Virgen Blanca** aus weißem Marmor über einem Piedestal aus schwarzem Marmor. Einer Inschrift am Fuße der Skulptur zufolge wurde diese Arbeit aus Paris 1394 als Geschenk des pamploneser Kaufmanns Martín Huarte der Kirche überlassen. Der Altar mit Szenen aus dem Leben Christi und Darstellungen der vier Evangelisten wurde 1535 von Juan Bustamente aus Estella geschaffen.

Im Stadtteil San Esteban steht das 2007 eingeweihte Zentrum für Gegenwartskunst, **Centro de Arte Contemporaneo.** Der nüchterne viergeschossige Bau wurde im Erdgeschoss verglast, während die drei sich darüber erhebenden Geschosse mit schwarzem Metall verkleidet wurden. Das Gebäude wird von filigranen Arkaden umfangen. Das Werk der katalanischen Architekten Franc Fernández de Eduardo, Carles Puig und Xavier Vancells gehört zu einer Reihe neuer Museumsbauten in den nördlichen Provinzen wie das *Guggenheim-Museum* in Bilbao oder das *Artrium* in Vitorio-Gasteiz.

Das **Museo Oteiza** in ALZUZA (IV P) beherbergt das künstlerische Erbe des neben Eduardo Chillida international bedeutendsten baskischen Bildhauers Jorge Oteiza (1903–2003), der seine beiden letzten Lebensjahrzehnte an diesem Ort verbrachte. Das Gebäude wurde nach Plänen des Architekten Francisco Javier Sáenz de Oiza errichtet, der einen Kubus aus rötlich eingefärbtem Beton mit horizontalen Fensterbändern schuf. Auf dem Dach erheben sich schwarze Stelen. Die ebenfalls schwarz gehaltene Außenanlage kontrastiert mit dem rötlichen Betongebäude. Im ehemaligen Wohnhaus des Künstlers nebenan kann man seinen Spuren folgen.

PAMPLONA (IV P), die Kapitale Navarras, wird im Pilgerführer als Station erwähnt. 74 v. Chr. gründete Pompeius die Stadt *Pompeiopolis*, deren Name schon zu seinen Lebzeiten zu *Pampaelo* wurde. Pamplona bestand im 11. und 12. Jh. aus drei unabhängigen Siedlungen: der Navarrería, dem Borgo von San Cernín und der Siedlung von San Nicolás. In der ältesten, der Navarrería, lebte die indigene Volksgruppe der Navarrer. Dort stand auch die Kathedrale Santa María. 1129 begabte König Alfonso el Batallador den von französischen Siedlern bewohnten Borgo San Cernín mit Stadtrechten. In dem Borgo durften weder Navarrer noch Kleriker leben. Nur hier konnten die Pilger Brot und Wein erwerben. Der Stadtteil San Nicolás erhielt seinen *fuero* zu einem unbekannten Zeitpunkt, muss ihn aber 1184 besessen haben. In diesem Teil gab es private Hospize. Dem Stadtzentrum wurden später auch der Borgo San Miguel und die Judería angegliedert, die südlich und östlich der Navarrería gelegen waren. Die unterschiedlichen Gemeinschaften lebten in schwierigen Zusammenhängen, doch wurde diese *patchwork*-Stadt durch die Pilgerschaft nach Santiago im 12. Jh. in ein bedeutendes internationales Reise- und Handelszentrum verwandelt, das auch in den nachfolgenden Jahrhunderten politisch und wirtschaftlich eine

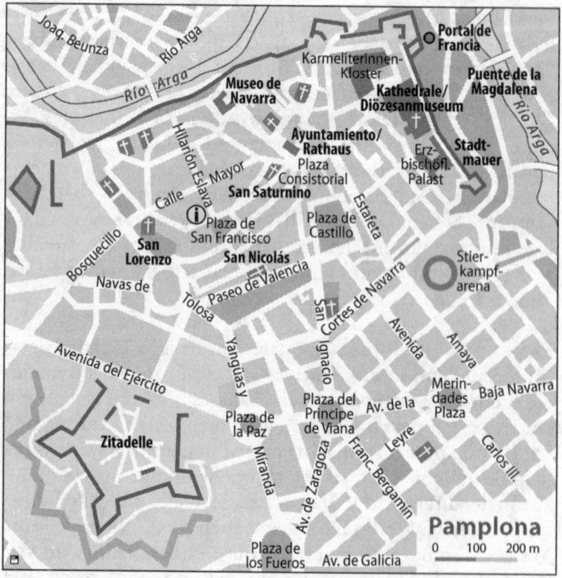

große Rolle spielte. Quellenkundlich sind aus dieser Zeit auch einige Hospitäler und Klöster bekannt, die heute nicht mehr bestehen. Die Stadterweiterungen im 19. Jh. führten zur teilweisen Schleifung des Mauerrings aus dem 16. Jh. und zur Errichtung neuer Stadtviertel im Süden, die an der Plaza del Castillo mit der Altstadt verbunden sind. Pamplonas heutiger Ruhm und Mythos ging von dem Roman *Fiesta* von Ernest Hemingway aus, durch den die Stierläufe (*encierros*) an den Festtagen des Stadtpatrons San Fermín zwischen dem 6. und 14. Juli weltbekannt wurden: Die Stiere werden auch heute noch durch die Straßen der Stadt zur Arena zum Stierkampf (*corrida*) getrieben. Der Brauch geht zurück auf einen während des Patronatsfestes abgehaltenen Viehmarkt, zu dem an jedem Morgen das tagsüber zu verkaufende Vieh von den Metzgersburschen getrieben wurde. Hemingway wohnte im heute noch bestehenden Hotel Santa Anna im historischen Zentrum; das Café Iruña an der Plaza del Castillo gehörte zu seinen Lieblingsplätzen.

Der Offizier Iñigo López de Loiola (1491–1556), der hl. Ignatius von Loyola, wurde 1521 in einem Gefecht bei Pamplona schwer verletzt, woraufhin er sich der Theologie zuwandte. Nach seinem Studium in Paris 1528–1535 gründete er zusammen mit dem hl. Francisco Jávier den Jesuitenorden. In Pamplona wurde der Komponist und Violinist Pablo de Sarasate (1844–1929) geboren.

Die heute spätgotische **Kathedrale Santa María** wurde zwischen 1397 und 1525 anstelle mehrerer Vorgängerbauten errichtet, nachdem der romanische Bau 1390, nur vier Wochen nach der Krönung des Königs Carlos III. und der Königin Leonora von Navarra, eingestürzt war. Ausgrabungen während der Renovierungsphase in den 1990er Jahren brachten Fundament- und Mauerreste aus dem 6. und 10. Jh. zutage sowie Reste des romanischen Baus (Krypta unter der linken Apsis). Am Bau der romanischen Kirche ab 1097 war u. a. der Bildhauer und Baumeister Esteban beteiligt, der in den Dokumenten als *Meister der Arbeiten von Santiago* gepriesen wird. Seine Spuren können bis nach → Jaca und → Sos del Rey Católico verfolgt werden. Die einstmals romanische, jedoch stark verfallene Westfassade wurde auf Beschluss des Domrats aus dem Jahr 1783 durch eine klassizistische Fassade nach Plänen des Madrider Architekten Ventura Rodríguez ersetzt, die einer griechischen Tempelfront aus Säulen und Dreiecksgiebel nachempfunden ist. Zwei seitliche Türme flankieren die Fassade. Der Innenraum der dreischiffigen Kirche über einem lateinischen Kreuz ist heute wieder in seiner gotischen Farbigkeit zu erleben, nachdem im Zuge der Renovierungsarbeiten die Bemalung von 1773 abgenommen wurde. Den Chor umgibt ein Umgang, in dem der *Caparroso*-Altar von 1507 und ein Porträt des Fray Juan Ricci von 1632 zu sehen sind. Der Hochchor wird von schmiedeeisernen Gittern aus dem 16. Jh. abgeteilt; in seinem Zentrum steht die mit Silber verkleidete romanische Figur der Santa María la Real, vor der die Könige Navarras getauft, gesegnet und gekrönt wurden. Das Grabmal von König Carlos III. und seiner Frau Leonora von Kastilien mit den Liegefiguren aus Alabaster (im Mittelschiff) wurde zwischen 1411 und 1420 von dem Bildhauer Jehan Lome de Tournai gefertigt.

Der Kreuzgang der Kathedrale, in den Jahren zwischen 1286 und 1419 entstanden, wird mit seinen hohen Arkaden, den feinen Maßwerken und dem präzisen Steinschnitt als einer der elegantesten seiner Zeit in Spanien bewertet. In der Südwestecke steht ein Brunnenhäuschen mit Gittern, die aus den Ketten geschmiedet wurden, die König

Pamplona, Kreuzgang der Kathedrale

Sancho VII. el Fuerte bei der Schlacht von Las Navas de Tolosa im Jahr 1212 erbeutet hatte. Refektorium und Küche dienten früher auch der Verpflegung von Pilgern. An dieser Stelle ist das **Diözesanmuseum** eingerichtet, in dem neben Goldschmiedearbeiten aus der Zeit der Gotik eine große Sammlung romanischer und gotischer Madonnenfiguren zu sehen ist. Im Kreuzgang sind ferner Grabplatten und einige Kapitelle der romanischen Kathedrale zu sehen sowie die *Porta Pretiosa*. Sie erhielt ihren Namen von dem Psalm, den die Geistlichen beim Durchgang sangen: *Pretiosa in conspectu Domini, mors sanctorum eius*. Im Tympanon des *Portals Nuestra Señora del Amparo*, das zur Kathedrale führt, ist eine *Dormitio Mariä* zu sehen, am Trumeaupfeiler eine lächelnde Madonna unter einem Baldachin.

○ Im Gebäude des ehemaligen **Hospital de Nuestra Señora de la Misericordia** aus dem 16. Jh. ist das **Museo de Navarra** untergebracht, in dem eine Reihe von Kapitellen sowie Freskenfragmente aus der Kathedrale und dem Kloster aufbewahrt werden, die bei Grabungen 1992 zutage kamen. Ein ganz besonderes Ausstellungsstück ist ein islamisches **Elfenbeinkästchen**, das im Jahr 395 der Hedschra, d.h. im Jahr 1004/05 christlicher Zeitrechnung, mit einem aufwendigen Dekor geschnitzt wurde: Zwischen feinsten Blattranken sind Szenen höfischen Lebens zu sehen – der Kalif Hisham II. auf dem Löwenthron, Jagdszenen, Musikanten. Weiterer Höhepunkt ist das 1804 entstandene Gemälde *Marqués de San Adrián* von **Francisco de Goya**.

○○ Die klassizistische **Kirche San Lorenzo** aus dem 18. Jh., die einen als Wehrkirche angelegten Vorgängerbau des 14. Jh. ersetzte, integriert die **Capilla de San Fermín** mit dem hölzernen, bemalten und versilberten Reliquienschrein vom Ende des 15. Jh.s, in dem die Überreste des Stadtpatrons aufbewahrt werden. Der hl. Fermín konvertierte im 3. Jh. zum Christentum; er war der erste Bischof von Pamplona und erlitt im Jahr 303 den Märtyrertod.

Die **Kirche San Nicolás** im Stadtteil desselben Namens war im 12. Jh. als Wehrkirche errichtet worden. Nach einem Brand im Jahr 1222 wurde umgehend mit dem Wiederaufbau begonnen; ihre Weihe erfolgte 1231. Auf die ehemalige Funktion als Wehrkirche verweisen die dicken Mauern, die schmiedeeisernen Gitter und der Wehrturm, der letzte von ursprünglich drei Türmen. Zwar hat der Bau seine romanische Grundrisskonzeption (dreischiffiges Langhaus mit Vierung, Presbyterium und Apsiden) behalten, doch ist der Wandaufriss heute gotisch geprägt und die Kirche von einem Kreuzrippengewölbe aus dem 14 Jh. überwölbt. Die Bleikristallfenster stammen ebenfalls aus dem 14. Jh. Der Portikus vor der Nord- und Westfassade wurde im 19. Jh. angefügt.

Die gotische **Kirche San Saturnino** (*San Cernín*) aus dem 13. Jh. steht über einem romanischen Vorgängerbau, der im Jahr 1129 bestand, als dem umliegenden Borgo San Cernín die *fueros* übertragen wurden. Ebenso wie die Kirche San Nicolás (s. o.) war auch sie als Wehrkirche ausgelegt. Die weite Vorhalle auf der Nordseite mit einer Spitzbogenarkade stammt aus dem 16. Jh. Hier sind am Eingangsportal Reliefs der hll. Jakobus und Saturnin zu sehen. Das Tympanon aus dem 13. Jh. zeigt Christus Salvator über einem Fries mit Darstellungen des Jüngsten Gerichts, während die seitlichen Kapitelle Szenen der Kindheit und Passion Christi tragen. Im 18. Jh. wurde eine der Virgen del Camino geweihte Kapelle angebaut, die als Bezugsbeispiel für die Apsis der → Kirche San Pedro in Viana gilt.

Durch das **Portal de Francia** (*Zumalacárregui*) führt der Weg der Pilger in Richtung des alten Stadtviertels der Navarrería. Das schlichte Renaissance-Tor wurde 1553 errichtet. Das Wappenschild zeigt den Habsburgischen Doppeladler und das Wappen Kaiser Karls V., der in Spanien Carlos I. heißt.

Der Jakobspilger betritt die Stadt über die dreibogige Brücke **Puente de la Magdalena** aus dem 12. Jh. mit einem

Wegekreuz, das die Figur des hl. Jakobus trägt. Mit der Brücke war ehemals das bereits 1174 erwähnte namengebende *Hospital La Magdalena* verbunden, in dem Arme und Leprakranke versorgt wurden.

Das **Rathaus (Casa Consistorial / Ayuntamiento)** wurde im 15. Jh. auf einem Stück Niemandsland zwischen den drei mittelalterlichen Stadtteilen errichtet, als Zeichen der Beendigung der Streitereien zwischen deren Bewohnern. Im Laufe seiner Geschichte wurde es zweimal abgerissen; der letzte Abriss erfolgte 1951, die spätbarocke Rathausfassade ausgenommen, die 1752 nach Entwürfen von Fray José Zay y Lorda errichtet wurde. Die dreigeschossige Fassade wird durch Doppelsäulen in dorischer, ionischer und korinthischer Ordnung gegliedert und schließt mit eingerollten Voluten an den Seiten und einem Giebelaufsatz. Der Eingang wird von Allegorien der Vernunft und der Gerechtigkeit flankiert, die der Bildhauer José Jiménez 1754 schuf. Die Statuen auf den Voluten, Werke des Bildhauers Juan Lorenzo Catalán, stellen Herkules dar; der Giebel wird von einer Figur der Fama bekrönt, zu deren Seiten die Wappen Pamplonas und Navarras prangen. Die Uhr aus dem 18. Jh. ist jedes Jahr Mittelpunkt der Aufmerksamkeit der Bürger, wenn am 6. Juli um 12 Uhr die *Sanfermines* mit einem Raketenschuss, dem *chupinazo*, eingeläutet werden. Die überall auf der Fassade sichtbaren goldenen Löwen symbolisieren das Stadtwappen. Im Inneren des Rathauses sind im Empfangssaal die Porträts von Königin Isabella II., Pablo Sarasate, Julián Gayarre, San Fermín zu sehen, in der sich anschließenden Kapelle die Reliquien der hll. Fermín und Saturnino. Das Silberkreuz aus dem 16. Jh. gilt als eine der wertvollsten Goldschmiedearbeiten Pamplonas.

Die **Stadtmauer** wurde im Zuge der Errichtung der Zitadelle ebenfalls nach den neuen Prinzipien des Festungsbaus im 16. Jh. erneuert. Vom Palacio Episcopal hinter der Kathedrale vorbei führt ein Weg bis zum Parque Taconera auf dem ehemaligen Wallgang, von dem aus auch Teile des ehemaligen Grabens zu sehen sind.

○○ Die ursprünglich regelmäßig fünfeckige **Zitadelle** wurde zwischen 1571 und 1645 auf Veranlassung des italienischen Vizekönigs und Statthalters Vespasiano Gonzaga unter der Bauleitung der Brüder Giacomo und Giacopo Fratin errichtet. Sie ist neben der → Zitadelle von Jaca eines der perfektesten Beispiele für eine Zitadelle des 16. Jh.s. Die Inschrift über dem Hauptzugang ANO 1571 SIENDO BISORREY Y CAPITAN GENERAL EN NAVARRA Y LA PROVINCIA VESPASIANO GONZAGA COLONA, DUQUE, MARQUES Y CONDE (*Im Jahr 1571, in dem Vespasiano Gonzaga Colona, Herzog* [*von Trajeto*], *Markgraf* [*von Sabbioneta*] *und Graf* [*Rodigo*], *Vizekönig und Statthalter in Navarra und der Provinz* [*Guipúzcoa*] *war*) bezieht sich auf das Jahr der Grundsteinlegung. In den 1970er Jahren wurde die Zitadelle stark restauriert. Die beiden der Stadt zugewandten Bollwerke *Vitoria* und *San Anton* mussten weitgehend der modernen Straßenführung weichen. Die drei übrigen Bollwerke *Santiago*, *Santa María* und *Real* (auch *San Juan* genannt) sind hingegen vollständig erhalten. Von der ursprünglichen Bebauung im Inneren der Zitadelle haben sich die Sala de Armas, das ehemalige Pulvermagazin, der Ofen und ein Pavillon erhalten.

⇨ ⌂⌂⌂ ⁂ ARTAÍZ (IV P): Die einschiffige **Kirche San Martín** in Artaíz, deren Baubeginn in das 12. Jh. datiert wird, gehört mit ihrer Baudekoration zu den bedeutendsten Beispielen romanischer Skulptur, wie → San Martín de Frómista und → Santa María la Real in Sangüesa. Die skulptierten Konsolsteine und Kämpferplatten der Dachkonstruktion zeigen neben Röllchenornamenten, zoomorphem und vegetabilem Dekor auch erotische Darstellungen, Gaukler und Monster. Das aus der Südwand hervortretende Stufenportal wird von tiefen Archivolten über Kapitellen mit floralem und figürlichen Dekor umgeben. Im Tympanon ist ein

Chrismon zu sehen. In den Zwickelfeldern darüber visualisieren zwei einander zugewandte Löwen die Dualität von Gut und Böse: Während der linke Löwe die vor ihm liegende Person verschlingen will, legt der rechte Löwe seine Pranke zum Schutz über die unter ihm liegende Figur. Die Kragsteine des Vordachs zeigen u. a. eine Frau, die ein Kind gebiert, das einen Dolch in der Hand hält, und einen Musiker. Diese vor den Lastern warnenden Darstellungen finden eine Antithese in der Darstellung eines christlichen Ritters. Auf den Metopenplatten zwischen den Kragsteinen sind Szenen aus der Apokalypse wie beispielsweise das Jüngste Gericht zu sehen. Der Innenraum wurde mit gotischen Wandmalereien ausgestattet, die heute im Museo de Navarra in Pamplona aufbewahrt werden.

Cizur Menor (IV P), etwa 5 km von Pamplona entfernt, war eine Gründung der Ritter des Johanniterordens und ein wichtiger Halt am Pilgerweg. Von den Häusern des Ortes ist das repräsentative Haus der Echevarria zu erwähnen, das 1777 errichtet wurde, danach aber zahlreiche Umbauten erfuhr.

Die am Ortsrand stehende **Kirche San Miguel** (erste Erwähnung 1135) mit dem angeschlossenen Turm ist der Überrest des ehemaligen Klosters des Johanniterordens, dessen Präsenz ab 1181 belegt ist. Das einschiffige Gebäude wird durch eine halbrunde Apsis geschlossen, deren rundbogige Stufenfenster außen von eingestellten Säulen mit vegetabil dekorierten Kapitellen flankiert werden. Die drei Fenster des Kirchenschiffs sind in gleicher Art gestaltet. Das Stufenportal auf der Südseite wird von drei Archivolten über schadhaften Säulen mit vegetabil dekorierten Kapitellen umfangen. Im Tympanon ist ein Chrismon zu sehen. Das Portal der Nordseite war wahrscheinlich der Zugang zu den Gebäuden des ehemaligen Klosters. Am Fuß der Nordseite steht ein mächtiger Wachturm mit Zinnen und Schießscharten, der Spitzbögen im Erdgeschoss und im

Obergeschoss aufweist. Als weitere gotische Elemente sind das Spitztonnengewölbe im Kircheninneren und die Fensterrose in der Westfassade zu nennen.

Die **Kirche San Emeterio und San Celedonia** im Zentrum des Ortes wird in das 12. Jh. datiert. Sie erfuhr in den nachfolgenden Jahrhunderten zahlreiche An- und Umbauten, wie beispielsweise den Turm aus dem 17. Jh. Das von drei Archivolten über Halbsäulen umfangene Portal ist bereits leicht spitzbogig angelegt; die Kapitelle sind mit vegetabilen Motiven und Kugeln dekoriert. Im Tympanon ist ein Chrismon zu sehen.

In dem heute verlassenen Weiler GUENDULÁIN (IV P) künden die Ruinen eines Palastbaus und der Kirche San Andrés von der einstmaligen Existenz eines Adelssitzes. Der **Palast** wurde im 15. Jh. von der Familie Ayanz errichtet. Die Ecktürme und Zinnen verleihen ihm einen wehrhaften Charakter. Die ehemalige **Kirche San Andrés** über einem lateinischen Kreuz wird in das 17. Jh. datiert.

Der kleine Ort ZARIQUIEGUI (IV P) am Rande der Sierra del Perdón wartet mit Steinhäusern und der **Kirche San Andrés** aus dem 13. Jh. auf. Die Kapitelle des Stufenportals zieren vegetabile Motive; im Tympanon ist ein Chrismon zu sehen.

Der ALTO DEL PERDÓN (IV P) fällt schon von weitem durch die Windräder einer Windenergieanlage auf. Am Aufstieg führt der Weg an der **Fuente de Reniega** (›Quelle der Abkehr‹) vorbei, an der sich folgende Begebenheit zugetragen haben soll: Einem an Durst leidenden Pilger erschien der Teufel im Pilgergewand und bot ihm reinstes und klarstes Wasser an, wenn er seinem Glauben abschwörte. Der Pilger lehnte dies vehement ab und begann zu beten, woraufhin der Teufel verschwand und sich eine Quelle öffnete. Auf der rund 735 m hohen Passhöhe der Sierra del

Perdón, die einen weiten Blick über das Becken von Pamplona und auf die Pyrenäen bietet, standen ehemals zwei Einsiedeleien, die der Jungfrau Maria und dem hl. Christophorus geweiht waren. Ein steinerner Schrein für die Jungfrau dient heute der Andacht. Ihm gegenüber steht seit 1996 ein eiserner Pilgerzug. Die Inschrift *Donde se cruza el camino del viento con el de las estrellas* bedeutet: ›Wo sich der Weg des Windes mit dem der Sterne kreuzt‹.

In Uterga (IV P/O) am Fuße der Sierra del Perdón wartet die **Kirche Asunción de María** (Mariä Himmelfahrt) mit gotischen Stilelementen auf. △

Von den zivilen Bauten des kleinen Ortes Muruzábal (IV O) sticht der **Palacio del Marqués de Zabalgui,** der um 1600 entstanden ist, durch seine zurückhaltende Renaissance-Architektur hervor. Außerhalb des Ortes, jedoch in der Gemarkung von Muruzábal, steht die Kirche → Santa María de Eunate.

In der gotischen **Kirche San Esteban** ist in der **Capilla del Escolar** (*Capilla de San Juan Bautista*) der feine spätgotische Altar eines anonymen Meisters zu sehen, der den beiden hll. Johanni geweiht ist und in die Zeit um 1500 datiert wird; das Kruzifix darüber wurde um 1550 geschaffen. △

Der kleine Ort Obanos (IV O) ist identisch mit dem historisch belegten Ort *Villa de los Infanzones* (›Stadt der Landedelleute‹). Der Name bezieht sich auf ein Ereignis des Jahres 1327, als sich die Landedelleute mit weiteren Adligen des Königreiches Navarra hier versammelten und den gemeinsamen Kampf gegen den übermächtigen französischen Hochadel beschlossen. Diese Verschwörung stand unter dem Motto *Pro libertate patriae gens libera state* (›Für ein freies Vaterland muss auch das Volk frei sein‹).

Kurz vor der Ankunft in Puente la Reina (IV O/P) von Osten her trifft der Reisende auf eine 1965 aufgestellte **Statue des hl. Jakobus**, die den Zusammenfluss der beiden Strecken von Roncesvalles und vom Somport-Pass her kennzeichnet. Die Inschrift »y desde aqui todos los caminos a Santiago se hacen uno solo« verweist darauf, dass von dort an nur noch ein Weg nach Santiago führt. Dieser Punkt ist zu Beginn des Pilgerführers im *Codex Calixtinus* erwähnt.

Für Puente la Reina (*Gares*; IV O) ist seit 1090 eine Siedlung französischer Landsleute dokumentiert, die in den 1120er Jahren verstärkt wurde. 1122 verlieh Alfonso I. el Batallador dem Ort das *fuero*. Der regelmäßige langrechteckige Stadtgrundriss der Altstadt besteht aus einer geraden Straße, die den Ort von Ost nach West durchschneidet und geradewegs auf die romanische Brücke zuführt, die dem Ort den Namen gab. An dieser Hauptstraße stehen noch heute zahlreiche Adelspaläste und Bürgerhäuser, die mit ihren Wappen auf die ehemaligen Besitzer verweisen. Viele der Dachsparren sind mit kunstvollen Schnitzereien verziert. 1235 wurde die Stadtmauer errichtet.

Die **Kirche Santiago** an der Nordseite der Hauptstraße gehörte dem Johanniterorden. Sie wird 1142 erstmals erwähnt. Um 1542 wurde auf die romanischen Fundamente eine weite einschiffige Hallenkirche mit einem Netzgewölbe gesetzt und im 18. Jh. um den Turm nach Plänen des großen Baumeisters Ventura Rodríguez erweitert. Aus romanischer Zeit ist die Südseite des Kirchenschiffs mit dem der Straße zugewandten Hauptportal erhalten. Das außergewöhnliche Stufenportal besitzt anstelle des in der Romanik üblichen Rundbogens einen mehrpässigen Bogen, dessen Stirn von figürlichen Reliefs geziert wird. Es wird in die erste Hälfte des 13. Jh.s datiert und ähnelt den Portalen von → San Román in Cirauqui und → San Pedro de la Rúa in Estella. Die Vorbilder für diese Bogenform sind in der isla-

Denkmal am Treffpunkt der beiden Pilgerwege vor
Puente la Reina

mischen Bautradition Spaniens zu finden (z.B. Große Moschee von Córdoba – um 965; Palast der Aljafería in Zaragoza). Auf den fünf Archivolten sind u.a. die Stände des Mittelalters, die sieben Schöpfungstage, die Geburt Christi dargestellt, die wegen der starken Erosion jedoch kaum noch zu erkennen sind. Auffällig sind die Gewändefiguren. Sie existieren »nur« in Form von naiven Gesichtern und Fratzen, die den Säulen aufgesetzt sind. Als Vorbild wurde die Bauplastik von → Santa María la Real in Sangüesa genannt. Das wichtigste Ausstattungsstück im Inneren ist die etwa 2 m hohe polychrome Skulptur des hl. Jakobus als Pilger. Sie entstand wie ihr Pendant des hl. Bartholomäus im 14. Jh. Den Hauptaltar schufen zwischen 1665 und 1667 Gabriel de Berástegui aus Estella und José de Huici aus Echarri-Aranaz, die Gemälde und Skulpturen anderer Künstler in einem von ihnen gestalteten monumentalen vergoldeten Schnitzwerk zusammenstellten. Im 18. Jh. wurde der Altar dem Geschmack der Zeit angepasst und die Gemälde und die Figur des Titularheiligen ausgetauscht. Die Predella fungiert als Reliquiar. Hinter den Gemälden mit der Erscheinung Marias vor dem hl. Jakobus und der Enthauptung verbergen sich die Reliquien u.a. der hll. Placido und Pardo und des *Lignum Cruzis*. Im ersten Register sind der Figur des Jakobus die hll. Sebastian und Rochus, die Francisco Barona zugeschrieben werden, zur Seite gestellt.

Kirche und Kloster Santa María de la Vega y del Crucifijo stehen am östlichen Ende des ältesten Stadtteils und sind durch einen Übergang miteinander verbunden. König García IV. Ramírez überließ diesen Gebäudekomplex 1142 den Templern. Nach dem Untergang des Ordens ging der Besitz an die Johanniter über. Das Hospiz verfiel. Unter Juan de Beaumont, Großprior des Ordens und Kanzler von Navarra, wurde um die Mitte des 15. Jh.s die romanische Kirche aus der Zeit um 1200 um ein zweites, nun gotisches Schiff, das innen als Sechseck ausgebildet ist, außen aber rund erscheint, erweitert. Kirche und Kloster wurden im 19. Jh. durch die Säkularisation und die Bürgerkriege stark in Mitleidenschaft gezogen. Das in das frühe 13. Jh. datierte spitzbogige Stufenportal der Kirche unterhalb des Übergangs zeichnet sich durch außergewöhnlich fein gearbeitetes Dekor aus, was sowohl die Säulenschäfte als auch die Kapitelle und die Archivolten betrifft, die vegetabile und zoomorphe Motive tragen. Die mittlere Archivolte trägt als Ornament Pilgermuscheln, die zum dekorativen Element *per se* werden. Die darauf folgende zeigt zahlreiche Figuren, die verschiedene Laster darstellen – eine moralische und theologische Unterweisung an die vorüberziehenden Pilger. Ähnlich sind auch die Fratzen der Dachkonsolen im Bereich der Apsis zu deuten. Im romanischen Teil der Kirche wurde früher eine Marienstatue mit Kind aus dem 12. Jh. verehrt, die heute in der Kirche Santiago zu sehen ist. Ihren Platz nahm eine Marienfigur aus Urdánzo, ebenfalls in das 12. Jh. datiert, ein. Im gotischen Teil der Kirche ist das außergewöhnliche **Kruzifix in Y-Form** des 14. Jh.s hervorzuheben, das Einflüsse aus dem Rheinland und Italien aufweist. Der Legende zufolge war dieses Kruzifix die Gabe einiger Pilger aus dem Rheinland bei der Rückkehr aus Santiago als Dank für die gute Behandlung im Pilgerhospiz.

Die **Kirche San Pedro** am Ende der Stadt links vor der Brücke unterstand im 12. Jh. dem Kloster von → Leyre. Der heutige Bau mit seinem schlichten Portal wurde im 16. Jh. errichtet. Die Altäre entstammen dem 18. Jh. Hier wird die für den Ort wichtige Figur der Virgen del Txori aufbewahrt.

Die romanische **Brücke** über den Río Arga am Ortsausgang besteht aus sechs zur Mitte hin ansteigenden Bögen über abgeschrägten Pfeilern. Die Brücke wurde in der ersten Hälfte des 11. Jh.s errichtet. Es ist jedoch nicht eindeutig geklärt, ob die Brücke von Doña Mayor, der Ehefrau von Sancho Garcés III. el Mayor, oder ihrer Schwieger-

Puente la Reina, Brücke über den Río Arga

tochter Estefanía, die mit Don García el de Nájera verheiratet war, gestiftet wurde. Ehemals standen drei Wehrtürme darauf, zwei an den Enden und einer in der Mitte, in dem das Bildnis der Virgen del Puy (auch Virgen del Txori genannt) aufbewahrt wurde. Dieses Bildnis wurde einer Legende zufolge von einem kleinen, im baskischen *txori* genannten Papagei von Spinnweben befreit und das Gesicht mit Wasser aus dem Fluss gewaschen. An dem Tag des Besuchs des Txori schlugen die Glocken; daraufhin wurden feierliche Zeremonien abgehalten. Seit 1833 wird das Bildnis in der → Kirche San Pedro verehrt.

Das **Hospiz der Trinitarier**, gegenüber der Santiago-Kirche, gehörte dem Trinitarier-Orden und wird in einer Papstbulle von 1209 erwähnt. Heute ist das Haus in Privatbesitz; die Fassade wurde im 18. Jh. renoviert, doch verweist die verwitterte Figur des von Engeln flankierten *Ewigen Vaters* mit Tiara auf die ehemalige Funktion als Hospiz.

Weitere private Hospize im Ort sorgten sich ebenfalls um das Wohl der Pilger.

Die **Plaza Mena** wurde im 18. Jh. angelegt. Das alte Rathaus von 1727 vereinte die Funktionen Ratssaal, Gefängnis, Büros, Laubengang, Fleischbänke und Läden für Händler und Fuhrleute. 1987 wurde am Platz das neue Rathaus, die *Casa de los Cubiertos*, eingeweiht. ○

Das Gebiet von MAÑERU (IV O) war schon zu römischer Zeit besiedelt, worauf eine Bronzestatue des Merkur aus dem 2. Jh. n. Chr. hinweist. Die Übergabe der *fueros* erfolgte im Jahr 1193 durch König Sancho VI. Das Kloster von Iranzu und der Johanniterorden besaßen hier Landgüter. Die Ruinen des Hospizes von Bargota weisen auf die ehemalige Komturei des Johanniterordens hin. Das **Wegekreuz** am Ortsrand Richtung Pamplona entstammt dem letzten Drittel des 16. Jh.s. Das Zentrum des Ortes hat seine unregelmäßige mittelalterliche Stadtstruktur bis heute bewahrt. Zahlreiche Häuser mit repräsentativen Portalen und Wappen stammen aus der Zeit zwischen 1500 und 1900, z. B. in der Calle de la Luna. Treffpunkt der Einwohner war jahrhundertelang der im Ortszentrum angelegte Brunnen aus dem 18. Jh. mit dem mächtigen Segmentgiebel. Ein alter Waschplatz wurde in den letzten Jahren als Rastplatz für Pilger hergerichtet. Etwas abgelegen auf einem Hügel steht die **Ermita Santa Bárbara** mit einem Altar aus der zweiten Hälfte des 17. Jh.s.

Die klassizistische **Kirche San Pedro** ersetzte einen Vorgängerbau aus dem 16. und 17. Jh., an dem die Brüder Juanes und Pedro de Urbieto, der auch an der Kirche → San Andrés in Villamayor de Monjardín arbeitete, beteiligt waren. Der Plan des Neubaus aus dem 18. Jh. wird dem Architekten Ventura Rodríguez (1717–1785) zugeschrieben. Er erhebt sich über einem lateinischen Kreuz mit einer großen Kuppel samt Laterne über der Vierung. Beim Einbau einer Westempore wurden Konstruktionen aus dem 16. Jh. ein- ○○

bezogen. Über dem Eingangsportal steht in einer Nische die Sitzfigur des hl. Petrus als Titularheiliger in der Tracht eines Papstes. Der Hauptaltar wurde 1930 von Arrieta geschaffen, nach Plänen von Victor Eusa. Er greift auf klassizistisches Formenrepertoire zurück. In der zentralen Nische sind die Figuren der hll. Petrus, Fermín und Francisco Javier zu sehen.

Auch CIRAUQUI (IV O) war schon zu römischer Zeit besiedelt, wie die Überreste einer römischen Brücke und einer römischen Straße bezeugen. Erstmals wird der Ort, der im 11. Jh. zum → Kloster San Millán de la Cogolla gehörte, im Jahr 1046 unter dem Namen »Ciroqui« erwähnt. 1425 wird Cirauqui Teil der neugegründeten Grafschaft Lerín. Die Stadt, deren Ansicht von der Kirche San Román beherrscht wird, zieht sich auf kurzen, engen und sich windenden Straßen über einen Bergrücken. An einigen Stellen haben sich Reste der mittelalterlichen Stadtmauer und -tore erhalten. Der Pilgerweg nach Santiago verlief durch die Straße San Román zur gleichnamigen Kirche. In der Nähe fließt der Río Salado oder Guesalaz, vor dessen salzigem Wasser im Pilgerführer des *Codex Calixtinus* gewarnt wird. Zahlreiche Einsiedeleien in der Umgebung weisen auf die ehemalige Existenz kleinerer Ansiedlungen hin.

Die **Kirche San Román** entstand um 1200, wurde im 16. und 17. Jh. jedoch stark verändert. In die Zeit um 1200 werden die beiden letzten Joche mit verzierten Spitzbögen datiert. Die Kapitelle der vorgestellten Doppelsäulen tragen eine schlichte vegetabile Dekoration und Masken. Im Joch vor der Apsis wurde im 16. Jh. der Chor eingebaut. Wichtigstes Zeugnis für den Ursprungsbau ist das spitzbogige Stufenportal in der Südseite in der Höhe des zweiten Joches. Die Archivolten sind mit feinen geometrischen Mustern sowie Rosetten und Palmetten verziert. Die innere Archivolte ist als Zickzackband ausgearbeitet. Die Kapitelle tragen figürliche Dekorationen: Köpfe mit groben Gesichtszügen, Greifen und Löwen. An den Ansatzstellen der Archivolten sind die Figuren zweier Sitzender, ein Tier und ein Betender, ein weiterer Kopf, ein Ungeheuer, zwei Bischöfe zu sehen. Die Schlusssteine der Archivolten zeigen von innen nach außen ein Chrismon (1046 von García Sánchez III. dem Kloster San Millán de la Cogolla geschenkt, bis 1205 Eigentum der Familie Gil de Vidaurre), die segnende Hand Gottes, den hl. Michael, das Lamm Gottes und einen achtstrahligen Stern. Wegen seines Schemas, seiner Dekoration und der stilistischen Eigenheiten wurde das Portal mit demjenigen der → Kirche San Pedro de la Rúa in Estella in Verbindung gebracht, das stilistisch in Abhängigkeit zum Portal der → Kirche Santiago in Puente la Reina von 1142 steht.

Die **Kirche Santa Catalina** entstand im 13. Jh. über einem lateinischen Kreuz mit pentagonalem Chorschluss. Die Apsis wird von Kleeblattfenstern belichtet. Im 16. Jh. erfolgte der Anbau der beiden sterngewölbten Seitenarme an die Vierung, der quadratischen Sakristei mit Kreuzgewölbe an der Südseite sowie der Einbau des Hochchores in der Vierung. Auf der Südseite findet sich am zweiten Joch ein tiefes spitzbogiges Stufenportal mit acht Archivolten über Halbsäulen. Die Kapitelle tragen sehr schadhafte figürliche Darstellungen der Jugendzeit Christi. In den Schlusssteinen sind das Lamm Gottes sowie musizierende Engel zu sehen. In seiner Gesamtanlage ähnelt das Portal dem Eingangsportal der → Kirche San Román. Vervollständigt wird das bildhauerische Programm durch die figürliche Gestaltung der Dachkonsolen an der Apsis, die Monster und Hunde mit Masken zeigen.

In der **Friedhofskapelle** ist eine Rosenkranzmadonna vom Ende des 16. Jh.s mit schlichter polychromer Fassung auf einem Sockel aus der 2. Hälfte des 18. Jh.s zu sehen.

Der Ursprungsbau der **Ermita de Santa María de Aniz** außerhalb von Cirauqui, ein einschiffiges, dreijochiges Gebäude mit polygonaler Apsis, wird in die Zeit um 1300 datiert; er erhielt im 16. Jh. einen Choranbau im Westen mit anderem Steinmaterial, der im Zuge der Restaurierung des Ursprungsbaus abgetrennt wurde. Die Giebelwand wurde durch ein Eisengitter ersetzt. Das Eingangsportal auf der Südseite umrahmen 3 große schmucklose Archivolten, darüber befindet sich ein Vordach über Kragsteinen in Röllchenform. Schmale Fensterschlitze mit kleeblattförmigen Öffnungen belichten das Innere.

Lorca (IV O) wird im Pilgerführer des *Codex Calixtinus* mit folgender Episode erwähnt: In der Nähe des Ortes sollen am Übergang über die zweibogige mittelalterliche Brücke am Ufer des Río Salado zwei Navarreser mit geschärften Messern gewartet und das Wasser des Flusses für trinkbar erklärt haben. Die damit getränkten Pferde des Verfassers seien daraufhin gestorben und von den beiden Männern gehäutet worden. Im Mittelalter wurde hier ein Hospiz betrieben, dessen Gründungsdatum unbekannt ist.

Die **Kirche San Salvador** geht auf einen romanischen Vorgängerbau zurück, von dem sich der Chor erhalten hat. Die anderen Teile wurden in den nachfolgenden Jahrhunderten immer wieder umgebaut und erweitert, zuletzt das Portal und der Turm im 20. Jh. Das Mauerwerk besteht aus exakt gearbeiteten Hausteinen. Der plastische Dekor ist heute stark beschädigt, lässt jedoch menschliche Köpfe, vegetabile und figürliche Ornamentik erkennen.

Der Ort Villatuerta (IV O) wird durch den Río Iranzu in zwei Teile geteilt, das obere ältere Dorf mit Pfarrkirche, Rathaus und dem alten Frontón (ein Ballspielplatz) und das untere, jüngere Dorf mit Geschäften, Schule und Sporteinrichtungen. Der Name soll auf römische Ursprünge (*vilatorta*) zurückgehen: vom lat. *tortus* ›krumm, verdreht‹. Bis zum Ende des 10. Jh.s wird der Ort nicht weiter erwähnt. Erst mit dem Bau und der Weihe der heutigen Einsiedelei San Miguel tritt der Platz in Erscheinung. Nach einer Marienerscheinung in Estella änderte sich die Route der Jakobspilger, die nun diesen, 1090 von König Ramirez gegründeten Ort als Anlaufstelle nahmen. In Villatuerta wurde der hl. Veremundo (1020–1092) geboren, der zwischen 1056 und 1093 Abt des → Klosters Irache gewesen ist. Da der Ort Arellano ebenfalls Anspruch auf den hl. Veremundo erhebt, teilen sich beide Orte die Obhut seiner Reliquien in einem Fünfjahresturnus.

Der spätromanische Vorgängerbau der **Anunciación de Nuestra Señora** aus der Zeit um 1200 wurde nach der Zerstörung 1378 durch kastilische Truppen in gotischem Stil wieder errichtet.

In der Kirche ist auch das romanische **Portal der Ermita San Román** zu sehen. Vor der Kirche steht eine Skulptur des hl. Veremundo, des Schutzpatrons der Pilger durch Navarra.

Die kleine **Ermita de San Román** aus der Zeit um 1200 steht im Zentrum der Stadt am Schnittpunkt zwischen den beiden Ortsteilen. Sein romanisches Stufenportal wurde aus konservatorischen Gründen in die Kirche Anunciación de Nuestra Señora verbracht.

Die stark restaurierte **Ermita de San Miguel,** am Weg zwischen Villatuerta und Estella, steht in einem ehemals als *Cuesta de Moro* bekannten Flecken. Sie ist der Überrest eines ehemaligen Benediktinerklosters, das erstmals in einem zwischen 1062 und 1065 geschriebenen Dokument erwähnt wird. Das Kirchlein wurde allerdings wahrscheinlich schon früher, zwischen 971 und 978, erbaut, während der Regierungszeit Sanchos II. Abarca, wie aus einer heute im → Museo de Navarra in Pamplona aufbewahrten Inschrifttafel hervorgeht: König Sancho II. Abarca verehrte Erzengel Michael in besonderem Maße. Den Mauerverband zierten einige in das 10. Jh. datierte figürliche, als Zierleiste angebrachte Reliefs, heute ebenfalls im Museo de Navarra,

Pamplona, mit Darstellungen des Christus am Kreuz (Frontaldarstellung, mit Tunika bekleidet, geteiltem Bart und weit aufgerissenen Augen), des Erzengels Michael (mit einem Engelsgewand bekleidet) und eines Mannes mit erhobener Faust sowie Reiter- und Tierdarstellungen; wegen der spitzen Mütze wird der Reiter als Darstellung eines Bischofs interpretiert. Diese Reliefs haben kaum modellierte, umrisshaft gestaltete Oberflächen. Die Darstellung des Christus am Kreuz ist eine der frühesten dieses Themas in der Skulptur in Hispanien.

Estella (IV O) wurde im Jahr 1090 durch König Sancho Ramírez (reg. 1063–94) neben dem Weiler Lizarra gegründet, der damit gezielt den Durchzug der Pilger nach Santiago erleichtern wollte. Er ließ eine Burg errichten und eine Gemeinde von Franken auf der rechten Seite des Río Ega siedeln. Zu dieser Zeit führte der offizielle Pilgerweg durch Zarapuz, etwa 3 km weit entfernt, auf einer alten Römerstraße und am Kloster von Irache vorbei. Die Route wurde nach Estella-Lizarra verlegt, das der König für eine gesündere Siedlung hielt. Der Pilgerweg führte direkt am Palast des Königs vorbei. Mit Sonderrechten gelang es, durchreisende Pilger zum Bleiben zu bewegen. In der Folge siedelten sich Franken und Juden an. Bis in das 14. Jh. hinein war Estella mit seiner gemischten Bevölkerung ein kultureller Fremdkörper in einem mehr oder weniger feindlichen Umfeld. Die große Bedeutung des Ortes lässt sich an der Vielzahl der im 12. Jh. errichteten Kirchen und Kloster ablesen.

Im 12. Jh. bestand Estella aus drei selbständigen Stadtvierteln mit eigenen Stadtmauern. Als letztes Relikt der Stadtmauer hat sich die *Puerta de Castilla* erhalten, die ein Dreiecksgiebel mit einem achtstrahligen Stern ziert. Im Stadtviertel von *San Pedro de la Rúa* lebten vorwiegend Navarrer, Adlige, Handwerker und Händler; im Stadtviertel *San Juan Bautista* lebten gemischte Bevölkerungsgruppen – heute ist hier das Geschäftsviertel zu finden; schließlich das Viertel von *San Miguel*, in dem Franken siedelten. In der Nachbarschaft zur Burg in der Nähe des Flusses ließen sich die Juden nieder. Dieser Bezirk existiert heute in seiner alten Struktur nicht mehr. 1236 erhielt Estella das Marktrecht. Rasch erfolgte der wirtschaftliche Aufstieg; die Wirtschaftskraft war derjenigen von Burgos ebenbürtig. In Folge dynastischer Auseinandersetzungen und eines Judenpogroms im Jahr 1328 verblasste der Glanz der Stadt. Nach der Übernahme der Stadt durch Ferdinand den Katholischen wurde die Burg gesprengt. Während der Karlisten-Kriege wurde Estella Schauplatz von Erschießungen.

Die **Kirche San Pedro de la Rúa** mit ihrem herausragenden Kreuzgang steht hoch über der Stadt auf einem Felsen. Der Baubeginn über einem Vorgängerbau wird in das letzte Viertel des 12. Jh.s datiert. Als 1230 der Bischof von Patros auf dem Weg nach Santiago in Estella verstarb, hinterließ er nicht nur seinen kostbaren Bischofsstab und seine bestickten Handschuhe, sondern auch die Reliquie des hl. Andreas. In der Folgezeit wurde Estella daraufhin selbst zum Wallfahrtsziel. Das bedeutende Nordportal, zu dem eine 1966 nach Plänen von Francisco Pons Sorolla angelegte Treppe führt, wird in das frühe 13. Jh. datiert. Die Türöffnung des Stufenportals umrahmt ein viellappiger Bogen mit Zickzackornament, der in ähnlicher Form in → Puente la Reina an der Kirche Santiago und in → Cirauqui an der Kirche San Román auftritt. Die Mitte ziert ein Chrismon. Die anschließenden Archivolten sind mit geometrischen und vegetabilen Ornamenten geschmückt; vier mittig aufgesetzte Medaillons zeigen einen achtstrahligen Stern, das Lamm Gottes, den hl. Michael und die segnende Hand Gottes. Man könnte sie fast als mittelalterliche Icons ansehen, die als Sinnbilder auf die Passion Christi, das Jüngste Gericht, die zweite Parusie, das eucharistische Opfer und die Dextera Dei verweisen. Über den vegetabil verzierten Kämpferplatten sind kleine Figuren zu sehen. Das Kapitell links des Eingangs schmücken Kentauren; rechts sind Harpyien, greifvogelartige Mädchen, dargestellt. Die reiche Dekoration des Portals erinnert sowohl an verwandte Motive der islamischen Kunst (z.B. Zickzackfries) als auch an den Formenschatz der christlichen Kunst (z.B. Würfelfries). Das Portal ist ein Beispiel für die vielfältigen kulturellen Einflüsse, die am Pilgerweg ausgetauscht wurden. Im Süden schließt sich der 1200 datierte Kreuzgang an, von dem nur noch zwei Flügel erhalten sind. Ost- und Südflügel wurden 1521 bei der Sprengung der nahegelegenen Burg zerstört. Beim Wiederaufbau wurden alle noch brauchbaren Bauteile zusammengestellt. Doppel- und Vierfachsäulen, die in einem Fall gewunden und spielerisch gekippt die sonst übliche Symmetrie durchbrechen, erinnern formal an die gedrehten Säulen des Kreuzganges von → Santo Domingo de Silos. Die Kapitelle zeigen Szenen aus dem Leben Christi und die Martyrien der hll. Laurentius, Andreas mit dem Andreaskreuz und des Kirchenpatrons Petrus mit dem Schlüssel. Sie bilden keine konsequente Folge, versammeln aber ein Ensemble qualitätvoller spätromanischer Skulptur. Ursprünglich wurde der Kreuzgang als Pilgerfriedhof genutzt.

Die **Kirche San Miguel in Excelsis** auf dem Hügel *La Mota* wird bereits 1145 genannt. Sie war zugleich in das Verteidigungssystem des angrenzenden *borgo* integriert. Die ältesten erhaltenen Bauteile der heutigen Kirche werden neuesten Forschungen zufolge in die Zeit um 1140 datiert. Zwei Eingänge führen in die dreischiffige Kirche: Derjenige auf der Südseite ist schlicht; demgegenüber erweist sich das Nordportal als herausragendes Kunstwerk der Spätromanik. Während die Gewändesäulen schlicht gehalten sind, findet sich an den Kapitellen, auf den Archivolten und seitlich des Portals ein aufwendiges Skulpturenprogramm. Im Tympanon ist die *Maiestas Domini* flankiert von den Evangelistensymbolen und der *Deeis* zu sehen. Die Kombination von *Maiestas Domini* und *Deeis* tritt hier erstmals im einem Portalprogramm des 12. Jh.s auf. Die Inschrift am Rand der Mandorla lautet »NEC DEUS EST NEC HOMO PRESENS QUAM CERNIS IMAGO / SED DEUS EST ET HOMO QUEM SACRA FIGURAT IMAGO« (›Nicht Gott und Mensch ist das gegenwärtige Bild, das du siehst, sondern Gott und Mensch, den das heilige Bild darstellt‹). Sie gehört zu einer Sammlung sog. *tituli*, als deren Autor Baudri von Bourgueil genannt wird und die seit der ersten Hälfte des 12. Jh.s verbreitet waren. Hier wird auf die doppelte Natur von Christus als Mensch und Gott angespielt. Die Archivolten sind mit Figuren dekoriert: Der ersten Archivolte mit Weihrauchgefäßen schwingenden Engeln folgen die Ältesten der Apokalypse, darauf die Patriarchen und Propheten, darauf Szenen aus dem Leben Christi. Auf der 5. Archivolte sind die Heiligen und ihre Martyrien zu sehen; die äußere Archivolte beschließt die Darstellungen mit Dämonen, Mischwesen und Lasterdarstellungen. Die Kapitelle zeigen von links nach rechts vorwiegend Episoden aus der Kindheitsgeschichte Christi. Die Tympanonkonsolen sind links als menschenverschlingende Bestie und rechts als löwenartig behaarte Bestie gestaltet, der zwei leblose Beine aus dem Maul hängen. Die das Gewände flankierenden Reliefplatten zeigen von links nach rechts: (1) Erzengel Michael als Sieger über den Drachen; (2) Abraham mit drei kleinen bartlosen Seelen im Schoß sowie Michael als Seelenwäger (die Waage ist wegen fortgeschrittener Verwitterung kaum noch zu sehen) mit einem Teufel; zwei kleine Teufel stoßen die Verdammten in einen geöffneten Drachenkopf; (3) zwei Engel neben dem geöffneten Grabdeckel und zwei schlafenden Wächtern – die Auferstehung Christi, die durch die Inschrift auf dem Tuch »SURREXIT; NON EST HIC« (›Er ist auferstanden, er ist nicht hier‹) verifiziert wird; (4) die drei Marien am Grab, die mit den Inschriften »MARIA MAGDALENE MARIA JACOBI ET ALTERA MARIA« eindeutig identifiziert sind – die rechts stehende bezeichnet die Mutter Christi. In Höhe der Archivolten schließen sich beiderseits großformatige Apostelfiguren an.

Auf den seitlichen Archivolten sind in thematischer Fortführung der äußeren Portalarchivolten Tiere, Monster und Dämonen zu sehen. Die Inhalte dieses ikonographischen Programms umreißen die Themen der Vermittlung und Fürsprache zwischen dem richtenden Christus und den Menschen (symbolisiert durch Maria und Johannis in der Deeis); das Jüngste Gericht (sinnträchtige Verbindung, denn der davor liegende Marktplatz war *in realita* der Ort der Rechtsprechung); die göttliche Doppelnatur, auf die nicht nur die Inschrift auf der Mandorla rekurriert, sondern auch die Buchstaben Alpha und Omega auf dem Buch des Lebens in der linken Hand Christi. Darüber hinaus gibt es einen politisch-theologischen Aspekt, der hier in der Hinwendung zur römisch-katholischen Glaubenslehre liegt, die dem König García Ramírez das Wohlwollen des Papstes als rechtmäßiger Nachfolger von Alfonso I. el Batallador sichern und das navarresische Königshaus machtpolitisch stärken sollte.

Die **Basilica de Nuestra Señora de Rocamador** am Stadtrand Richtung Irache war ein obligatorischer Haltepunkt für die Jakobspilger. Ihre Entstehungszeit fällt in die Zeit um 1200, aus der sich die halbrunde Apsis samt einem tonnengewölbten Joch erhalten hat. Der übrige Bau wurde um 1691 erneuert. In einer Nische der vertikal betonten Fassade ist eine barocke Skulptur der Jungfrau mit dem Kind zu sehen, im Inneren hingegen ist die Figur der Nuestra Señora de Rocamador aus dem 12. Jh. besonders zu erwähnen.

An der Stelle der **Basilica del Puy** soll im Jahr 1085 ein Marienbildnis erschienen sein, was zur Verlegung des Pilgerweges führte. Der Memorialbau erhielt den Namen *Virgen del Puy*; er unterstand dem Schutz der Könige Spaniens, bis ihn Königin María Cristina von Österreich (reg. 1885–1902) 1895 an den Bischof von Pamplona übergab. Das heutige Gebäude wurde zwischen 1929 und 1951 nach Plänen des Architekten Victor Eusa errichtet, der 1949 Änderungen vornahm. Dabei wurden Teile des Vorgängerhaus, z. B. das Eingangsportal und der Innenhof aus dem 18. Jh., einbezogen. Der sternenförmige Grundriss soll an die Erscheinung der Jungfrau erinnern. Ihr Bildnis, eine versilberte Sitzfigur aus Holz, wird in das letzte Drittel des 13. Jh.s datiert.

Die **Kirche Santa María Jus del Castillo** erhebt sich hinter dem Kloster Santo Domingo. Auf dem Grundstück, das König García el Restaurador 1145 der Kathedrale von Pamplona überließ, stand früher die Synagoge der jüdischen Gemeinde. Das einschiffige Gotteshaus wird von einem Kreuzgewölbe mit figurativ gestalteten Schlusssteinen überdacht. Die Apsis wird gegen Ende des 12. Jh.s datiert und ist ein reines Beispiel für die Baukunst der Romanik. Die Fassade hingegen wurde in der zweiten Hälfte des 18. Jh.s in barocker Formensprache umgeformt.

Die **Kirche Santo Sepulcro** steht am Ende der heutigen Calle de Curtidores, ehemals Rúa de los Peregrinos. Bereits 1123 war sie Sitz der Bruderschaft Del Santo Sepulcro. Die Baugeschichte zog sich vom 12. bis zum 16. Jh. hin. Von dem ursprünglichen Bauwerk hat sich ein Seitenschiff mit Apsis erhalten. Die imposante Fassade mit dem Hauptportal datiert aus dem frühen 14. Jh., als die Kirche um zwei pentagonale Apsiden erweitert wurde. Das Stufenportal bilden zwölf schlichte spitzbogige schmale Archivolten über zoomorph und vegetabil reich dekorierten Kapitellen. Das Tympanon zeigt in drei Registern das Abendmahl (1. Register), die drei Marien am Grab Christi, den Abstieg in die Vorhölle (*Anastasis*) und den Auferstandenen vor Maria Magdalena (2. Register, *Noli me tangere*), Christus am Kreuz (3. Register). Darüber sind Engel mit den Werkzeugen der Passion zu sehen. Flankiert wird das Portal von jeweils sechs Aposteln in einer Blendarkatur. Wie Wachen stehen der hl. Jakobus in Pilgertracht und der segnende hl. Martín von Tours im Bischofshabit am Aufgang zum Portal.

Der **Konvent Santo Domingo** hinter der Kirche Santo

Sepulcro wurde 1258 von König Teobaldo II. gegründet. Er war Teil der alten Burgmauern. Die Fassade ist schlicht gehalten; das Kirchenschiff endet in einem geraden Chorschluss. Der mit Unterstützung des Königs errichtete Kreuzgang enthält noch den Kapitelsaal, das Refektorium und das Dormitorium. Nach der Säkularisation stand das Gebäude zunächst leer, seit den 1970er Jahren ist es ein Altenwohnheim.

Der **Palacio de los Reyes de Navarra** (*Palacio de los Duques de Granada de Ega* / **Museo Gustavo de Maetzu**) gegenüber der Treppe zur Kirche San Pedro steht an der Plaza de San Martín direkt am alten Pilgerweg. Er ist der einzige erhaltene königliche Palastbau aus der Zeit der Romanik in Navarra. Das rechteckige Gebäude wird Ende des 12. Jh.s datiert. Erhalten haben sich die Außenmauern mit der Bogengalerie im Erdgeschoss und den vierteiligen Fenstern im ersten Geschoss. Bedeutsam sind die Kapitelle, von denen eines den Kampf Rolands mit dem Riesen Ferragut darstellt und die durch Inschriften eindeutig zu identifizieren sind. Die Aufteilung der Räume im Inneren lässt sich nicht mehr rekonstruieren. Heute beherbergt das Gebäude das Museum des in Estella verstorbenen Malers Gustavo de Maetzu y Whitney.

Der **Palast der Familie San Cristóbal** (*Casa de Fray Diego*) in der Calle de la Rúa ist ein herausragender Wohnbau aus der Mitte des 16. Jh.s. Errichtet wurde das Gebäude von Diego de San Cristóbal Ballesteros Eguía und seiner Frau María Cruzat y Jaso, deren Sohn Diego als Franziskanermönch eine bedeutende Rolle spielte. Für den Baubeginn des Backsteingebäudes sind zwei Daten überliefert: um 1540 und um 1565. Der Eingang rechts ist mit einem *alfiz*, einem schmuckvoll ornamentalen Rahmen, verziert. Darüber ist das Wappen der Eheleute zu sehen. Im ersten Geschoss schmücken reiche Gewändeverzierungen die Balkontüren. Auf dem Türsturz der linken Tür sind vier der Taten des Herkules dargestellt: die Kämpfe gegen die Hydra, den Riesen Geryon, den Nemäischen Löwen und den Kentauren Nessus. Rechts ist ein Bukranion mit Grotesken zu sehen. In den Segmentgiebeln darüber stehen zwei Büsten, links passend zu den Darstellungen auf dem Fries darunter eventuell Herkules, rechts eine weibliche Gestalt, eventuell Diana, Hebe oder Minerva.

Die **Puente de la Carcel** über den Ega wurde 1873 in Form der romanischen Brücke wiedererrichtet. Sie schwingt mit einem Bogen hoch über den Fluss. ○

AYEGUI (IV O), an dessen Rand das **Kloster Santa María la Real de Irache** liegt, wird von dem Berg Montejurra beherrscht. Die klassizistische **Pfarrkirche San Martín** wurde Ende des 18. Jh.s errichtet. Der polychrome Altar wird in die Zeit um 1600 datiert; das Kruzifix wird der Gotik zugerechnet.

MONASTERIO DE IRACHE (IV O) – **Kloster Santa María la Real**: Der Name *Irache* entstammt dem Baskischen und bedeutet *Farn*. Zur Zeit der Gründung des Klosters im 8. oder 9. Jh. waren wohl große Farnbestände in dem Gebiet zu finden. Urkundlich wird das ehemalige Benediktinerkloster erstmals 958 erwähnt; im 11. Jh. unterstand es den Äbten Don Munio y Monjardín und San Veremundo (1020–1099), der als Schutzpatron des Jakobsweges durch Navarra verehrt wird. In dieser Zeit, noch vor der Gründung der etwa 4 km entfernten Stadt Estella, war das Kloster ein wichtiger Halt am Pilgerweg mit einem der ältesten Hospize (1045 durch König García Sánchez III. el de Nájera gestiftet). Nach zwei Jahrhunderten relativer Vergessenheit erlangte das Kloster nach 1522 wieder eine überregionale Bedeutung, nachdem sich Mönche des Klosters San Benito aus Valladolid niedergelassen und eine angesehene Universität gegründet hatten, die 1615 mit päpstlichen Privilegien ausgestattet wurde. Im 19. Jh. fand das klösterliche Leben ein Ende. Seit einigen Jahren wird ein Teil der Anlage als

Luxushotel (Parador) umgestaltet. Der sogenannte Neue Kreuzgang, früher Sitz der Universität, beherbergt das **Museo Etnológico de Navarra Julio Caro Baroja**. Schon seit der Gründung des Klosters soll der Weinanbau Tradition am Ort sein (1060 Schenkung eines Weinkellers an die Abtei durch König Sancho IV. el de Peñalen), der u.a. den Pilgern zugutekam. Diese Tradition wird auch heute fortgeführt – die Bodegas Irache bieten dem modernen Jakobspilger an einem Brunnen kostenlos Wasser und Wein.

Die heutige Klosterkirche, die wahrscheinlich über einem Vorgängerbau errichtet wurde, umfasst ein romanisches Chorhaupt mit drei halbrunden Apsiden und einem frühgotischen Kirchenschiff vom Ende des 12. Jh.s mit einem Portal und Türmen aus derselben Zeit. Das Dekorum der Apsiden, deren Okuli im 17. Jh. eingefügt wurden, besteht aus Blendbogenarkaden, Würfelfriesen, Doppelsäulen mit vegetabil ornamentierten Kapitellen, Kragsteinen mit Darstellungen von Ungeheuern, Tieren und Menschen. Das nördliche der beiden romanischen Portale, die *Puerta de San Pedro*, hat vier Archivolten, deren Kapitelle als geschlossener Fries anzusehen sind: Kampfszenen zwischen Kentauren und Reitern, Szenen aus dem Leben des hl. Martin und ein Ornament aus verknoteten Bändern. Auf der inneren Archivolte ist im Schlussstein ein Chrismon dargestellt. Das in das 13. Jh. datierte Westportal mit einer tiefen Vorhalle und vier leicht spitzbogigen Archivolten geht möglicherweise auf das Südportal von → San Miguel in Estella zurück. Als Schlussstein der inneren Archivolte ist ein weiteres Chrismon zu sehen, darunter als Besonderheit der Arm Gottes mit der segnenden Hand (ähnliche Konstellationen sind nur aus Frankreich aus späterer Zeit bekannt). Der Giebel der Westfassade stammt aus späterer Zeit (16./17. Jh.). Der links anschließende Turm ist in das 17. Jh. zu datieren. Der Innenraum gliedert sich in ein dreischiffiges, dreijochiges Langhaus, das in halbrunden Apsiden endet, und ein Querschiff, dessen Arme mit den seitlichen Apsiden korrespondieren. Das Kreuzrippengewölbe wird von kreuzförmigen Pfeilern mit vorgestellten Halbsäulen unterschiedlicher Höhe getragen. Kapitelle und Konsolen sind mit vegetabilen Motiven, Reiterszenen und Köpfen dekoriert. Die um 1600 erneuerte Vierungskuppel, die außen als Oktogon erscheint, wird von vier Trompen getragen, auf denen Darstellungen der vier Evangelisten zu sehen sind. Den Übergang von der Vierung zur mittleren Apsis bildet ein doppelter Triumphbogen über figürlichen dekorierten Kapitellen. Die Wandfläche der Hauptapsis wird durch Blendbogenarkaden horizontal in drei Abschnitte gegliedert. In der Vierung und im Mittelschiff haben sich Steinmetzzeichen der am Bau beteiligten Werkstätten erhalten.

Im Süden schließt sich der von Zellengewölben überdeckte Kreuzgang aus dem 16. Jh. an, der nach Plänen von Martín de Oyarzábal errichtet wurde. Die Verbindung zur Kirche besteht in der *Puerta Especiosa*, die von Juan de Aguirre entworfen wurde. Über dem rundbogigen, von zwei Archivolten flankierten Portal ist in einem Nischenfeld die Figur der Jungfrau Maria zu sehen. Die Ornamentik des Kreuzgangs scheint der Gotik verhaftet; bei genauerem Hinsehen offenbaren sich jedoch Rückbezüge auf die römische Antike. Die Kapitelle der Kreuzgangsäulen tragen Darstellungen des Neuen Testaments und Szenen aus dem Leben des hl. Benito. Diese Reliefs dokumentieren die Bilderreform des Konzils von Trient, das die Gegenreformation einleitete. Die unmittelbar vor dem Beginn des Konzils entstandenen Abschnitte des Kreuzgangs zeigen häufiger nackte Personen als diejenigen, die nach dem Ende des Konzils entstanden sind. OO

AZQUETA (IV O) im Tal von Santesteban de la Solana wird urkundlich erstmals 1246 mit der Übergabe der *fueros* durch Teobaldo II. erwähnt. In der Nähe der Kirche steht ein in das 16. Jh. datiertes Gebäude, das durch seinen Wappenschmuck und ein mit den Kugeln der Katholischen Könige verziertes Gesims auffällt.

Die ursprünglich mittelalterliche **Kirche San Pedro** wurde im 16. Jh. verändert und im 20. Jh. restauriert. 1949 entstand der Turm über mittelalterlichen Fundamenten. Das dreijochige Kirchenschiff erhebt sich über einem lateinischen Kreuz. Die Schlusssteine der mächtigen Gewölbe zieren Büsten. Das Gewölbe der Apsis wurde 1745 errichtet. Bei den Restaurierungsarbeiten im 20. Jh. sind auf der Nordwand Wandmalereien entdeckt worden. Der Altar ist ein Werk des Bildhauers Pedro Imberto (gest. 1598), ein weiterer kleiner, Maria Magdalena geweihter Altar wird dem Bildschnitzer Pedro de la Torre zugeschrieben. Das Taufbecken wird der Romanik zugerechnet.

Die **Fuente de los moros** genannte Zisterne 300 m vor Villamayor de Monjardín soll seit dem 12. Jh. bestehen. 16 Stufen führen hinab zum Wasserbecken, das ein gotisches Gewölbe überfängt und in dem Regen- und Quellwasser gesammelt wird.

Villamayor de Monjardín (IV O) am Fuß des Berges Monjardín erhielt seinen heutigen Namen durch ein Dekret vom 18. Februar 1808. Sein ursprünglicher Name war *Deyo*, abgeleitet von *Degio y Dieri*, bezugnehmend auf das nahe Valle de Yerri. Nach der Errichtung einer Einsiedelei, die dem hl. Stefan (San Esteban) geweiht wurde, nannte man den Flecken im 12. und 13. Jh. *San Esteban de Deyo*. Der Name *Monjardín* wird einerseits von *Mongarcini* (*Monte de García*) in Anlehnung an den navarresischen König und andererseits, Dokumenten von 1808 zufolge, von den vielen dort wachsenden Pflanzen abgeleitet. Das Gebiet um die Stadt gehört zu den sagenumwobenen Orten Spaniens.

Die **Burg San Esteban** spielte in der wechselvollen politischen Geschichte eine bedeutende Rolle, auch wenn ihre Ursprünge im Dunkeln liegen. Der Chronik des Klosters Albelda aus dem Jahr 882 zufolge soll sie bereits in römischer Zeit bestanden haben und nach der Eroberung durch die Mauren mit ersten Baumaßnahmen im Jahr 859 durch Musa ibn Musa befestigt worden sein. Dieses historische Dokument verifiziert damit jedoch nicht die Berichte im Pseudo-Turpin, die mit dem Bergmassiv in Zusammenhang gebracht wurden und denen zufolge sich im Jahr 778 Karl der Große einen Kampf am Fuße des Berges von Irache mit dem maurischen Krieger Turro (oder Ferragut) lieferte bzw. der Kampf zwischen Roland, Anführer der Nachhut, und Ferragut, einem sehr groß gewachsenen maurischen Krieger angesiedelt wurde. Mit einer gewissen historischen Glaubwürdigkeit berichtet die Chronik von Albelda ferner von einem Kampf zwischen verschiedenen Mitgliedern der mächtigen Banu-Qasi-Familie in Verbindung mit der Burg San Esteban. Erste gesicherte Daten erscheinen mit König Sancho Garcés zu Beginn des 10. Jh.s. 907 eroberte er die Burg von Lope ibn Muhammad, womit eine bedeutende Phase für den Monjardín begann: 921 suchte Galindo, der Bischof von Pamplona, hier Zuflucht vor den maurischen Kriegszügen. Einer arabischen Chronik zufolge starb Sancho Garcés im Jahr 925. Er ließ sich in der Kirche der Burg (s. u.) begraben und begründete damit ein kleines königliches Pantheon, denn auch sein Sohn fand hier seine letzte Ruhestätte. 928 wurde die Burg von den Nachfolgern Sanchos der Kathedrale von Pamplona übergeben. Mit der Vergabe des Lehens an das Kloster von Irache durch Sancho el Mayor im Jahr 1033 begann eine unruhige Zeit mit wechselnden Feudalherren, die über die Burg herrschten. Erst mit der Übernahme durch die Familie der Vélaz de Medrano zu Beginn des 14. Jh.s konsolidierte sich die Lage. In dieser Zeit wurden auch umfangreiche Bauarbeiten durchgeführt, 1367 erfolgten der Bau einer Treppe und 1371 die Reparatur der kleinen Zisterne. 1512 wurde die

Burg durch den II. Herzog von Alba für das kastilische Königshaus erobert und gehörte zum Besitz der Adelsfamilie. Damit begann aber auch der Verfall; in den nachfolgenden Jahrhunderten spielte die Burg kaum eine politische Rolle. Erst während der Karlisten-Kriege waren Truppenverbände der gegnerischen Parteien abwechselnd untergebracht. Auch während des Bürgerkrieges 1936–39 waren die Mauern hart umkämpft. Von der ehemals pentagonalen, mit einer massiven, zinnenbekrönten Mauer umgebenen Anlage haben sich Reste von Nebengelassen wie Ställe, Fundamente des Bergfrieds und eine Treppe erhalten. Die Zisterne wird um 1200 datiert.

Die **Kirche / Ermita San Esteban** wurde von 1143 an *Santa Cruz de Monjardín* benannt. Grund dafür war das romanische Vortragekreuz, das bis zu Beginn des 20. Jh.s hier verwahrt wurde, ehe es in die Kirche San Andrés überführt wurde. Der Chor des rechteckigen Kirchenschiffs mit Tonnengewölbe wurde 1951 abgerissen und durch einen Neubau ersetzt, der jedoch dem ursprünglichen Chor entsprechen soll. In einer von einem Rundbogen umrahmten Mauernische ist das Grab von König Sancho Garcés zu finden. Bis in die Mitte des 20. Jh.s war hier ein Gnadenbild mit den Darstellungen der hll. Katharina, Barbara und Cristobal zu sehen, das einem Raubzug zum Opfer fiel. Das Grab von Sanchos Sohn García Sánchez (reg. 925–970) ist vor dem Chorraum zu finden. Der dem hl. Stefan geweihte Altar in klassizistischem Stil stammt aus dem 19. Jh. unter Verwendung von Teilen aus der Zeit um 1600 wie beispielsweise die Kompositsäulen. Das Holzkreuz ist eine Nachbildung des 17. Jh.s.

Die **Kirche San Andrés** wird in die zweite Hälfte des 12. Jh.s datiert, erhielt in den nachfolgenden Jahrhunderten jedoch zahlreiche Umformungen. Zur ursprünglichen Bausubstanz ist die Apsis zu zählen. Das romanische Stufenportal an der Westseite wird beidseitig von je zwei Säulen flankiert und von schlichten Archivolten umfangen. Die

Kapitelle der Säulen sind figurativ ausgestaltet, zwei sich gegenüberstehende Tiere oder Harpyien links und Maria mit dem Kind und der Kampf zwischen zwei Kriegern rechts. Die letztgenannte Szene wird als Kampf zwischen Roland und Ferragut interpretiert, ein Pendant zum Kapitell am → Palacio de los Reyes in Estella. Der Schlussstein über dem Portal trägt ein achtarmiges Chrismon, dessen Zentrum als Margaritenblüte gestaltet ist. Weitere Besonderheiten sind die Tilde im Buchstaben P, das große A und das ω in Form einer Lilienblüte sowie das S in Schlangenform. Die Beschläge der **Holztür** werden in das Mittelalter datiert. Der **Turm** wurde zwischen 1625 und 1641 durch Pedro de Urbieta aus Arellano errichtet, die Sakristei 1727 durch Francisco de Ibarra barock umgeformt. Auch die Vorhalle vor dem Hauptportal wurde nach 1600 angebaut.

Neben dem Altar steht auf einer vegetabil gestalteten Basis das **Taufbecken**, das in die Zeit um 1600 zu datieren ist und dessen Dekoration aus Rosetten und Engelsköpfen besteht.

Das bedeutendste Ausstattungsstück ist ein **Prozessionskreuz** aus der Zeit um 1200, das aus Eichenholz mit einem Silbermantel besteht. Auf der Vorderseite ist die Figur des gekreuzigten Christus zu sehen, dessen Kopf auf die rechte Schulter fällt. Die Krone auf seinem Kopf ist keine Dornenkrone, sondern eine Königskrone, die als Schmucksteine einen Türkis, einen Rubin und einen Diamanten trägt. Die Seitenarme des Kreuzes sind vegetabil verziert und laufen an den Enden in Blattornamentik aus. Auf der Rückseite ist im Zentrum das Lamm Gottes mit dem Buch der sieben Siegel und dem Kreuz mit Banner zu sehen. Das Banner trägt die Inschrift XI-P und ist mit einem Chrismon dekoriert. Der Stil der Arbeit erinnert sehr an Elfenbeinschnitzereien. Dieses Vortragekreuz ist neben dem Evangeliar in Roncesvalles das einzige verbliebene romanische Ausstattungsstück in Navarra.

Los Arcos (IV O) am Río Odron erhielt seinen Namen im späten 11. Jh. im Zuge der Schlacht von Valdegón, auch Schlacht der drei Sanchos genannt, in deren Verlauf die Einwohner so beherzt kämpften, dass Sancho IV. Garcés de Peñalen der Stadt ein Wappen mit Bogen und Pfeilen übergab. Im Jahr 1175 übergab König Sancho el Sabio der Stadt das *fuero* und das Marktrecht. Diese Epoche darf als Blütezeit der Stadt angesehen werden, zu der auch die Pilger beigetragen haben, die ihren Weg durch die heutige *Calle San Antón* nahmen. In den nachfolgenden Jahrhunderten wurde Los Arcos immer wieder in die territorialen Auseinandersetzungen zwischen den Königreichen Navarra, Aragón und Kastilien hineingezogen, bis schließlich 1512 unter Ferdinand dem Katholischen auch Navarra dem kastilischen Königreich zufiel. Auf einer seiner seltenen Reisen übernachtete der spanische König Philipp II. in der Stadt und bestätigte ein bereits 1571 zugestandenes *fuero*, das den Weinbau in der Gegend förderte. Das 19. Jh. war wiederum durch kriegerische Auseinandersetzungen gekennzeichnet. Der Invasion der Armee Napoleons im Jahr 1809 folgten 1833 die verfeindeten Truppen des ersten Karlistenkrieges.

Das Zentrum der heutigen Stadt liegt in der Plaza de Santa María, die im Süden von der Kirche Santa María beherrscht wird. Die Bebauung der übrigen drei Seiten stammt aus dem 17. Jh. Die dreigeschossigen Gebäude bieten mit ihren Arkadengängen ein schattiges Ambiente. Die Kirche der Santa Brígida bestand bis zum Jahr 1722. An ihrer Stelle wurde gegen Ende des 18. Jh.s ein neues Gebäude errichtet, in dem sich heute das Gesundheitszentrum befindet. Ein Relief aus dem 16. Jh. mit einer Darstellung der Virgen de la Misericordia wurde in das neue Bauwerk integriert.

Die **Kirche Santa María** ruht auf den romanischen Fundamenten des Vorgängerbaus aus dem 12. Jh., der möglicherweise im Zusammenhang mit dem *fuero* von 1175 errichtet wurde. Der heutige Bau stammt aus der Zeit der Gotik, der Renaissance und späteren Stilepochen. An der Südseite schließt sich ein Kreuzgang aus dem 16. Jh. mit zoomorphem und vegetabilem Dekor an. Das Hauptportal aus dem 16. Jh. verbirgt sich unter einer Vorhalle aus dem 18. Jh. In den Figurennischen der abgeschrägten Gewände stehen Bildnisse der hll. Petrus und Paulus. Der Gewändebogen vermittelt durch seine perspektivische Kassettierung eine größere räumliche Tiefe, als tatsächlich gegeben ist. Auf dem Tympanon ist von einer Tempelarchitektur umgeben die sitzende Maria mit dem Kind zu sehen. Am 23. April und am 16. August fällt die Nachmittagssonne auf ihr Gesicht. Beide Daten sind innerhalb des kirchlichen Festjahres mit der Jungfrau und der Passion Christi verbunden – am 15. August wird Mariä Himmelfahrt gefeiert, der 23. April fällt in die Osterzeit, so dass hier ähnlich wie im → Kloster San Juan de Ortega eine bewusste Lichtinszenierung angenommen werden kann, die auf die Apotheose Mariens und den Opfertod Christi hinweist. Im Inneren überrascht die Kirche mit sehr reichem Gipsschmuck (*yeserías*) und Malereien aus dem 18. Jh. Den Hauptaltar schufen fünf verschiedene Künstler. Zu sehen sind drei verschiedene Bildzyklen: Die Entstehung der Katholischen Kirche, dargestellt durch die Schnitzfiguren der zwölf Apostel mit ausdrucksvollen Gesichtern und eingesetzten Kristallaugen, die Passion Christi in der Predella und ein der Jungfrau gewidmeter Zyklus, der mit der Verkündigung beginnt und mit der Krönung schließt. Im Zentrum thront die Figur der Jungfrau Maria mit dem Kind, die in das 14. Jh. datiert wird. Das Chorgestühl stammt aus dem 16. Jh. Die Orgel von 1760 gehört zu den prächtigsten in Navarra. Die drei Reihen Orgelpfeifen, die zum Teil aus Holz bestehen, sind in Gold- und Blautönen bemalt. Ihre Öffnungen sind als Grimassen schneidende Gesichter gestaltet. Das Gehäuse schmücken musizierende Engel.

Die **Ermita de San Blas** außerhalb des Stadtzentrums am ○

Pilgerweg nach Viana war ursprünglich dem hl. Lazarus geweiht. Der Ursprungsbau wird in das 12. Jh. datiert, der heutige Bau ist eine Rekonstruktion des 18. Jh.s. Hier befand sich das Hospital, das im Pilgerführer des *Codex Calixtinus* erwähnt wird und dem König Teobaldo II. 10 Dukaten hinterließ. Ihm war eine Leprastation angegliedert.

○ Das **Casa Municipal del Coso** (*Balcón de Toros*) genannte Gebäude an der Ostseite der Plaza del Coso wurde ab 1736 als *balcón presidencial* (*Präsidentenbalkon*) errichtet, von dem aus die Repräsentanten der Stadt den Stierkampf beobachten konnten. Den zweigeschossigen Bau aus Hau- und Backstein umgibt im Obergeschoss ein Balkon, der im Zentrum breiter ist als zu den beiden Seiten. Dieser Bereich war für die Honoratioren der Stadt reserviert. Im Zentrum der Fassade ist das Wappen der Stadt zu sehen. Ein Gebäude mit gleicher Funktion war bereits im 17. Jh. in → Viana, Balcón de Toros, errichtet worden.

△ Von der mittelalterlichen **Stadtmauer** haben sich Reste vor allem in den angebauten Häusern erhalten. Die Stadtmauer hatte mehrere Tore, von denen sich das *Portal del Estanco* (im Nordwesten) und das *Portal San José* (am Ende der Calle Portal del Dinero) erhalten haben. Das *Portal de Castilla*, das direkt an die Kirche Santa María anschließt, wurde im 17. Jh. rekonstruiert und erneut während der Regierungszeit Philipps V. im Jahr 1739 renoviert, wie die Inschrift bezeugt: »IHS REINANDO PHELIPE QUINTO QUE DIOS GUARDE SE REEDIFICO ESTE PORTAL. AÑO 1739«.

SANSOL (IV O) wurde 1176 im Zuge der Wiederbesiedlung durch König Sancho VI. el Sabio gegründet. Der Name wird auf den Märtyrer San Zoilo aus Córdoba zurückgeführt, der Patron des → Klosters San Zoilo in Carrión de los Condes war. Dieses Kloster unterhielt in Sansol eine Komturei. Relikt aus dieser Zeit ist die Pfarrkirche San Zoilo. Von 1463 bis 1753 gehörte der Ort zum Königreich Kastilien. Möglicherweise stand hier ehemals das im Pilgerführer des *Codex Calixtinus* »zwischen Los Arcos und dem ersten Fluss« angegebene Hospiz.

Zu den Sehenswürdigkeiten zählt die barocke **Pfarrkirche San Zoilo**, die teilweise Elemente eines Vorgängerbaus wieder aufgenommen hat. Die Kuppel des ansonsten schlichten Innenraums ist mit barocken Fresken, einer Himmelfahrt Christi, ausgemalt. In den Pendentiffeldern des Gewölberaums sind die vier Evangelisten zu erkennen. In der Westempore ist die Figur des hl. Petrus aus dem 14. Jh. zu sehen.

Unterhalb der Kirche steht ein **Barockpalast** von 1702, der zu den wichtigsten Profanbauten in dieser Gegend aus jener Zeit stammt.

Torres del Río (IV O), der auch Torres de Sansol genannt wird, ist schon vor 711 dokumentiert. Er hat aufgrund seiner topographischen Lage an einem Hang eine unregelmäßige Struktur; die wichtigsten Straßen enden in der Plaza del Fuero. Am höchsten Punkt erhebt sich die **Pfarrkirche San Andrés**, die dem 16. Jh. entstammt. Hauptsehenswürdigkeit ist jedoch die Kirche San Sepulcro am Eingang des Ortes.

Kirche San Sepulcro: Die Gründungsumstände für den Bau sind bislang nicht geklärt. Ebenso wie die → Kirche Santa María de Eunate wird San Sepulcro gerne als Templerkirche angesehen, doch lässt sich die Verbindung zu diesem Orden weder durch die in den letzten Jahren erfolgten gründlichen Bauanalysen noch durch die Quellenlage bezeugen. Kurz nach der Eroberung Monjardíns gelangte Torres del Río ebenfalls unter christliche Herrschaft. Die Anwesenheit des 1099 gegründeten Ordens vom Heiligen Grab ist erst für die Jahre 1325 und 1328 belegt. Nicht ausgeschlossen wird eine Gründung in Verbindung mit dem Königshaus Navarra, wofür die Qualität des reichen Baudekors spricht. Aufgrund von stilistischen Vergleichen und Detailstudien wird der Bau in die Zeit um 1160/70 datiert.

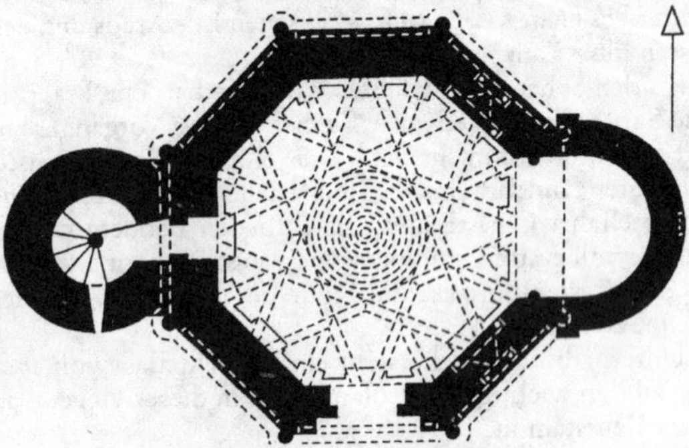

Grundriss Torres del Río, San Sepulcro

Im Zusammenhang mit dem Pilgerweg nach Santiago de Compostela und überregional betrachtet kommt der Kirche eine besondere Bedeutung zu. Der Weihetitel verweist auf die Grabeskirche in Jerusalem; in Torres del Río wurde eine komplexe Nachbildung des Baus realisiert, ohne ihn exakt zu kopieren. Er wird als Substitutionsbau interpretiert, dessen Errichtung in eine Zeit fiel, in der den christlichen Gläubigen die Pilgerfahrt nach Jerusalem verwehrt wurde.

Die oktogonale Kirche mit niedrigerer Apsis im Osten und halbrundem Treppenturm im Westen steht auf einem kleinen Platz am Eingang des Dorfes umgeben von niedrigen Häusern, wodurch sie sehr hoch wirkt. Außen ist der Bau durch Säulen, Gesimse und Fenster gegliedert. Das Fenster über der Apsis wird durch die Ornamentierung auch der Kämpferprofile mit Blattwerk besonders betont. Das Dach mit der ebenfalls oktogonalen Laterne erhebt sich über einem mit Kugeln verzierten Gesims, das von vierfach gekehlten Konsolen getragen wird. Diese Konsolen erinnern an die Röllchen-Konsolen mozarabischer Bauten. Das Portal auf der Südseite wird seit der letzten Restaurierung von einem in das zurückspringende Gewände eingesetzten Säulenpaar flankiert. Vor den Arbeiten standen hier kapitelllose Rundpfeiler auf verwitterten Basen. Die Kämpferplatten mit Blattornamentik gehören noch zum Originalbestand. Darüber umgibt eine mit einem Sternenband und Rundstabprofil verzierte Archivolte das Tympanon, das als Schmuck einzig ein Patriarchalkreuz auf einem Wappenschild trägt.

Der Innenraum nimmt die Dreiteilung der Fassaden durch zwei Gesimse mit akkurat gearbeitetem Röllchenfries wieder auf. Die dritte Geschosszone ist in den Kuppelaufbau integriert. Die oktogonale Kuppel wird durch sehr breite Rippenbögen getragen, die ein sternförmiges Muster bilden, das an arabische Kuppellösungen wie zum Beispiel an die Moschee Bab al-Mardum in Toledo oder an die große Moschee von Córdoba erinnert. Das Zentrum der Kuppel bleibt frei. Das durch exakt gearbeitete Steine verschlossene flache Opaion wird im Ansatz wiederum durch ein Röllchengesims markiert. Zwischen den zusammenlaufenden Rippen öffnen sich die acht schmalen Fenster mit individuell gearbeiteten, an arabische Fenstergitter erinnernden Steingittern. Die Rippen tragen im Ansatz Inschriften, die aufgrund der Schrift im Channel-Style in die zweite Hälfte des 12. oder in die erste Hälfte des 13. Jh.s datiert werden und somit der Entstehungszeit der Kirche entstammen. Erkennbar sind die Namen der Apostel Petrus, Paulus, Andreas, Jacobus, Johannes, Thomas und Simon. Ferner sind ein Porträtkopf, ein Kruzifix und die Worte *me fecit* zu sehen.

Die schlichte Apsis im Osten öffnet sich unter einem von Säulenkapitellen getragenen Triumphbogen. Die Kapitelle zeigen die Kreuzabnahme Christi auf der Nordseite und die Frauen am leeren Grab Christi auf der Südseite. Sie visualisieren damit den Weihetitel der Kirche. Zu den Ausstattungsstücken der Kirche gehört ein Kruzifix aus dem 13. Jh.

Der im Westen gebaute Treppenturm mit unregelmäßigem Kreisgrundriss erschließt das Dach. Er wurde wahrscheinlich zu Beginn des 16. Jh.s errichtet, als die Laterne als Totenleuchte umgenutzt wurde.

Viana (IV N), in dessen Umgebung sich Siedlungsspuren bis in das Neolithikum zurückverfolgen lassen, war als ehemals strategisch wichtiger Platz an der Grenze zwischen Navarra und Kastilien immer wieder in Gebietskämpfe verwickelt. Nach weitgehender Zerstörung Ende des 12. Jh.s erfolgte 1219 die Neugründung durch König Sancho VII. 1423 wurde der Ort durch Carlos III. de Navarra für den Infanten Don Juan II. von Antequera und Aragón, verheiratet mit Doña Blanca I., in den Rang eines Fürstentums erhoben, das *Principado de Viana*. Damit begann eine erste Blütezeit der Stadt, von der auch heute noch zahlreiche ehemalige Adelspaläste zeugen. 1467 verlieh Königin Eleonore von Navarra der Stadt den Titel *Muy Noble y Muy Leal*. Den Titel *Principe de Viana* trugen seither alle Thronfolger des Königreiches Navarra und seit der Vereinigung des Landes unter den Katholischen Königen im frühen 16. Jh. alle Thronfolger Spaniens. Gegenwärtig trägt Felipe de Borbón y Grecia diesen Titel. Seit 1990 wird jährlich der *Premio Principe de Viana de la Cultura* vergeben, den die Provinzregierung von Navarra stiftet und der zu den angesehensten Auszeichnungen Spaniens gehört. Zu den Preisträgern, die die Urkunde im → Kloster San Salvador de Leyre aus den Händen des spanischen Thronfolgers entgegennehmen, gehören der Architekt Rafael Moneo (1993) und der Physiker Francisco Ynduráin (1994).

Für eine feste Verankerung des Namens Viana im Geschichtsbewusstsein sorgte der spektakuläre Tod des Cesare Borgia am 12. März 1507 während der kriegerischen Auseinandersetzungen zwischen dem rebellischen Kommandaten der Burg, Luis de Beaumonte, und den navarresischen Truppen, die der Papstsprössling befehligte. Der anschließende Bürgerkrieg zwischen den Agramontesen und den Beaumontesen führte schließlich im Jahr 1512 zur Eingliederung Vianas in das kastilische Königreich. Karl V. übernachtete hier ebenso wie später sein Sohn Philipp II. Eine erneute Blütezeit erlebte Viana im 17. Jh. aufgrund seines wirtschaftlichen Reichtums, der sich auf die Landwirtschaft, vor allem auf die Produktion von Wein, zurückführen lässt. Auch die Adeligen kehrten zurück und verliehen der Stadt mit ihren glanzvollen Festen eine besondere Aura. Viele waren Angehörige des Alcántara- oder des Calatrava-Ordens.

Der mittelalterliche Stadtkern folgt dem gängigen Schema zweier sich im rechten Winkel kreuzender Straßen. Die *Plaza Mayor* wird von Adelspalästen mit Lauben und Loggien gesäumt. Adelspaläste sind auch in den angrenzenden Straßen zu finden. Umgeben war die Stadt mit einer mit quadratischen Türmen bewehrten Mauer. Erste Veränderungen wurden während des 16. Jh.s vorgenommen, als auf dem Platz gegenüber der Burg eine Stierkampfarena eingerichtet wurde. Die Burg im Südwesten der Stadt wurde geschliffen und durch ein Kronwerk ersetzt, das 1630 von der Stadt angekauft wurde.

Der Bau der **Kirche Santa María de la Asunción** wird von 1250 bis 1312 datiert; die nachfolgenden Umbauten begannen im 16. Jh. und zogen sich bis in das 18. Jh. hinein. Aus dem 16. Jh. stammen das beeindruckende Portal auf der Südseite der Kirche und der Turm. Das auffälligste Merkmal des wehrhaft wirkenden Gotteshauses sind die hochgezogenen Blendbögen in der Nordwestecke. Das Westportal aus dem 14. Jh. fiel den Umbauten zum Opfer. Heute gibt ein kleines Portal, in dessen Tympanon die Jungfrau mit dem Kind flankiert von zwei Engeln dargestellt ist, Zutritt zur Kathedrale. Das imposante Südportal mit der hohen Aushöhlung bis zum Dach und einem ebenso imposanten Vordach wurde um 1570 errichtet. Als Künstler werden Juan de Goyaz, Juan Ochoa de Arranotegui und Juan de

Orbara genannt. Sein ikonographisches Programm ist auf Jesus Christus ausgerichtet: Zu sehen sind das Gebet im Garten, die Verkündigung, die Geburt Christi, der Kalvarienberg und Mariä Himmelfahrt unter der Halbkuppel. Im Inneren der dreischiffigen Kirche mit zahlreichen Seitenkapellen, Sakristei und Chorumgang erstrahlt der gewaltige Altar in der *Capilla Mayor*, die 1731 Wandmalereien von José Bravo mit Darstellungen der Tugenden und der Erzengel Michael und Rafael an den Seiten erhielt. Der Ende des 17. Jh.s entstandene Hauptaltar zeigt im Zentrum die Virgen de la Asunción umgeben von den zwölf Aposteln.

Vor der Kirche erinnert die Grabplatte von Cesare Borgia (1475–1507), Sohn von Papst Alexander VI., an seinen Tod am 12. März 1507.

△ ○ Die **Kirche San Pedro** wird in Zusammenhang mit einem Benediktinerkloster des 11. Jh.s gesehen, das einstmals in der Nähe der Stadt stand und heute nicht mehr existiert. Die heute bestehenden Ruinen sind Reste einer im 13. Jh. als erstes Gotteshaus der Stadt errichteten Zisterzienserkirche, der im 18. Jh. eine Apsis angefügt wurde, die mit der → Kirche San Cernín in Pamplona in Beziehung gesetzt wird. Der Bau wurde 1755 durch das Erdbeben, das auch Lissabon zerstörte, stark beschädigt. Die Zweckentfremdung als Stützpunkt verschiedener militärischer Einheiten und ein durch einen Blitzschlag hervorgerufener Brand am 22. Juli 1825 besiegelten den Verfall.

△△ ○ Das **Hospital de Peregrinos / Nuestra Señora de Gracia** in der Rúa Mayor de San Pedro, Nr. 18, ist eines der wenigen verbliebenen Pilgerhospitäler in Navarra. Es wird in das 15. Jh. datiert. Hier wurden sowohl Einheimische als auch durchreisende Pilger behandelt. Das genaue Datum des Baubeginns ist unbekannt. Ein in Rom aufbewahrtes Dokument vom 7. Dezember 1487 gibt Auskunft, dass Papst Innozenz VII. die Aufstellung eines Altares erlaubte.

Dieses Datum wird als das Ende der Bauarbeiten interpretiert. 1566 wurde das Hospital während der Pest nach Norden außerhalb der Stadtmauern verlegt. Heute wird das Gebäude als Kulturzentrum genutzt. Am Gründonnerstag feiert die Bruderschaft *Veracruz* in dem ehemaligen Speisesaal nach traditioneller Zeremonie das Abendmahl.

Der zweigeschossige Bau erhebt sich über rechteckigem Grundriss. Das Erdgeschoss wird durch Spitzbögen in drei Joche unterteilt; am Nordende befindet sich eine Kapelle mit geradem Abschluss. Ihr Kreuzgratgewölbe trägt einen Schlussstein mit einer Darstellung des Lammes Gottes. Die übrigen Joche haben eine Kappendecke. Das Gebäude besteht aus akkurat gearbeiteten Werksteinen. Das Obergeschoss wurde im 17. Jh. hinzugefügt und als Speisesaal genutzt. Über den beiden großen Portalen ist je ein Wappen, die mit den Anagrammen JHS und zwei Engeln, die eine Krone halten, versehen sind.

Die mittelalterliche **Stadtmauer** hatte zunächst vier Tore: *San Felices* im Westen, *Santa María* (auch San Juan genannt) im Norden, *Estella* im Osten und *Solana* im Süden. Alle Tore wurden im 16. Jh. verändert und mit Wappen ausgestattet. Zwei neue Tore wurden im 17. und 18. Jh. errichtet: das *Portal de la Trinidad* an der Plaza del Coso und das *Portal de San Miguel* mit einer Statue des hl. Michael aus dem 18. Jh., ein Werk des Bildhauers Francisco Javier Coll. Von den sechs Stadttoren haben sich erhalten: das **Portal de la Solana** im Süden, **San Felices** und die beiden später errichteten Tore. Das **Tor San Felices** im Westen nahe der → Kirche San Pedro, ein ebenfalls mittelalterlicher Bau, erinnert an die Stadtgründung durch Sancho VII. el Fuerte am 1. Februar 1219. Der heutige Zustand ist eine Rekonstruktion des Tores im 16. Jh.

Der **Balcón de Toros** mit zwei flankierenden Turmaufbauten an der Plaza del Coso sollte ursprünglich ab 1657 an der Plaza mayor als neues Rathaus nach Plänen des französischen Architekten Jean de Raón errichtet werden. Dieses Projekt wurde jedoch aufgrund der schwachen Fundamente aufgegeben, der halbfertige Bau abgerissen und ab 1683 mit neuer Zweckbestimmung an seinem heutigen Platz gebaut. Das Bauwerk, das entfernt an einen italienischen Renaissancepalast denken lässt, ist mit einem heute verglasten Balkon über einem Portikus ausgestattet. Darüber erhebt sich die Dachkonstruktion, deren Sparren u. a. mit Engelsköpfen und Blattornamentik verziert sind. Von der Mitte des Balkons aus sahen ehemals die Honoratioren der Stadt, flankiert von Musikern, Ärzten und Chirurgen, den Stierkämpfen zu.

○ Das **Rathaus** (*Casa Consistorial / Ayuntamiento*) wurde zwischen 1684 und 1692 nach Plänen der französischen Architekten Jean und Jacques de Raón unter Beteiligung der Vianeser Lorenzo und José González de Saseta Murillo anstelle des abgetragenen Gebäudes des heutigen Balcón de Toros errichtet. Es weist große Parallelen zu diesem Gebäude auf. Über einer siebenbogigen Arkade erhebt sich das Hauptgeschoss, das an den Außenseiten jeweils von einem Turmaufsatz beschlossen wird. In der Mitte prangt das Wappen Spaniens zusammen mit den Wappen der Stadt. In seinen Räumen stehen die Büste und das Reliquiar der Maria Magdalena, der Schutzheiligen Vianas, die 1688 vom → Kloster Santa María de Nájera hierher überführt wurde.

◠◠ Der **Hipogeo de Longar,** eine unterirdische Grabstätte auf dem Berg *Alto de los Bojes* bezeugt die Besiedlung des Gebietes bereits im Neolithikum. Die Grabhöhle wird in die Zeit zwischen 2850 und 2500 vor Christi Geburt datiert. Zu sehen sind die Überreste von 80 Individuen, die derselben Stammesgruppe angehörten, sowie Pfeilspitzen. Die Höhle wurde 1985 entdeckt und zwischen 1991 und 1994 archäologisch ausgewertet.

Provinz Huesca

Vom Somport-Pass über Jaca, Sangüesa und Eunate nach Puente la Reina

Der Somport-Pass (IV R) mit dem **Priorat** und **Hospiz Santa Cristina** (zerstört), Ausgangspunkt des sogenannten aragonesischen Weges, war für die Jakobspilger neben dem Ibañeta-Pass der zweite wichtige Pyrenäenübergang. Der Legende zufolge sollen an diesem strategisch wichtigen Ort einige Ritter, die vom langen Marsch völlig erschöpft und hungrig waren, beschlossen haben, eine kleine Unterkunft zu errichten. Als sie die Fundamente legten, soll eine weiße Taube mit einem Kreuz aus Gold im Schnabel aufgestiegen sein. Das Kreuz habe sie vor ihrem Verschwinden an jener Stelle abgelegt, an der eine Kirche errichtet werden sollte. Tatsächlich scheinen die Ursprünge des Hospizes um 1078 auf ein privates Gasthaus zurückzugehen, das u. a. den aragonesischen König Sancho Ramírez beherbergte und das bald von den aragonesischen Königen und den Vicontes von Béarn durch weitreichende Privilegien unterstützt wurde. Die Gründe waren vorwiegend politisch, ging es doch um die Kontrolle des Grenzgebiets. Den ersten Jakobspilgern aus Südfrankreich und Italien stand in diesem Abschnitt bereits ein durchgehend ausgebauter Weg zur Verfügung, der ganzjährig geöffnet war. Priorat und Kloster standen unter päpstlichem Schutz. Im Pilgerführer des *Codex Calixtinus* wird es neben den Hospizen in Jerusalem und am Mont Joux am San-Bernardo-Pass als eines der drei *Hospitäler der Welt* eingeordnet, weil es wie die anderen beiden »an Stellen großer Notwendigkeit steht, an einem heiligen Ort, einem Tempel Gottes«. Kloster und Hospiz lagen am Süd-Ost-Hang unterhalb des Somport-Passes. Ausgrabungen in den Jahren 1987/88 ergaben, dass der Komplex ein Kloster, eine Kirche mit einer Vorhalle, ein Gasthaus und ein Hospital umfasste. Heute sind die Ruinen des Komplexes Teil des Sportgebietes von Candanchú, nahe der in den 1990er Jahren ausgebauten Autobahn.

Candanchú: Unweit der Ruinen des Hospizes Santa Cristina de Somport sind auf einem Hügel die Reste einer ehemaligen **Burg** zu entdecken, die 1294 durch Don Jaime II. zum Schutz der Pilger vor Übergriffen errichtet wurde. Der weitere Verlauf des Weges nach Canfranc führt am **Castillo de Coll de Ladrones** vorbei, dessen Bau im 16. Jh. Philipp II. anordnen ließ.

Canfranc: Die **Bahnstation Canfranc** (IV R) wurde aufgrund ihrer strategischen Lage am Pyrenäenübergang schon von den Phöniziern, den Carthagern und den Römern, die ihr den Namen *Campus Francus* gaben, benutzt. Schon frühzeitig war sie eine wichtige Station am Pilgerweg, der die Rechte einer Zollstation übertragen wurde. Im Gegenzug verpflichteten sich die Bewohner zur Wartung des Pilgerweges von Jaca bis zur Grenze und garantierten seine Passierbarkeit auch im Winter. 1288 wurde hier der *Frieden von Canfranc* mit König Edward I. von England geschlossen. Der historischen Bedeutung zum Trotz wurde in den nachfolgenden Jahrhunderten nicht in den Ort investiert. Einen Wendepunkt erhoffte man sich vom Bau einer Bahnverbindung von Zaragoza über Huesca, Jaca und Canfranc in das französische Pau, mit deren Arbeiten nach langer Planungsphase (bereits 1880 gab es ein Abkommen zwischen Spanien und Frankreich für den Bau der Strecke) endlich 1910 begonnen wurde. Am 18. Juli 1928 wurde die Strecke in Anwesenheit des spanischen Königs Alfonso XIII. und des französischen Präsidenten Gaston Doumerge eingeweiht, und damit auch das weltstädtische Bahnhofsgebäude. Das integrierte luxuriöse *Hotel International* brachte einen Hauch der großen Welt in die Pyrenäen, denn die Reisenden waren gezwungen hier umzusteigen, da die spanische Eisenbahn – immer noch – eine breitere Spur hat als im übrigen Europa, die schrittweise angepasst werden soll. Zwischen 1936 und 1940 war die Verbindung vollständig unterbrochen. In den Wirren des Zweiten Weltkriegs wurde die Strecke öfter geschlossen und wieder eröffnet. Hitler-Deutschland stationierte hier Einheiten der SS und der Gestapo. Was in Spanien einerseits als *Ruta del oro nazi* (*Route des Nazi-Goldes*) bekannt wurde, war andererseits auch die letzte Hoffnung auf Freiheit für viele jüdische Flüchtlinge und deutsche Emigranten. Nach dem Krieg wurde die Bahnlinie zunächst durch Pilgerfahrten nach Lourdes und den beginnenden Tourismus aufrechterhalten. Als jedoch im Jahr 1970 auf französischer Seite ein Zug entgleiste und dabei die Brücke von L'Estanguet völlig zerstört wurde, kam der grenzüberschreitende Bahnverkehr zum Erliegen. Heute wird mit großer Anstrengung eine Verbindung zwischen Zaragoza und Canfranc, *El Canfranero*, aufrechterhalten.

Das **Bahnhofsgebäude** ist mit einer Länge von 241 m nach dem Hauptbahnhof von Leipzig das zweitgrößte Bahnhofsgebäude Europas. Das spanisch-französische Gemeinschaftsprojekt entstand nach Plänen von Guillermo Brockmann (Spanien) und Le Cornec (Frankreich). Den langgestreckten, dreigeschossigen Bau überdacht ein Mansarddach. Die Fenster der Haupthalle wurden in den weichen Formen des Jugendstils gestaltet; als Baumaterial diente der damals neuartige Stahlbeton. Es gab eine französische und eine spanische Seite mit jeweils 75 Türen, die einen direkten Durchgang zu den Bahngleisen gewährleisteten, sowie eine unterirdische Verbindung. Neben der Schalterhalle in der Haupthalle waren ferner Zollstellen, die Polizei, ein Postamt und schließlich das erwähnte Luxushotel *International* untergebracht, das 1982 seine Pforten endgültig schloss. In jüngster Zeit wird die Wiederbelebung der Bahnstrecke und damit auch des Bahnhofs betrieben.

Am Eingang des Dorfes Canfranc steht der **Torre de Espelunca** (*de Fusilero*), der Bestandteil des von Philipp II. angeordneten Verteidigungsgürtels gewesen ist. Ein Brand im Jahr 1617 zerstörte den Ort, in dem sich die Ruinen des mittelalterlichen **Klosters** und **Hospitals De la Trinidad** erhalten haben. Der Weg Richtung Villanúa führt über eine dem Mittelalter entstammende Brücke über den Río Aragón und folgt dem Verlauf der alten römischen Straße.

Die Ursprünge der ehemaligen Domäne Aruje (IV R) reichen bis in westgotische Zeit zurück. Heute ist sie in Privatbesitz, seit 1976 jedoch verlassen. Von dem ehemaligen Anwesen haben sich in teilweise ruinösem Zustand Gebäude aus dem 18. Jh. und ein befestigter **Turm** des 14. Jh.s über Fundamenten aus dem 6. Jh. erhalten.

Die kleine Kirche San Vicente wird in das 12. Jh. datiert. Das Portal ist mit schlichten Archivolten umrahmt. Es ist das erste vollständige romanische Gebäude, auf das der Pilger nach dem Abstieg vom Somport-Pass stößt.

Mittelpunkt des alten Ortskerns von Villanúa (IV R) ist die Kirche **San Esteban**. Der zweischiffige tonnengewölbte Bau beherbergt als ältestes Bauteil eine schlichte Pforte aus dem 12. Jh., die heute zum Baptisterium führt. Die heutige Struktur geht auf Umformungen des 18. Jh.s zurück. Der Hauptaltar wurde zwischen 1622 und 1624 durch Juan de Ruesta geschaffen. Zu den ältesten Ausstattungsstücken gehört die Figur der *Nuestra Señora de los Ángeles*, die Ende des 11., Anfang des 12. Jh.s entstanden sein soll und die noch ihre ursprüngliche polychrome Farbfassung trägt. Ferner sind zahlreiche Altäre aus der Barockzeit zu sehen.

⇨ Acin de Garcipollera / Iguácel (IV R): Kurz vor Castiello de Jaca führt eine Nebenstraße nach Acin, einem verlassenen Dorf, und weiter zur **Kirche Nuestra Señora de Iguácel,** einem Kleinod romanischer Bauplastik, das in dieser Abgeschiedenheit überrascht. Wie einer Inschrifttafel über dem Westportal zu entnehmen ist, veranlassten Graf Sancho Galíndez, Berater von Ramiro I. und Vormund von Sancho Ramírez, und seine Frau Urraca die Ausgestaltung mit Bauplastik, die im Jahr 1100 (nach der Gregorianischen Kalenderreform 1072) beendet wurde. Der Beginn der Arbeiten wird um 1040 vermutet. Bis 1212 hatte hier eine Gemeinschaft der Zisterzienser ihren Sitz. Bei den Restaurierungsarbeiten 1976–82 wurden Wandmalereien aus dem 16. Jh. freigelegt. Die Kirche besteht aus einem Langhaus mit runder Apsis und einem Turm auf der Nordseite aus dem 12. Jh. Von den drei Eingängen hat das Südportal seinen ursprünglich schlichten Charakter bewahrt. Das umgestaltete Westportal wird von einem Säulenpaar flankiert, dessen Kapitelle stark erodiert sind. Die Spuren auf dem linken Kapitell lassen schemenhaft das Thema von *Daniel in der Löwengrube* erahnen. Die Basis der rechten Säule zeigt ebenfalls einen Löwen. Die Kämpfer sind mit korinthischem Dekor verziert. Das schmale Vordach darüber wird von elf Konsolen getragen, die figurativ gestaltet sind und starke Parallelen zur Bauplastik der → Kathedrale von Jaca zeigen. Unter dem Vordach ist das eingangs erwähnte Epitaph angebracht. Ebenso wie die vegetabil gestalteten Kapitelle der Gewändesäulen der Fenster sind die vorzüglich gearbeiteten Kapitelle der Apsisfenster zu erwähnen: Sie zeigen unter palmettenverzierten Kämpfersteinen Adler und Löwen; auf einem anderen Kapitell sind Köpfe über Wellen dargestellt, ein Thema, das sich im Inneren der Kirche wiederholt. Das gesamte Gebäude wird ähnlich wie → San Martín in Frómista von einem Gesims mit Schachbrettfries umfangen.

Der Name von CASTIELLO DE JACA (IV R) wird auf eine spätrömische Festung zurückgeführt, die das Tal von Canfranc gegen die Westgoten und später gegen die Mauren schützen sollte. Reste dieses Baus sollen sich im Keller der

Casa Laval in Form von kleinen Fensteröffnungen erhalten haben. Mit dem Pilgerweg ist der Ort durch folgende Begebenheit verbunden: Ein Pilger aus Valence, der hier schwer erkrankt ankam, wurde von den Einwohnern gesundgepflegt. Zum Dank übergab er ihnen seine Sammlung mit Reliquien, die er auf seiner Pilgerreise gesammelt hatte. Diese Sammlung wird heute in einem silbernen Reliquienkasten in der romanischen Kirche **San Miguel Arcangel** aufbewahrt und am ersten Sonntag des Monats Juli der Öffentlichkeit gezeigt. Außerhalb von Castiello steht am Wegrand die Ermita von San Cristóbal.

JACA (IV R), bereits durch den griechischen Historiker und Geographen Strabo bekannt, wird im Pilgerführer des *Codex Calixtinus* nur als eine Station erwähnt. Maurische Autoren nennen *Dyaka* als wichtigen Ort in der Provinz um Zaragoza, die um 760 den Angriffen der umayyadischen Armeen trotzte. Der örtlichen Legende zufolge war Jaca die einzige Stadt der iberischen Halbinsel, die nie von den Mauren besetzt wurde. Die Gründung der Grafschaft Aragón erfolgte im Jahr 824, im 10. Jh. wurde sie der Provinz Navarra zugeschlagen. Nach dem Tod Sanchos III. von Navarra im Jahr 1035 machte Ramiro I. von Aragón die Grafschaft zum eigenständigen Königreich, in dessen Zentrum Jaca als Hauptstadt stand. Im 11. Jh. zählte Jaca, begünstigt auch durch seine Lage am Pyrenäenübergang des Somport-Passes und die Einbindung in das Netz der Pilgerwege nach Santiago de Compostela, zu den wichtigsten Pyrenäenstationen. Die Kathedrale *San Pedro* von Jaca war der erste große romanische Sakralbau, der die Pilger mit der spezifisch spanischen Architektursprache vertraut machte.

Die Stadt entwickelte sich in den nachfolgenden Jahrhunderten zu einem wirtschaftlichen und kulturellen Zentrum. Im 16. Jh. war es während der Regierungszeit Philipps II. ein strategisch wichtiger Ort, an dem eine Invasion

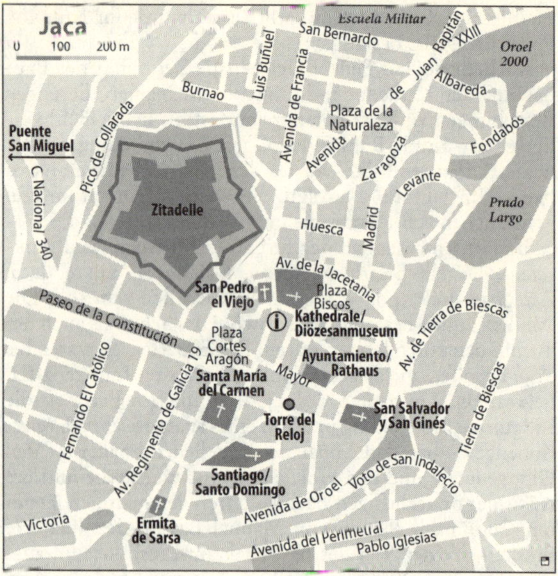

der französischen Hugenotten befürchtet wurde. Daher verfügte Philipp II. in dieser Stadt ebenso den Bau einer Zitadelle wie in Pamplona. Der Ernstfall trat jedoch erst mit den Unabhängigkeitskriegen zwischen 1808 und 1813 ein. Ende des 19., Anfang des 20. Jh.s verbesserte sich die Wirtschaftskraft mit der Einrichtung der Eisenbahnverbindungen nach Zaragoza und Frankreich. Der ökonomische Schwerpunkt verlagerte sich von der Landwirtschaft auf den Tourismus, der auch heute die wirtschaftliche Grundlage der Region bildet. In Jaca wird die hl. Eurosia, Schutzpatronin gegen Sturm und Gewitter, verehrt, die hier im Jahr 714 nach langjähriger Missionstätigkeit auf der Iberischen

Halbinsel den Märtyrertod erlitt. 1902 wurde ihr Kult von Papst Leo XIII. bestätigt.

Kathedrale San Pedro: Der genaue Zeitpunkt des Baubeginns der Kathedrale, die mit ihrem Namen die engen Beziehungen zu Rom unterstreicht, ist bis heute nicht völlig geklärt. König Ramiro I. soll mit Genehmigung des damaligen Papstes Nikolaus II. den Kirchenbau veranlasst haben. Im Jahr 1063 erfolgte die Weihe der noch im Bau befindlichen Kathedrale, die im Verlauf eines Konzils in Jaca und in Anwesenheit der Bischöfe von Auch (Südfrankreich), Urgell, Bigorre, Olorón, Calahorra, Leyre, Jaca, Zaragoza und Roda vorgenommen worden sein soll. Die Weiheurkunde bestätigt, dass sowohl das Schiff als auch der Turm noch zu vollenden waren. Die Bauarbeiten waren bis 1139 beendet, wie aus einer Bulle des Papstes Innozenz III. hervorgeht. Umbauten des 15. und 16. Jh.s betrafen die endgültige Eindeckung in Form eines spätgotischen Kreuzrippengewölbes, den Anbau der Kapellen, die Sakristei, den Glockenturm und den Hochchor. 1790 wurde die mittlere Apsis der dreischiffigen Basilika durch den heutigen längeren Chor nach Plänen von Manuel Bayeu, der auch die Fresken mit der Vita des hl. Petrus im Presbyterium ausführte, ersetzt. Auch die nördliche Apsis wurde umgebaut, so dass heute nur die südliche Apsis in ihrer ursprünglichen Form mit dem originalen Bestand an Konsolfiguren und Fensterlaibungen besteht. Das wichtigste künstlerische Element der Kathedrale, das sie zu einem der Schlüsselwerke für die Entwicklung der Romanik auf der iberischen Halbinsel macht, ist die Bauplastik sowohl innen wie außen, die trotz des langen Bauzeitraums stilistisch einheitlich wirkt. Ein Großteil dieser Bauplastik wird vor 1096 datiert und dem *Meister von Jaca* und seiner Werkstatt zugeschrieben, dessen Stil an verschiedenen wichtigen Stationen des Pilgerwegs wiederzufinden ist, z. B. in → San Isidoro de León.

In der westlichen Vorhalle ist auf dem Tympanon des

Eingangsportals im Zentrum das Chrismon zu sehen: An den waagerechten Enden des eingeschriebenen Kreuzes befinden sich Alpha und Omega (das doppelte ›O‹ in Erinnerung an die Vision der Apokalypse). Um das Chrismon ist folgende Inschrift zu lesen: »HAC IN SCULPTURA, LECTOR, SIC NOSCERE CURA: P. PATER, A GENITUS, DUPLEX EST SPIRITUS ALMUS. HII TRES IURE QUIDEM DOMINUS SUNT UNUS ET IDEM« (›Leser, auf dieser Skulptur erkenne mit Sorgfalt, dass das P der Vater, das A der Sohn und der Doppelte der Heilige Geist ist. Alle drei sind in Wahrheit der eine und gleiche Herr‹). Über die gewohnte Deutung des Chrismons als Zeichen Christi hinaus ist hier der Hinweis auf die Trinität (Gott Vater, Sohn Christus, der Heilige Geist) ablesbar. Links und rechts erscheint Christus in Gestalt eines Löwen entsprechend der Vision der Apokalypse (5,5). Der linke Löwe erweist sich als Beschützer einer menschlichen Figur, die noch die Schlange des Bösen festhält. Der rechte Löwe wird als siegreicher Bezwinger von Schlange und Basilisk ebenso auf Christus bezogen (Ps. 91,13). Zwei weitere Inschriften im oberen Bereich und am unteren Rand des Tympanonfeldes geben weitere Deutungshilfen: »PARCERE STERNENTI LEO SCIT, XRISTUSQUE PETENTI – IMPERIUM MORTIS CONCULCANS EST LEO FORTIS« (›Der Löwe weiß den Flehenden zu verschonen, wie Christus den Bittenden – der starke Löwe zertritt das Reich des Todes‹). Unten liest man weiter: »VIVERE SI QUERIS QUI MORTIS LEGE TENERIS, HUC S(UP)PLICANDO VENI RENUENS FOMENTA VENENI. COR VICIIS MUNDA, PEREAS NE MORTE SECUNDA« (›Wenn Du, gehalten vom Gesetz des Todes, verlangst zu leben, komm hierher zu flehen, giftigen Speisen absagend. Reinige das Herz von Lastern, damit du nicht des zweiten Todes stirbst‹). Dies umfasst auch die Mahnung des Jüngsten Gerichts in verschlüsselter Form, die nur wenige Jahre später zu einem geläufigen Thema der Tympana wird.

Die Kapitelle des Stufenportals sind bis auf eines auf der linken Seite figurativ gestaltet. Die Szenen rechts erzählen

Episoden aus dem Leben des Propheten Daniel, der im Mittelalter als Prototyp des gerechten Mannes und des reuigen Sünders galt: Daniel im Kampf gegen ein Ungeheuer, hier als Schlange ausgebildet; Daniel in der Löwengrube; Daniel mit dem Propheten Habakuk, in Begleitung eines Engels. Durch die Löwen wird eine thematische Verbindung zum Tympanon hergestellt: Daniel, dazu verurteilt, von den Löwen gefressen zu werden, wurde aufgrund seiner Gebete und der von ihm gezeigten Reue durch die Barmherzigkeit Gottes ebenso gerettet wie der Büßende zu Füßen des Löwen im Tympanon durch Christus.

Das Südportal, das den Namen der hl. Eurosia trägt, wird von einer kleinen Vorhalle aus dem 18. Jh. überdacht. Seine Bauplastik wird ebenso wie das Westportal kurz vor 1100 datiert. Im Tympanon war ursprünglich Christus Pantokrator, umgeben von den vier Evangelistensymbolen, angebracht; an den Resten erkennbar sind noch die Symbole der Evangelisten Lukas (Stier) und Markus (Löwe). Die Kapitelle der Säulen, die das Portal flankieren, zeigen die Opferung Isaacs rechts und die Bestrafung Balaams links. Zwei der Kapitelle, auf denen das Vordach ruht und die aus verschiedenen Stellen des Kircheninneren hierher versetzt wurden, tragen szenische Darstellungen: Den musizierenden König David umgeben von Tempelmusikern (11. Jh., Original heute im Dommuseum Jaca, ersetzt durch eine Kopie) sowie Vita und Tod des Papstes Sixtus II. (257/258). Ebenso reich ist die Kapitellskulptur im Kircheninneren.

Das **Museo de Arte Sacro** (Diözesanmuseum) wurde 1963 gegründet und ist im Kreuzgang der Kathedrale untergebracht, der im 12. Jh. errichtet wurde. Renovierungsarbeiten der Gewölbe im 17. Jh. führten zum Abbruch der romanischen Säulen. Die Kapitelle sind heute Bestandteil der Ausstellung. Das Museum birgt darüber hinaus einen Schatz an Wandmalereien des 11. bis 16. Jh.s sowie ganze Ensembles an romanischen Malereien und Eisengitter aus aufgelassenen Kirchen der Provinz.

Auf dem Platz San Pedro el Viejo, der sich hinter dem Turm der Kathedrale öffnet, wurden in den Jahren 2002/03 die Fundamente der im 11. Jh. errichteten **Kirche San Pedro el Viejo** ausgegraben. Das Gotteshaus bestand den Befunden zufolge aus einem Langhaus mit rechteckiger Apsis, die über einem in das 6. oder 7. Jh. datierten westgotenzeitlichen Vorgängerbau gebaut wurde. Die Kirche wurde 1631 renoviert, aber bereits hundert Jahre später wird von Zerstörungen berichtet. Der endgültige Abbruch erfolgte 1841. Auf der heutigen Platzanlage sind im dunklen Belag die Fundamente des romanischen Baus in hellem Stein nachgezeichnet.

Die **Kirche San Salvador y San Ginés**, die ab 1555 von den Benediktinerinnen des → Klosters Santa María aus Santa Cruz de los Serós übernommen wurde, besteht aus einer Unter- und einer Oberkirche. Die Unterkirche aus dem 12. Jh. in Form einer Krypta ist Christus Salvator geweiht. Sie war mit Wandmalereien ausgestattet, die Szenen aus dem Leben der Jungfrau Maria darstellen, die im 20. Jh. auf Leinwand aufgezogen wurden und heute in der Oberkirche zu sehen sind. Als ausführender Künstler wird der Maler Bernardo in Betracht gezogen. Im Zentrum der Darstellungen steht die *Anbetung des Christus Salvator* durch die Heiligen Drei Könige. Die Oberkirche ist dem hl. Ginés geweiht. Auch sie wurde in der Zeit der Romanik errichtet, im Zuge der Umbauten von 1730–35 jedoch stark verändert, so dass nur das schlichte romanische Portal im Ursprungszustand erhalten blieb. Der Hauptaltar ist dem Martyrium des Apostels Matthias gewidmet. Fraglich ist die Zuschreibung an José de Ribera. Zu sehen ist ferner der **Sarkophag der Doña Sancha** (um 1045–97), Tochter des Königs Ramiro I., aus der Mitte des 12. Jh.s, der ursprünglich in Santa Cruz de Serós stand. Der Sarkophag ist außerordentlich reich skulptiert. Darauf ist unter anderem die Himmelfahrt der Seele der Königstochter dargestellt. An Kopf- und Fußende sind zwei Greifen und ein Chrismon zu sehen.

○ Die **Kirche Del Carmen** ist der Rest eines Konvents der Carmelitas Descalzos, die sich hier im Jahr 1614 niedergelassen haben. Das Kloster bestand bis 1835. 1930 übernahm eine Bruderschaft der Kapuziner die Kirche bis 1999, als sie der Pfarrkirche Santiago unterstellt wurde. Die barocke Fassade wurde 1657 durch Rafael Leante geschaffen. Sie unterteilt sich in zwei Geschosse; das untere folgt der toskanischen Ordnung, während das obere Geschoss in der ionischen Ordnung gestaltet wurde. In einer Nische unterhalb eines großen Rundfensters steht ein Bildnis der Jungfrau Maria. Das Gotteshaus wurde über einem lateinischen Kreuz mit einem Kapellenkranz um Chor und Seitenwände errichtet. Im Zentrum des Hauptaltars aus dem 17. Jh. ist die Übergabe des Heiligen Skapuliers durch die Jungfrau Maria an Simón Stock, das sechste Oberhaupt des Karmeliterordens, dargestellt. Zahlreiche weitere Altarretabel des 18. Jh.s sind hier untergebracht, die aus anderen Kirchen stammen, z. B. aus der Oberkirche des → Klosters San Juan de la Peña.

▢ ○ Die **Kirche Santiago / Santo Domingo** wurde den Angaben im *Libro de la Cadena* zufolge 1088 unter Bischof Pedro I. wiederbelebt, was darauf schließen lässt, dass hier ein Vorgängerbau stand, der im Zuge der Invasion der Umayyaden zerstört wurde. Sie wurde in dem ältesten *Santiago* genannten Stadtteil Jacas errichtet, dessen Bewohner, Händler und Handwerker, sich dem Dienst an den Santiagopilgern verschrieben hatten. Von dem ehemals romanischen dreischiffigen Bauwerk haben sich nach umfassenden Renovierungsarbeiten im 17. und 19. Jh. nur wenige Reste erhalten. Diese Umbauten wurden durch die Dominikaner-Mönche veranlasst, die zu Beginn des 17. Jh.s die Kirche übernahmen und als zweites Patrozinium den hl. Dominikus hier verehrten. Dabei wurde die Ausrichtung des Hauptaltars von Ost nach West vorgenommen, in Richtung Santiago de Compostela. An der Stelle der ehemaligen Apsiden erscheint heute die schlicht weiß verputzte Fassade, von der sich die grauen Fenster- und Portalrahmungen wirkungsvoll absetzen. Die Altarretabel aus dem 18. Jh. stammen aus verlassenen Dörfern. Die Malereien in der Kuppel wurden 1993 von Juan Bautista Topete ausgeführt. Bemerkenswert sind das Presbyterium, die Zwillingsfenster an der Südseite des Glockenturms, ein romanisches Kapitell aus dem beginnenden 12. Jh. und ein Taufbecken, das dem kalifalen Stil zugerechnet wird. Das Kapitell wird dem Meister Esteban zugeschrieben, der im Gefolge des 1094 aus Santiago de Compostela geflohenen Bischofs Diego Peláez nach Aragón kam. Bislang gibt es keine schlüssige Interpretation dieses Kapitells, dessen Ecken als Löwen-/Monsterköpfe unter aufgerolltem Akanthusblattwerk ausgestaltet sind, zwischen denen auf drei Seiten je eine menschliche Gestalt und auf einer Seite ein Paar zu sehen sind, die Geburt, Leben, Tod und Errettung symbolisieren könnten.

Die **Ermita de Sarsa**, die heute in Jaca am Ende der Avenida de Oroel in einer Parkanlage steht, stammt ursprünglich aus dem nahegelegenen, heute verlassenen Ort Villar de Sarsa. 1970 wurde sie Stein für Stein an den heutigen Standort versetzt. Datiert in das 12. Jh., stellt sie ein Beispiel für die romanischen Kirchen im ländlichen Raum dar. Die mittlere Archivolte des Stufenportals trägt ein feines Dekor aus Kugeln. Die Konsolen des Vordaches waren figurativ ausgestaltet, sind heute aber stark erodiert.

Rathaus (Casa Consistorial / Ayuntamiento): In der Calle Mayor, die im Mittelalter bereits die Hauptachse innerhalb des städtischen Gefüges war, steht das Rathaus. In dem ältesten Gebäudeteil von 1486 ist heute das städtische Archiv untergebracht, das Archivo Municipal de Jaca. 1544 wurde der Bau erweitert, an dem baskische Steinmetze unter dem Meister Juan de Rosellet arbeiteten. Das in hellem Stein gehaltene obere Geschoss wurde erst später aufgesetzt. Die beiden unteren Geschosse bilden eine Einheit: Der rötliche Sandstein kontrastiert sehr effektvoll mit den asymmetrisch angeordneten dunkleren Fenster- und Portalrahmungen in plateresken Stil. Die Erdgeschosszone schließt erst unmittelbar unter den Fenstern des ersten Obergeschosses mit einem Gesims ab, wodurch das Gebäude sehr hoch wirkt. Die Innenräume gruppieren sich um einen Innenhof. Das Obergeschoss birgt die Salón de Ciento (Saal der Hundert), der an den seit 1212 aus einhundert Bürgern bestehenden Rat erinnert. In dem Gebäude wird das berühmte *Libro de la Cadena del Consejo* (*Das Kettenbuch*) aus dem 13. Jh. aufbewahrt, das als Schutz vor Diebstahl an einer Kette befestigt ist.

△△ Die **Torre del Reloj** (*Uhrenturm*) am Rande der Plaza de Marqués de la Cadena, nahe bei der Santiago-Kirche, ein viergeschossiges schlichtes Gebäude über einem quadratischen Grundriss mit Zwillingsfenstern im Obergeschoss, ist eines der wenigen Beispiele für den zivilen Wohnbau aus der Zeit der Spätgotik. Ab 1445 als privates Wohnhaus über den Resten des ehemaligen Königspalastes errichtet, der 1395 durch einen Brand zerstört wurde, wurde es 1599 vom Rat der Stadt übernommen. Im gleichen Jahr wurde ein Uhrwerk eingebaut; ab 1602 diente das Gebäude als Gefängnis. Gegenwärtig ist hier eine Verwaltungseinheit des Europarates untergebracht.

△ Der Name der **Brücke San Miguel** über den Río Aragón leitet sich von einer Ermita ab, die ehemals am rechten Ufer stand. Die Brücke wird in das 15. Jh. datiert, obwohl nicht auszuschließen ist, dass es bereits einen Vorgängerbau gab. Umfangreiche Sanierungsarbeiten sind für die Jahre 1608 und 1816 belegt sowie für 1950 unter der Leitung des Architekten Miguel Fisac und in jüngerer Zeit. Die Brücke bietet aufgrund der Höhenunterschiede der beiden Flussufer ein asymmetrisches Bild. Sie verbindet Jaca mit den westlichen Tälern der aragonesischen Pyrenäen und dem Pilgerweg in Richtung Berdún.

○○○ Die pentagonale **Zitadelle San Pedro** wurde ab 1595 nach Plänen des Festungsbaumeisters Tiburcio Spanochi errichtet. Ebenso wie die › Zitadelle von Pamplona gehörte die Festung von Jaca zu einem Festungsbauprogramm, das während der Regierungszeit Philipps II. im gesamten Land realisiert wurde. Die Pyrenäen als Grenzland zu Frankreich galten als besonders gefährdetes Gebiet, in dem Übergriffe der Franzosen befürchtet wurden. Das Eingangstor ist von bossierten Steinblöcken, eine für das 16. Jh. charakteristische Portalrahmung, umfasst. Darüber ist das Wappen des Hauses Habsburg zu sehen. Die Zitadelle, die nahezu in ihrem Originalbestand erhalten ist, gehört wie die Zitadelle von Pamplona zu den besten Beispielen für die Festungsbaukunst des 16. Jh.s.

Die **Hockey-Arena** am Stadtrand von Jaca wurde zwischen 2005 und 2008 von den Architekten Juan Coll-Bar- ○○○

Jaca, Puente de San Miguel über den Río Aragón

reu und Daniel Gutíerrez Zarza errichtet. Seine mächtige ovale, organisch geformte Kuppel überspannt über einer niedrigen Sockelzone eine Fläche von über 18 000 m². Die Arena wurde aus Anlass der Olympischen Jugendspiele 2007 in Auftrag gegeben. Die zerbrechlich wirkende Glas-Stahl-Konstruktion evoziert einen Wassertropfen, der auf die Erde gefallen ist. Sie nimmt Bezug einerseits auf die Pyrenäen, anderseits thematisiert sie das Eis, das innerhalb und außerhalb der Arena das Leben der Menschen der Region bestimmt.

⇨ SANTA CRUZ DE LA SERÓS (IV R) liegt am Wege nach → San Juan de la Peña. Seit dem späten 10. Jh. bestanden hier ein Nonnen- und ein Mönchskloster, von denen sich die Kirchen erhalten haben.

Die **Kirche Santa María** ist der Überrest eines Benediktinerinnen-Konvents, dessen Gründungsgeschichte bislang nicht eindeutig geklärt ist: Die Überlieferung einer angeblichen umfangreichen Stiftung des Königs Sancho II. Garcés von Navarra und seiner Frau Urraca im Jahr 992 soll auf einer gefälschten Urkunde beruhen. Mit einer gewissen Sicherheit dokumentiert ist ein Gründungsakt durch Ramiro I. von Aragón zwischen den Jahren 1059 und 1061, der seine mit einer üppigen Schenkung ausgestattete Tochter Urraca den Benediktinerinnen empfahl. Die Schwestern Teresa und Sancha folgten, worauf eine Blütezeit für das Kloster begann. Doña Sancha förderte ab 1070 den Bau der Kirche durch eine großzügige Stiftung. Auch der Bruder Sancho I. Ramírez unterstützte das Kloster finanziell, das sich zu einem der bedeutendsten Klöster für die Töchter aus aragonesischen Adelshäusern entwickelte. Im Jahr 1555 übersiedelten die Nonnen nach → Jaca und übernahmen Kloster und Kirche San Salvador y San Ginés. Auch die Gebeine der drei Prinzessinnen wurden dorthin überführt und ruhen heute in dem Sarkophag der Doña Sancha.

Der in das späte 11. Jh. datierten Kirche mit ihren heterogenen Bauteilen haftet ein festungsartiger Charakter an. Der Haupteingang besteht aus einem rundbogigen Stufenportal mit schmalem Vordach, dessen Dachkonstruktion auf figurativ gestalteten Konsolen ruht. Die Kapitelle der flankierenden Säulen tragen Blattornamentik; das innere Kapitell links zeigt eine figürliche Darstellung, die als *Daniel in der Löwengrube* interpretiert wird. Die Hohlkehle zwischen den beiden schlichten Archivolten ziert ein Fries aus großen Kugeln, deren mittlere als Fratze gestaltet ist. Der Rundbogen außen umgibt einen Würfelfries, der als dekoratives Element immer wieder an der Kirche auftritt. Das Tympanon besteht aus sechs Wölbsteinen mit einem Schlussstein. Darunter setzt eine Bildplatte mit der Darstellung des *Chrismon* im Zentrum zwischen zwei Löwen, einer Inschrift unterhalb der Löwen und einer Blume mit zwölf Blütenblättern unterhalb des Nabels des rechten Löwen an. Die Inschrift um das *Chrismon* wurde wie folgt entschlüsselt: »+ IANVA SUM PRAERES: PER ME TRANSMITE FIDELES: FONS EGO SUM VITAE: PLUS ME QUAN VINA SITITE: VIRGINIS HOC TEMPLUM: QUISQUIS PENETRARE BEATUM« (›Ich bin die Tür für den leichten Eintritt, geht durch mich hindurch, Ihr Getreuen. Ich bin die Quelle des Lebens: Durstet mehr nach mir als nach Wein, alle Ihr, die Ihr eintretet in diesen gesegneten Tempel der Jungfrau.‹) Die Inschrift unterhalb der Löwen: »CORRIGE TE PRIMUM VALEAS QUO POSCERE XRISTUM« besagt: ›Richtet Euch, bevor Ihr zu Christus betet‹. Ein zweites Rundbogenportal führt in die moderne Sakristei, die im Winkel zwischen der südlichen Kapelle und dem Kirchenschiff liegt. Die Dachkonstruktion ruht auf Konsolen, die teilweise mit grotesken Figuren und Tieren figurativ gestaltet sind, wie sie beispielsweise auch in → San Martín in Frómista zu sehen sind. Ein zweites *Chrismon* ist über einem der Fenster des Kirchenschiffs zu sehen.

Der Grundriss der nach Nordosten ausgerichteten Kirche umschreibt ein lateinisches Kreuz mit einer halbrunden

Mittelapsis. Im Kirchenschiff finden sich auf der Südseite über dem zweiten Wandpfeiler und auf der Nordseite über dem ersten Wandpfeiler Kapitelle mit szenischen Darstellungen, deren Bedeutung bislang nicht bekannt ist. Bemerkenswert ist ein großer oktogonaler Raum über der Vierung, der über eine Wendeltreppe an der Nordseite erreicht werden kann. Hier finden sich figürlich dekorierte Kapitelle als Konsolen der Gewölberippen, die stilistisch auf die → Kathedrale von Jaca verweisen. Das Kapitell in der Mitte der Nordseite wird dem *Meister des Sarkophags der Doña Sancha* zugeschrieben. Es trägt auf zwei Seiten die Darstellung der Verkündigung (der Gruß Gabriels und die Erklärung und Annahme der göttlichen Botschaft) und auf der dritten Seite Joseph mit einer blühenden Rute in der Hand, die ihn wie in den Apokryphen beschrieben als auserwählten Ehemann der Jungfrau Maria identifiziert. Die Bedeutung dieses abgeschiedenen Raumes ist bislang unklar; möglicherweise diente er als Wohnraum der Benediktinerinnen. Zu den Ausstattungsstücken der Kirche gehören ein Altar eines unbekannten Meisters von 1490 mit Szenen aus dem Marienleben, eine mehrfarbige Skulptur der Jungfrau aus Alabaster in der mittleren Apsis sowie ein in das 11. Jh. datiertes Taufbecken, das über einer vegetabil gestalteten Basis ruht. Über dem Taufbecken erhebt sich eine Säule, deren Kapitell mit Greifen, Blattwerk und ineinandergeschlungenen Ringen dekoriert ist.

Die **Kirche San Caprasio** am Rande des Dorfes ist der Überrest eines ehemaligen, in das späte 11. Jh. datierten Mönchsklosters. Sie zeichnet sich im Gegensatz zur Abteikirche Santa María durch große Homogenität aus. Die Fassaden sind durch Lisenen und einen durchgehenden Blendbogenfries rhythmisch durchgliedert, ebenso der niedrigere Chor im Südosten. Diese Außengliederung verweist auf frühromanische Kirchenbauten in Katalonien. Auch an der Westfassade setzt sich die Strukturierung durch Lisenen und Blendbögen fort, mit Ausnahme des Portalbereichs, der asymmetrisch zur übrigen Fassade als verbreiterte Lisene gestaltet ist. Das schlichte Portal umgibt ein Rundbogen. Der niedrige Glockenturm mit seinen akkuraten Steinsetzungen stammt aus dem frühen 12. Jh. Im Inneren der zweijochigen, kreuzgratgewölbten Kirche sticht ein schmales hufeisenförmig überwölbtes Presbyterium heraus.

San Juan de la Peña (IV R): Das **Kloster San Juan de la Peña** liegt 26 km von Jaca entfernt, südlich des Oberlaufs des Río Aragón unter einer weit überhängenden Felswand, und galt dem aragonesisch-navarresischen Königshaus als Fluchtort während der Invasion der Umayyaden. Der Konvent ist dem hl. Johannes der Täufer geweiht. Die Gründung des Klosters erfolgte in den Jahren 1024–27, als Aragón zu Navarra gehörte und das Land von Sancho Garcés III. regiert wurde. Unter König Sancho Ramírez von

Kloster San Juan de la Peña, Aragón

Aragón (1062–94) stieg die Bedeutung des Klosters. Die Benediktiner Clunys begannen von hier aus ab 1061 mit der Ausbreitung des Ordens auf der iberischen Halbinsel. König Sancho Ramírez sah den Orden als politischen Verbündeten in seinem Bemühen, den Anschluss an das nördliche Europa zu finden. 1071 wurde hier erstmals in Spanien außerhalb Kataloniens die Messe nach römischem Ritus gelesen. 1094 konnte die Oberkirche im Beisein der Bischöfe von Jaca und Maguelonne durch den Erzbischof von Bordeaux geweiht werden. Der Komplex diente nach der Trennung Aragóns von Navarra nach dem Tod Alfonsos I. el Batallador im Jahr 1134 als Grablege der Könige von Aragón. Im 15. und 17. Jh. führten schwere Brände zu größeren Zerstörungen, die 1675 die endgültige Aufgabe des Klosters und den Neubau eines barocken Konvents auf der nahen Hochebene *Llano de Indalecio* zur Folge hatten, das nach der Säkularisierung jedoch geschlossen wurde. Nach 1936 wurde der Konvent umfassend restauriert.

Der Klosterkomplex gliedert sich in Unterkirche (9./10. Jh.?), Oberkirche (geweiht 1094), Kreuzgang, Grabkapelle San Viktoriano (15. Jh.) und Kapelle der hll. Voto und Félix (17. Jh.). Der Eingang findet sich auf der linken Seite direkt an der Straße. Von hier aus öffnet sich zunächst das ehemalige zweijochige Dormitorium der Mönche (auch *Konziliensaal* genannt), das durch Rundbögen über kreuzförmigen Säulen in vier Abschnitte unterteilt ist. Im letzten Abschnitt auf der Felsseite findet sich eine Quelle. Angeblich sollen Mönche zur Büßung eines Fehlverhaltens ihre Köpfe in den ununterbrochenen Fluss des Wassers gehalten haben. Die anschließende Unterkirche, die den ursprünglichen Kern der Anlage darstellt, besteht aus zwei dreijochigen Schiffen mit zwei gerade abschließenden Apsiden. Hier sind Reste der Bemalung aus dem 12. Jh. zu sehen, links das Martyrium der beiden Heiligen Damian und Cosmes.

Der Weg zur Oberkirche führt über einen kleinen Hof, an dessen Ostwand Grabplatten eingesetzt sind. Die einschiffige Kirche erhebt sich über einem rechteckigen Grundriss und schließt nach Osten mit drei hufeisenförmigen, durch Blendarkaden miteinander verbundenen Apsiden. Beleuchtet wird der Kirchenraum durch ein großes Fenster in der Westwand.

Der Kreuzgang ist von der Oberkirche durch ein hufeisenförmiges Portal aus dem 11. Jh. betretbar; die Bogeninschrift wird in das 12. Jh., die Entstehungszeit des Kreuzgangs, datiert. Der Bogen ruht auf einem Pilasterkapitell, dessen Vorderseite zwei dicke gegenläufige Kordelmotive zieren. Der offene Kreuzgang wird von der überhängenden Felswand überwölbt. Die Arkaden werden in symmetrischer Anordnung von einfachen, doppelten und jeweils in der Mitte des Gevierts von vierfachen Säulenstellungen getragen. Während die nördliche und die westliche Bogenstellung noch in das 12. Jh. datiert werden, werden die übrigen Seiten den 1934/35 durchgeführten Restaurierungen zugerechnet. Aus dem 12. Jh. haben sich 17 Kapitelle erhalten, deren heutige Anordnung wahrscheinlich nicht der ursprünglichen entspricht. Die Kapitellplastik wird zwei verschiedenen Werkstätten zugeschrieben. Der frühen Werkstatt, deren Tätigkeit in das erste Drittel des 12. Jh.s datiert wird, werden Kapitelle mit Pflanzen- und Tierdarstellungen (Greifen und Löwen) zugeordnet. Diese Künstlergruppe soll auch in Jaca tätig gewesen sein. Der zweiten Bildhauerwerkstatt, die in den beiden letzten Jahrzehnten des 12. Jh.s tätig gewesen sein soll, werden die figürlichen Kapitelle mit Szenen aus dem Alten und dem Neuen Testament zugeschrieben. Die Themenbereiche gliedern sich im wesentlichen in Genesis, Geburt Christi und das öffentliche Leben Christi.

Die **Königsgruft** schließt sich auf der linken Seite der ○○
Kirche an. Diese Grablege wurde 1770 unter Karl III. nach dem Vorbild des Pantheons im Palast von El Escorial in

klassizistischem Stil neu gestaltet. Auf der rechten Seite sind auf den Bronzeplatten die Namen der angeblich im Kloster begrabenen Könige Aragóns verzeichnet. Von den 27 aufbewahrten Sarkophagen können allerdings nur drei den Königen Aragóns (Ramiro I., Sancho Ramírez und Pedro I.) zugewiesen werden. Auf der linken Seite sind vier Stuckreliefs mit Episoden aus der Geschichte Aragóns zu sehen, aus denen sich die einzelnen Motive des Wappens dieses autonomen Gebietes ergeben.

Die **Capilla de San Viktorian** ist vom Kreuzgang aus rechts der Kirche erreichbar. Sie wird in das 15. Jh. datiert und diente als Grabkapelle für fünf Äbte des Klosters, von denen der Abt Juan de Marqués als Namensgeber zu nennen ist, der sein Mönchsleben im Sankt-Viktorian-Kloster geführt hatte. Den Eingang ziert ein Stufenportal mit aufwendigem Krabbenschmuck.

Die **Capilla de los Santos Voto y Félix** schließt im Osten an den Kreuzgang an. Sie ist in klassizistischem Stil gehalten. Im Zentrum des Portals ist das Wappen des Abtes und Baumeisters sowie das Lamm Gottes und das Banner von Johannes dem Täufer, das Wappenzeichen des Klosters, zu sehen.

Santa Cilia de Jaca (IV R) wird urkundlich erstmals 1336 im Zusammenhang mit der Wiederbesiedlung des Gebietes genannt. Aus dieser Zeit soll auch die rechteckige Straßenanlage stammen. Der Name leitet sich von einem gleichnamigen, heute nicht mehr existenten Kloster ab. Berühmt war Santa Cilia in früheren Jahrhunderten wegen seiner Brücke, auf der bis vor wenigen Jahren Mautgebühren für Wanderherden erhoben wurden.

Die **Kirche San Salvador** wurde bereits 1336 erwähnt. Der heutige Bau stammt aus dem 18. Jh. unter Einbeziehung alter Bausubstanz wie des quadratischen Turms und eines gotischen Portals in der Nordwand. Über dem Zugang sind die Inschriften »IHS« und »ABADIA« zu lesen, die als Zeugen für die ehemalige Zugehörigkeit des Ortes zum Kloster San Juan de la Peña gedeutet werden.

Puente la Reina de Jaca (IV Q), der am Río Aragón gelegene Ort, ist leicht mit dem Ort gleichen Namens am Río Arga am Zusammenfluss der beiden Pilgerwege in der Provinz Navarra zu verwechseln. In Puente la Reina de Jaca kreuzen sich die Wege nach Pamplona, Jaca, Huesca und in das Tal des Hecho, in dem Gänsegeier beobachtet werden können. Die **Brücke** über den Río Aragón wurde ursprünglich im 14. Jh. errichtet.

Berdún (IV Q) liegt strategisch günstig auf einem Bergrücken am Canal de Berdún am Ausgang verschiedener Pyrenäentäler. Am Rande des Hauptplatzes erinnert das **Portal de la Virgen** als einziger Überrest der drei ehemaligen Stadttore an die frühere Ummauerung des Ortes. Unterhalb des Ortes beginnt der **Stausee von Yesa**, der die frühere Route des Jakobswegs bedeckt. Heute ist auf der südlichen Uferseite der neue Fußweg angelegt.

Mit dem Bau der **Kirche Santa Eulalia** wurde Ende des 15., Anfang des 16. Jh.s begonnen, wovon heute noch zwei Portale zeugen: das geschlossene Portal am westlichen Ende der Kirche und ein spitzbogiges Eingangsportal auf der Südseite. Für dessen Tympanon wurden Teile unterschiedlicher Provenienz wiederverwendet. In einer der Figuren sind die Zahl 1519 und der Name Miguel de Betania zu lesen, der als Baumeister der Kirche angenommen wird. Im 17. Jh. erfuhr der Bau zahlreiche Umbauten. Die Kirche wartet mit Altären aus dem 17. und 18. Jh. auf.

Das Bergdorf Esco (IV Q) wurde 1960 von den Bewohnern verlassen, als im Zuge des Baus des Yesa-Staudamms deren Lebensgrundlage, die Felder in der Ebene, verlorengingen. Die ehemalige **Pfarrkirche**, die dem Erzengel Michael geweiht war, wurde im 13./14. Jh. stark verändert und

»gotisiert«, z. B. durch den Einbau von Spitzbögen. Die Apsis geht jedoch auf romanischen Ursprung zurück. Das verlassene Dorf hinterlässt mit seinen leeren Straßen und Häuserruinen einen gespenstischen Eindruck.

Der Name des heute verlassenen Ortes Tiermas (IV Q) wird auf die Römer zurückgeführt, die hier Thermalbäder über schwefelhaltigen Quellen anlegten. 1201 erfolgte die Gründung des Ortes, dem 1251 der Bau einer Burg folgte. Bereits 1281 war die Befestigung fertiggestellt, von der sich heute noch Reste des Torturms im **Torre de las Brujas** erhalten haben. Mit dem Bau des Staudammes Yesa endete das Leben in Tiermas. Die schwefelhaltigen Quellen ziehen bei Niedrigwasser, von September bis Januar, zahlreiche Besucher an.

⇨ ◠◠◠ ◠◠ ⁎ Leyre (Navarra; IV Q): Das **Kloster San Salvador de Leyre** steht in strategisch geschützter Lage hoch über dem Tal des Río Aragón in der Sierra de Leyre am Rande der Pyrenäen. Im 9. Jh. hatte das Kloster mit seiner Bibliothek ähnlich wie → San Millán de la Cogolla bereits überregionale Bedeutung gewonnen. Quellenkundlich tritt es erstmals in einem Brief des Eulogius von Córdoba an den Bischof von Pamplona, Wiliesindo, aus dem Jahr 851 in Erscheinung. Im Jahr 852 wurden die Reliquien der aus Huesca stammenden hll. Nunila und Alodia hierher überführt. Die beiden Schwestern, die aus einer Ehe zwischen einem Muslim und einer Christin hervorgingen, waren der Legende zufolge gegen den Willen des Vaters zum Christentum konvertiert. Sie wurden 851 hingerichtet und erlitten damit den Märtyrertod im Sinne der römischen Kirche. Im Jahr 924 wurde das Kloster, das unmittelbar an der Grenze zum nördlichen Teil von al-Andalus lag, nach der Zerstörung Pamplonas durch Abd ar-Rahmān III. zum Refugium für das Königshaus Navarra und Bischofssitz und der Konvent zur Grablege fast des gesamten Königshauses von Navarra, worauf der Fund reich ausgestatteter Grabstätten schließen lässt. (Heute ruhen die sterblichen Überreste der Könige von Navarra in einem Sarkophag in der Oberkirche und werden durch ein Eisengitter aus dem 14. Jh. gesichert.) 1022 erkor Sancho Garcés III. el Mayor (reg. 1004–35) das Kloster zum *Mittelpunkt und Herz* seines Reiches. Der Einfluss Leyres sank mit dem Tod König Sancho Garcés IV. im Jahr 1076 und der Teilung des Königreiches Navarra. 1307 übernahmen die Zisterzienser das Kloster und ließen Umbauten durchführen. Das klösterliche Leben blieb bis zur Säkularisation im Jahr 1835 erhalten. 1954 kehrten Benediktinermönche in die Abtei zurück, die die aus dem 17. und 18. Jh. stammenden Nebengebäude wieder instandsetzten.

Der Baubeginn von Oberkirche und Krypta über einem älteren Vorgängerbau erfolgte wohl nach 1022; die Weihe des Chors der Oberkirche und der Krypta ist für 1057 be-

Kloster San Salvador de Leyre, Krypta

zeugt – damit zählen sie zu den frühesten romanischen Bauten in dieser Gegend; dem folgte nach Beendigung der Arbeiten am Kirchenschiff die Weihe im Jahr 1098.

Die von außen nicht erkennbare Krypta wurde als Substruktion für die Oberkirche in dem abschüssigen Gelände angelegt und deckt sich in ihren Maßen und den tragenden Pfeilern mit denen des Chors der Oberkirche. Sie wird über einen Seiteneingang erschlossen. Der vierschiffige Raum endet in drei Apsiden. Die mittlere größere Apsis ist in der Mitte durch eine Säule geteilt, die zwei Hufeisenbögen trägt. Hier sollen die Reliquienschreine der hll. Nunila und Alodia aufgestellt gewesen sein. Die mächtigen Bogen der steilen Tonnengewölbe lasten auf wuchtigen Kapitellen über kurzen Säulen, was eine ganz eigenartige, bedrückende Wirkung des Raumes erzeugt. Die Kapitelle sind mit Blattwerk und Voluten dekoriert. Sie gelten als einzigartige, für diese Bauaufgabe entwickelte Form ohne Parallelbeispiele. In ihrer Grundstruktur ähnelt die Krypta von Leyre der Unterkirche des nahe gelegenen → Klosters San Juan de la Peña. Ein im Westen der Krypta vorgelagerter Gang, der mit dem Innenraum nicht verbunden ist, deutet auf die ursprüngliche Anbindung an die Klostergebäude hin.

Die Oberkirche, die keine direkte Verbindung zur Krypta hat, bildet zwei Teile, die von außen gut erkennbar sind: (1) den im 11. Jh. errichteten romanischen Chor mit drei Apsiden und zwei dreischiffigen Jochen, die direkt über der Krypta stehen, sowie seitlich einem Turm. Das Dach wird von Konsolen getragen, die als Fratzen, Tiere, Monster, Schleifen und Kugeln gestaltet sind. Daran schließt (2) nach Westen eine hohe einschiffige gotische Halle an, die den Chorraum überragt und die seitlich von Strebepfeilern gestützt wird. Die überwiegende Mehrzahl der Autoren datieren sie in das 14. Jh., jüngst wurde aber auch für eine Bauzeit im 15. Jh. plädiert. Sicher scheint, dass hier die Zisterzienser nach der Übernahme des Klosters einen eigenen Kirchenraum errichten ließen. Außen ist der

Bau, der durch schmale Fensterschlitze, Biforien und kleine Okuli belichtet wird, schlicht gehalten.

Umso überraschender ist das Westportal (*Porta Speziosa*) aus dem 12. Jh. mit reichem Skulpturenschmuck: Das Stufenportal wird durch einen Trumeaupfeiler geteilt, in dessen Zentrum die Figur des segnenden Christus (*El Salvador*) zu sehen ist. Zu seiner Rechten stehen die Jungfrau Maria, der Apostel Petrus mit dem Schlüssel und die Figur eines Schreibers, dessen Figur der Kopf fehlt. Zur Linken Christi sind zwei weitere als Apostel gedeutete Figuren zu sehen, die äußere Figur fehlt. Die Figuren tragen alle weit ausgestellte Gewänder und blicken frontal nach vorne. Die Gruppe wird von einem Kranz Palmettenblättern umrahmt. Die Archivolten zieren Grotesken, Symbole und Monstren. In den Zwickeln über dem Torbogen sind verschiedene Figurengruppen angeordnet: auf der rechten Seite über einer Weinranke die *Verkündigung* und die *Heimsuchung,* links daneben eine Trompete des Jüngsten Gerichts. Auf der linken Seite sind Christus und der Apostel Petrus, zwei weitere Apostel sowie der Erzengel Michael mit einem großen Schild zu erkennen, dazwischen die sehr schlecht erhaltenen Darstellungen, die möglicherweise das Martyrium der hll. Nunilo und Alodia schildern. Daran schließt sich ein Totentanz an. Den Abschluss bildet Jonas mit dem Wal, ein frühes Erlösermotiv. Darunter ist neben einer mit Flechtwerk dekorierten Platte die Figur eines Abtes zu sehen, die als San Maciano, der legendäre Gründer des Klosters, gedeutet werden könnte. Die Anordnung der Reliefplatten weist strukturelle Parallelen zur → Kirche Santa María la Real in Sangüesa und zur → Porta de las Platerías der Kathedrale von Santiago de Compostela auf. Die bemerkenswerten Kapitelle des Gewändes und des Mittelpfeilers zeigen Dämonen und Harpyien – Wesen, die ursprünglich der griechischen Mythologie entstammen. Es sind Sturmgeister; halb Mensch, halb Vogel verflechten sie sich mit dem Pflanzenwerk. Außerdem sieht man beleibte, hockende Gestalten, die die Sünden, darunter Habsucht, Geiz und Gier, verkörpern.

Auf der Südseite ist ein romanisches Portal eingelassen, dessen **Tympanon** ein Chrismon aus dem 12. Jh. trägt. Dahinter verbirgt sich eine Kapelle mit einem gotischen Gewölbe aus dem 14. Jh., in der ein Altar des 17. Jh.s steht, der den hll. Nunila und Alodia geweiht ist.

⇨ Alternative Strecke hinter Puente la Reina de Jaca am südlichen Ufer des Staudamms von Yesa: ARRÉS (IV Q) am Canal de Berdún wird erstmals 850 in der Chronik des Klosters San Juan de la Peña erwähnt. In den nachfolgenden Jahrhunderten wechselte der Ort mehrfach den Besitzer, u. a. gelangte er 1090 in den Besitz des aragonesischen Königs Sancho Ramírez; 1294 ging er an Jaime II. von Aragón über und schließlich Ende des 15. Jh.s an die Señoria von Rueda. Der Ort ist als Wehrdorf angelegt, das nie besonders besiedelt war. Mit dem Wiederaufbau des heute als Pilgerherberge genutzten ehemaligen Hauses des Dorfschullehrers erlebt das Dorf eine Wiederbelebung. Die Kirche ist der hl. Colomba geweiht.

ARTIEDA (IV Q) erhebt sich am Rande des Canal de Berdún genannten Tales des Río Aragón auf einem Hügel. Die Geschichte lässt sich bis in römische Zeit zurückverfolgen, wie z. B. an der Ermita San Pedro und an den Überresten einer römischen Straße ablesbar ist. Seit 919 gehörte der Ort zum → Kloster von Leyre. Während des Mittelalters wechselte er häufig den Besitzer und erhielt schließlich 1276 ein *fuero*. Die Straßen und Gässchen verströmen heute noch eine mittelalterliche Atmosphäre durch die alten, teilweise mit Elementen der Renaissance und des Klassizismus ausgestatteten Häuser. Unter den Zivilbauten ist die **Casa de los Diezmos** mit einem Renaissance-Portal hervorzuheben, das auf eine Schenkung von König Sancho Garcés I. von Navarra und seiner Frau Doña Toda aus dem Jahr 918 zurückgeht.

Die **Kirche San Martín** entstammt verschiedenen Epochen. Der Ursprung des einschiffigen, aus Quadersteinen bestehenden Gebäudes datiert in die Zeit um 1200. Zwischen dem 16. und dem 17. Jh. wurden die Sakristei mit Gratgewölbe und die sterngewölbte Capilla de Nuestra Señora del Rosario angebaut, die von außen wie ein Querhaus erscheinen. Der Portikus vor dem Eingang und der quadratische Turm mit angeschlossenem rundem Treppenturm kamen später hinzu. Das Tonnengewölbe im Kirchenschiff besteht aus Holz mit Gipsputz. Im Zentrum des Hauptaltars aus dem 16. Jh. steht die Figur des hl. Martin zu Pferde, der seinen Mantel mit dem Armen teilt. In der Capilla de Nuestra Señora del Rosario sind ein Christus geweihter Altar aus dem 16. Jh. zu sehen, dem einerseits Einflüsse der Bildhauerwerkstätten Sangüesas zugesprochen werden, andererseits Einflüsse aus dem Architekturtraktat *Regole delle cinque ordini drio architettura* (1562) von Jacopo Barozzi da Vignola (1507–1573). Ferner ist die Figur eines Christus aus der zweiten Hälfte des 16. Jh.s, wahrscheinlich von aragonesischen Künstlern gearbeitet, zu bewundern, die durch ihre naturalistische Ausgestaltung und die expressive Mimik des Gesichtes besticht.

Nahe dem heute verlassenen Ort Ruesta (IV Q) errichteten die Umayyaden eine **Burg**, die sie jedoch schon im 10. Jh. wieder verließen. Daraufhin erbauten die Navarrer in der Nähe das Kloster San Juan de la Ruesta und erneuerten zwischen 1016 und 1018 die Festung. 1054 ging der Ort aus navarresischem Besitz an Aragón über. Von da an hatte er eine große strategische Bedeutung für die Sicherung des Kanals von Berdún. 1283 wurde der Flecken auf Anordnung des Infanten Alfonso befestigt, ebenso der damals benachbarte Ort → Tiermas. Im Zuge der Bauarbeiten am Stausee Yesa im Jahr 1959 zogen die Einwohner fort. Seit einigen Jahren versucht die Gewerkschaft CGT (Confederación General de Trabajo), die den Ort verwaltet, den alten ruinösen Ortskern in Teilen wiederzubeleben und in den Pilgerweg zu integrieren.

Undués de Lerda (IV Q) gehört zu dem Ensemble der *Cinco Villas* (Fünf Städte) an der Grenze zu Navarra. Hier führt der Weg streckenweise auf einer gut erhaltenen römischen Straße. Die **Pfarrkirche** aus dem 16. Jh. ist dem hl. Martin geweiht. Ihr auffälligstes Merkmal ist der quadratische Turm mit angeschlossenem halbrundem Treppenturm. Als weiteres Charakteristikum ist der achteckige Vierungsturm mit Laterne zu nennen. Von den Zivilbauten ist eine **Eisgrube** aus dem 14. und 15. Jh. zu erwähnen, die bis Ende des 19. Jh.s genutzt wurde. Ein restaurierter Palast aus dem 16. Jh., der durch seine weißen Fensterumrandungen in den Obergeschossen eine markante Akzentuierung erhält, wird heute als Jugendherberge genutzt. Am Rande des Ortes steht die Ermita Santa Eufemia.

Zwischen Undués de Lerda und Sangüesa steht der Grenzstein, der die Provinzgrenzen von Aragón und Navarra markiert.

⇨ Javier (IV Q) liegt auf einem Bergrücken südlich von Yesa. Durch die Grenzlage zu Aragón hatte er strategisch eine große Bedeutung für das Königreich Navarra. Schon im 8. Jh. soll hier ein Bergfried auf den Grundmauern einer iberischen Siedlung und eines römischen Kastells errichtet worden sein. Als Geburtsort des San Francisco de Jassu y Xavier, des hl. Franz Xaver (Schutzheiliger von Navarra, Japan, Australien und Kanada), geb. 7. April 1506, wurde das Städtchen international bekannt. Franz Xaver studierte in Paris, wo er 1533 Ignacio de Loyola kennenlernte. Bei der Gründung des Jesuitenordens 1534 war er anwesend. Als Missionar reiste er über Goa bis nach Japan. Er starb 1552 auf der Insel Sancian vor China; begraben wurde er in Goa und am 12. März 1622 heiliggesprochen. Dieser Tag wird in Javier traditionell mit der *javierada* (4. bis 12. März) begangen, zu der sich Tausende Gläubige in Sangüesa zusammenfinden, um auf einem 8 km langen Kreuzweg nach Javier zu pilgern.

Die **Burg** hat eine wechselvolle Baugeschichte: Der Bergfried aus dem 8. Jh. wurde im 10. Jh. im Untergeschoss um eine Mauer und zwei Rundtürme erweitert. Im 13. Jh. wurde er verstärkt. 1516 ließ Kardinal Cisneros die Burg bis auf das Wohngebäude abreißen. Im 17. Jh. wurde die Kirche angebaut. Im 19. Jh. erfolgte eine Rekonstruktion der Wehranlagen und des Waffenhofes mit Brunnen. Heute sind in den Räumlichkeiten verschiedene Sammlungen zu sehen, u. a. im Großen Saal Elfenbeinfiguren aus Asien. Im westlichen Turm ist die kleine **Christuskapelle** untergebracht, in der eine Christusfigur am Kreuz aus dem 13. Jh. zu sehen ist, die im Todesjahr des Heiligen an jedem Freitag aus den Wunden geblutet haben soll. Bei Restaurierungsarbeiten wurde im Jahr 1971 die in Spanien seltene Darstellung eines Totentanzes entdeckt. Sie wird einem spätgotischen, namentlich nicht bekannten Künstler zugeschrieben, dessen Herkunft aufgrund des Themas in Mitteleuropa vermutet wird. Zu den prominentesten Besuchern der Kapelle gehören Papst Pius XII., der den Heiligen zum Schutzheiligen des spanischen Tourismus ernannte, und Papst Johannes Paul II.

Sangüesa (IV P) zählte zu Zeiten der großen Pilgerströme im 11. und 12. Jh. zu den Hauptstationen am Jakobsweg. Hier musste erneut der Río Aragón überquert werden, auf dessen Westseite der alte Ort lag, für den sich bis heute der Name → *Rocaforte* erhalten hat. Nach dem Bau einer Brücke entwickelte sich auf der Ostseite des Flusses eine neue Stadt mit Festung. Alfonso I. el Batallador übergab dem Flecken im Jahre 1122 die *fueros*. Er ließ sich am Jakobsweg, der ehemals durch die gerade Rúa Mayor führte, nahe der Brücke einen Palast errichten, an den die Kirche Santa María la Real direkt angebaut wurde. 1131 übernahm der

Johanniterorden den Palast und die Kirche. Wie in → Estella ließen sich zahlreiche französische Pilger in der Stadt nieder. Angeblich soll es 13 Hospize in der Stadt gegeben haben. Der Grundriss des alten Stadtkerns mit der schnurgerade angelegten Rúa Mayor, ihren Parallelstraßen und den Verbindungswegen dazwischen bietet ein gut erhaltenes Beispiel für die Anlage einer mittelalterlichen Stadt, deren Alltagsleben durch die Pilgerströme und durch die Grenzsituation zwischen Navarra und Aragón geprägt wurde. Sangüesa war im Mittelalter eine Mautstation. Die Stadtmauer ist aus dem heutigen Stadtbild bis auf das **Portal de Carajeas** verschwunden. Ferner haben sich eine Reihe von ehemaligen Adelspalästen aus dem 15., 16. und 17. Jh. erhalten. Zu den heute nur noch quellenkundlich bekannten Bauwerken gehört die romanische Kirche San Nicolás, die ursprünglich außerhalb der Stadt neben der Brücke stand.

Der Baubeginn der **Kirche Santa María la Real** ist unbekannt. Die früheste Erwähnung findet sich in der königlichen Schenkungsurkunde von 1131, ausgestellt von Alfonso I. el Batallador, die die Übergabe seines Palastes und der königlichen Kapelle an den Johanniterorden bezeugt. Die ältesten Bauteile, die halbrunden Apsiden im Osten der Kirche, werden in die Jahre 1150–60 datiert. Daran schloss sich der Bau der dreischiffigen Basilika, die von einem achteckigen Vierungsturm überragt wird, mit dem skulptural reich verzierten Hauptportal an. Gegen Ende des 13. Jh.s wurde der zinnenbekrönte Turm als Wachturm errichtet. Im 14. Jh. erfolgte die erste Erweiterung durch die **Capilla de San Miguel** (Früher *Capilla Real* genannt). Im 16. Jh. wurden die Arbeiten mit dem Einbau der **Capilla de la Piedad** und dem Chor beendet. Die Kirche ist vor allem wegen ihrer Bauplastik am Südportal und an den Apsiden bedeutend.

Das figurenreiche Südportal direkt an der Hauptverkehrsstraße ist gegen Ende des 12. Jh.s entstanden und ehemals farbig gefasst gewesen. Im Gesamtbild wirkt es wie ein überdimensioniertes Altarretabel. Der Aufbau ist ähnlich wie in → San Salvador de Leyre, hier allerdings kompakter und konsequenter durchgestaltet. Es wird von kräftigen Lisenen, die unregelmäßig verteilte Reliefplatten tragen, und einem leicht vorkragenden Dach über figürlich gestalteten Konsolen umrahmt. Der innere Bereich lässt sich in drei Teile unterteilen: Das Stufenportal mit dem Tympanon, die Zwickel und schließlich der Figurenfries.

Die Portalgewände zeigen zur Linken die drei Marien: Maria Magdalena (links), Maria Salome / Jacobea, die Mutter der Apostel Jakobus und Johannes (rechts), und Maria, die Mutter Jesu, in der Mitte; zur Rechten – weniger gut erhalten – drei männliche Figuren, von denen die äußere durch die Inschrift »JUDAS MERCATOR« und das beigefügte Seil als Zeichen für seinen Selbstmord als Judas identifiziert werden kann. Die anderen beiden stellen Petrus und Paulus dar, hier in ihrer in der Romanik oft einge-

Sangüesa, Kirche Santa María la Real, Tympanon

setzten Funktion als Türwächter. Die überschlanken Figuren sind formal mit den Gewändesäulen verbunden. Die Kapitelle darüber zeigen von links nach rechts: Verkündigung, Darbringung Christi im Tempel, Häuserfries mit Vögeln und Pflanzen, Häuserfries mit Blättern, Urteil König Salomons und ein vegetabil dekoriertes Kapitell. In den Archivolten tummeln sich die Mitglieder der mittelalterlichen Gesellschaft: Kleriker, Pilger, Frauen, Handwerker, aber auch Heilige und Personifikationen der Laster. Im Tympanon ist in der unteren Zone zwischen den Aposteln Maria als Himmelskönigin zu sehen, die hier als Fürsprecherin der Toten interpretiert werden kann, über die Christus, der direkt über ihr dargestellt ist, im Jüngsten Gericht die Urteile fällt, zu seiner Rechten die Geretteten, zur Linken die Verdammten, dazwischen der Seelen wägende hl. Michael. Die Inschrift »MARIA MATER XPI LEODEGARIUS ME FECIT« (›Maria Mutter Christi Leodegarius hat mich gemacht‹) – benennt einen Künstler namens Leodegar, dessen burgundische Herkunft und Kenntnis der zwischen 1145 und 1155 entstandenen Königsportalfiguren von Chartres in den gestreckten weiblichen Gewändefiguren und im Tympanon erkennbar ist. Ihm und seiner Werkstatt werden auch die Figuren der Archivolten zugeschrieben. Die Zwickel füllen in Stil und Thematik heterogene Reliefs aus, auf denen u. a. die Symbole der Evangelisten, Fabelwesen, Flechtornamente und biblische Szenen dargestellt sind, so dass vermutet wird, dass sie ursprünglich zunächst für andere Orte bestimmt waren. Bekrönt wird das Portal von einer doppelreihigen Arkade, in der Christus wiederum als Weltenrichter umgeben vom Tetramorph im Reigen seiner Apostel erscheint. Aufgrund der hervorquellenden Augen wird dieser Bereich dem *Meister von San Juan de la Peña* zugeschrieben. Das zweimalige Auftreten des Jüngsten Gerichts gehört zu den Besonderheiten dieses Portals.

Von den Ausstattungsstücken im Inneren der Kirche sind besonders hervorzuheben: in der mittleren Apsis hinter dem Altar ein romanisches Kapitell mit einer Darstellung der Flucht nach Ägypten; ferner der Altar aus dem ersten Drittel des 16. Jh.s, der in der neueren Literatur nicht mehr Jorge de Flandes, sondern Juan Pérez Vizcaíno nach Entwürfen von Gabriel Yoly zugeschrieben wird und in dessen Zentrum die gegen Ende des 13. Jh.s datierte Figur der Nuestra Señora de Rocamadur aus Silber steht. Bekrönt wird der Altar durch eine Darstellung der Krönung Mariens; die hervorragend gearbeitete Monstranz aus dem 15./16. Jh., die romanische Figur der Virgen de la Nora, eine Pietà-Gruppe des 16. Jh.s in spanisch-flämischem Stil sowie einige bemalte Türen aus derselben Zeit, die als Diptychen zu sehen sind.

Der Bau der **Wehrkirche Santiago** im Südosten des alten Stadtgebietes gründete sich auf die Erweiterung des Stadtareals. Die bestehende Kirche mit basilikalem Grundriss mit drei Apsiden aus dem 12. und 13. Jh. wurde über einem älteren Vorgängerbau errichtet. Aus späterer Zeit stammen die Seitenkapellen. Der quadratische Turm über dem Presbyterium mit Zinnenbekrönung unterstreicht den wehrhaften Charakter. Das von Säulen flankierte, schlichte Portal trug im Tympanon ursprünglich wahrscheinlich ein Chrismon, das nun hinter einer Darstellung des hl. Jakobus aus dem 17. Jh., der von zwei Pilgern begleitet wird, verdeckt ist. Das Tympanon ruht auf zwei Konsolen, die zwei Löwen darstellen, der eine freundlich schauend, der andere im Begriff, die Figur, die er zwischen den Klauen hält, zu verschlingen. In der rechten Apsis steht heute eine in das frühe 14. Jh. datierte Skulptur des hl. Jakobus aus Stein, die 1964 im Fußboden der angrenzenden Kapelle entdeckt wurde.

Die **Kirche San Salvador** ist eine Gründung der Gemeinschaft der *Doce Caballeros de Sangüesa* und wurde am Ende des 13. Jh.s für die Bewohner des neuen Stadtviertels *La Población* außerhalb des ersten Mauerrings errichtet. Sie besteht aus dickem Mauerwerk mit mächtigen Stützpfeilern und hohen spitzbogigen Fenstern. Die Vorhalle zum

Schutz der Fassade stammt aus dem 16. Jh. Im Portal findet sich das Jüngste Gericht visualisiert: Christus im Zentrum, der seine Wunden zeigt, flankiert von Engeln, der Jungfrau Maria und dem hl. Johannes der Täufer. Trompete blasende Engel zieren die Archivolten. Auf dem Türsturz sind die Auferstehung der Toten, die Erwartung des Urteils und die Hölle dargestellt.

Das **Kloster San Francisco de Asís:** Der Legende zufolge gründete der hl. Franziskus von Assisi auf dem Rückweg von seiner Pilgerreise nach Santiago de Compostela 1213 in Sangüesa la vieja (Rocaforte) eine Ermita. Als tatsächliches Gründungsdatum des Klosters in der neuen Stadt Sangüesa gilt der 18. Oktober 1266, wie ein Inschriftstein links des Kirchenportals dokumentiert. König Teobaldo II., der die seit 1250 in der Stadt ansässigen Franziskanermönche unterstützte, gilt als Stifter der Klosterkirche. Das spitzbogige, von vier Archivolten umrahmte Kirchenportal führt in die einschiffige Kirche mit einem geraden Chorschluss. Zu Beginn des 16. Jh.s wurde das ursprüngliche Gewölbe durch ein Sterngewölbe ersetzt. Der Übergang zum Kreuzgang mit Spitzbögen erfolgt durch ein gelapptes, d. h. aufgefächertes Portal. Seit 1898 leben Kapuzinermönche in dem Konvent.

Ayuntamiento (Rathaus): Der eigenwillige Bau aus Backstein von 1570 erhebt sich über Steinarkaden im Untergeschoss, zwischen denen früher der Markt gehalten wurde.

Palacio de Añués: Das ehemalige Wohnhaus der Añués in der Rúa Mayor wurde im 15. Jh. errichtet. Elemente gotischer Architektur haben sich in dem großen spitzbogigen Portal und in der Ornamentik der Fensterumrahmungen mit Eselrücken und Flamboyant-Maßwerk erhalten.

Palacio de los Íñiguez Abarca: Gleich neben dem Wohnhaus der Añués in der Rúa Mayor steht das um 1600 im Renaissance-Stil errichtete Wohngebäude der Íñiguez Abarca. Über dem Portal findet sich die Jahreszahl 1601.

Das untere Geschoss besteht aus Haustein, das übrige Gebäude aus Backstein. Über dem obersten als Galerie gestalteten Geschoss erhebt sich die mächtige Holzkonstruktion des Daches.

Palacio de los París-Íñiguez Abarca: Der Palast in der Rúa Mayor neben dem Palacio de los Sebastianes wurde im 16. Jh. errichtet. Während das Portal im Erdgeschoss aus Stein besteht, wurde für das übrige Gebäude Backstein verwendet. Im obersten Geschoss öffnet sich eine rundbogige Galerie unter einer mächtigen, vegetabil dekorierten Dachunterkonstruktion aus Holz. ○

Palacio de los Sebastianes: Der spätgotische Bau des 15. Jh.s mit spitzbogigem Zwillingsportal, deren Schlusssteine Wappenschilde tragen, gehörte einstmals der Adelsfamilie Sebastianes, die als reiche Kaufleute dem navarresischen Königshaus Darlehen gewährten. Es steht in der Rúa Mayor neben dem Palacio de Los París-Íñiguez Abarca. Hier wurde der letzte Thronfolger von Navarra, Enrique de Labrit, Sohn des Königspaares Juan de Labrit und Cathérine Foix, am 25. April 1503 geboren. △

Palacio-Castillo Príncipe de Viana: Am Ende eines hinter dem Rathaus an der Rúa Mayor beginnenden rechteckigen Platzes, der ehemals als *plaza de armas* (Exerzierplatz) fungierte, steht der Burgpalast des navarresischen Königshauses. Er wurde direkt an der Stadtmauer zwischen zwei Mauertürmen errichtet. Dahinter lag der Graben. Im 13. Jh. wurde der östliche Turm als Wohnraum der königlichen Familie ausgebaut und zu Beginn des 14. Jh.s entlang der Stadtmauer in südliche Richtung erweitert. Hier wurden auch die *Cortes*, die Reichstage des Königreiches, abgehalten. △

Palacio Ongay-Vallesantoro: Die heutige Route des Pilgerweges durch Sangüesa führt u. a. durch die Calle Alfonso I. el Batallador. Hier steht der Palast der Ongay-Vallesantoro aus dem 17. Jh. Bemerkenswert ist hier zum einen das von gedrehten Säulen flankierte Portal mit einem ○○

durchbrochenen Rundbogengiebel, in dessen Giebelfeld neben dem Wappen der Familie auch Motive aus Mexiko und Peru zu sehen sind: Sirenen, Sonnen und Bukranien, zum anderen die Holzkonstruktion des Daches, die zu den herausragenden in Navarra zählt. Die Sparren zieren Menschen packende Bestien, Blumen und exotische Früchte. Die Darstellungen von Indios und grotesken Figuren erscheinen wie eine Weiterentwicklung der mittelalterlichen grotesken Konsolfiguren der → Kirche San Martín de Frómista.

○ In dem ehemaligen Hospital de Peregrinos ist heute die **Casa Parroquial** untergebracht. Das Gebäude mit doppeltem rundbogigem Portal stammt aus dem 16. Jh. Die Schlusssteine der Portale zeigen die Symbole der Pilgerschaft: gekreuzte Pilgerstäbe mit Kalabassen und Jakobsmuscheln.

⌂ **Portal de Carajeas** (La Tajadera): Der Bogen aus Haustein, an dem der heutige Pilgerweg vorbeiführt, ist ein Überrest eines ehemaligen Stadttores, das im Zuge der Erweiterung des Stadtgebietes nach Süden im 13. Jh. errichtet wurde. Der Name *tajadera*, ›Wiegemesser‹, bezieht sich auf das Eisengitter, das das Tor verschloss.

○ Die ehemalige romanische, zur Mitte hin ansteigende **Brücke** über den Río Aragón bestand aus sieben Bögen über breiten Stützpfeilern. Sie wurde erstmals 1122 in den Urkunden erwähnt, 1892 durch eine Eisenbrücke ersetzt.

⇨ ⌂ ☧ Einsiedelei von SAN ADRIÁN DE VADOLUENGO (IV P): Der Name Vadoluengo bedeutet *lange Furt*. Die in den 1990er Jahren restaurierte **Ermita de San Adrián** steht an der Straße von Sangüesa nach Sos del Rey Católico. Sie wurde im Jahr 1141 durch Bischof Sancho de Larrosa geweiht. Das Stufenportal auf der Südseite ist von drei Archivolten umgeben, die auf vegetabil ornamentierten und mit Tierdarstellungen versehenen Kapitellen ruhen. In der Mitte des Türsturzes ist ein Chrismon zu sehen. An der äußeren Kante des Portals schließt beidseitig ein Röllchenfries an. Skulptierte Konsolen tragen das Dachgesims

Das sich über einen Bergrücken hinziehende Städtchen Sos del Rey Católico (IV Q) erlangte als Geburtsort des Königs Fernando II. el Católico (geb. 10. März 1452) nationale Bedeutung. Darauf bezieht sich auch der Namenszusatz »Rey Católico«, den der Ort seit dem 9. Januar 1925 führt. ⇨

Die Gründung von Sos soll zu Beginn des 10. Jh. unter Sancho Garcés I. erfolgt sein, im Zuge der Wiederbesiedlung des Gebietes, das nach der Invasion der Umayyaden verwaist war. Die Stadt wurde in den nachfolgenden Jahrhunderten als Spielball zwischen den islamischen Herrschern des al-Andalus und den sich konstituierenden Königreichen Aragón und Navarra immer wieder in kriegerische Auseinandersetzungen verwickelt und als befestigter Platz in eine Verteidigungskette integriert, die u. a. die Orte Ruesta, Ull, Uncastillo, Luesia einbezog. Die aragonesischen wie die navarresischen Könige hielten sich häufig in der Stadt auf. Von Alfonso I. el Batallador wird berichtet, dass er hier im Jahr 1129 von einem christlichen Arzt namens Pere Guillem und einem judischen Arzt namens Simón erfolgreich ein Augenleiden behandeln ließ. Ab 1137 erfolgte der Ausbau als militärischer Vorposten Aragóns gegen Navarra. Als Statthalter des Ortes wurden immer Mitglieder der königlichen Familie eingesetzt; die Einwohner erhielten im Gegenzug für ihre Treue zahlreiche Privilegien. Die Stadt blieb im Zentrum kriegerischer Konflikte bis zur Vereinigung der spanischen Königreiche durch die Hochzeit zwischen dem in Sos geborenen Fernando el Católico und Isabella von Kastilien im Jahr 1469. Heute ist Sos ein touristischer Magnet, der mit seinen stillen und verwinkelten Gässchen einen beschaulichen Eindruck hinterlässt. Entsprechend der ehemals politischen Bedeutung finden sich hier ein repräsentatives architektonisches Ensemble und bedeutende Zeugnisse der gotischen sakralen Wandmalerei.

Der Baubeginn der **Kirche San Esteban** ab 1055 geht auf umfangreiche Schenkungen der Königin Estefania von Navarra, der Witwe von König García de Nájera zurück. 1094 brachte der aus Santiago vertriebene Bischof Diego Peláez den Baumeister Esteban mit nach Navarra und Aragón, der am Bau der → Kathedrale von Santiago beteiligt war. Ihm werden zwei Kapitelle in der Krypta zugeschrieben. Ferner soll der Baumeister Jordán mitgewirkt haben, der ab 1137 mit dem Ausbau der Burg beauftragt war.

Von außen beeindrucken von weitem die drei mächtigen und hohen Apsiden, die in ihrer unteren Partie die Krypta bergen. Das Hauptportal unter einer schlingengewölbten Vorhalle aus dem 16. Jh. besteht aus einem Stufenportal, das in das 12. Jh. datiert wird. Im Tympanon ist die *Maiestas Domini* umgeben vom Tetramorph zu sehen, die von zwei Engeln und zwei Betenden flankiert wird. Die Figuren auf den Archivolten sind stark verwittert; möglicherweise war hier aufgrund der Darstellung von Kriegern und eines von Engeln begleiteten Reiters die Schlacht von Clavijo thematisiert. Die äußere Archivolte zieren vegetabile Motive und Tierdarstellungen, die als Schöpfung Gottes interpretiert werden. Auf den Gewändesäulen sind von links nach rechts zu sehen: der hl. Johannes der Evangelist mit einem Buch und der Inschrift »IES EVANGEL«; ein Bischof mit Mitra und Stab, der als Don García, Bruder des Königs Sancho Ramírez gedeutet wird; die Figur mit dem Rost kann sowohl den hl. Vinzenz als auch den hl. Lorenz darstellen, die beide das gleiche Martyrium erlitten. Für den hl. Vinzenz spräche, dass sein Kult im Königreich Navarra, mit dem Sos in jener Zeit enge Verbindungen hatte, weit verbreitet war. Auf der rechten Seite schließen an: König David, der durch sein Instrument und die Inschrift »REX DAVID« identifizierbar ist; daneben die Darstellung der Königin Estefania, die durch die Inschrift bezeichnet ist und als Förderin des Kirchenbaus verehrt wird. Die Reihe wird durch die Figur des Mönchs Pelayo, mit Bart und kurzem Gewand und inschriftlich durch »PELAUS« benannt, abgeschlossen. Die Darstellung des Entdeckers des Jakobusgrabes wird sowohl im Zusammenhang mit der Verehrung des Apostels in Sos als auch mit dem Einfluss der Exilanten aus Santiago gesehen. Auf den Intercolumnien sind Engel und weitere Heilige zu sehen, deren schlechter Erhaltungszustand eine eindeutige Zuordnung jedoch erschwert. Das Kircheninnere nimmt die Dreischiffigkeit der Krypta wieder auf und schließt mit drei halbrunden Apsiden. Die seitlichen Kapellen und die Sakristei sind Anbauten aus dem 16. Jh., ebenso die von Nicolás de Chalon 1530 ausgeführte Chorempore. Das Chorgestühl aus der Werkstatt des Meisters Moret wurde 1556 eingebaut.

Das Taufbecken in der **Capilla Bautismal** in Form einer Blüte wird in das 8. Jh. datiert. Hier wurde Ferdinand der Katholische im Jahr 1452 getauft. Hier wird auch heute jedes in der Gemeinde geborene Kind getauft. In der **Capilla del Cristo del Perdón** steht die bis 1967 in der Krypta aufbewahrte Christus-Figur am Kreuz des 12. Jh.s, deren Gesichtsausdruck keinen Schmerz zeigt, sondern inneren Frieden – ein Christus, der den Tod überwunden hat. In der **Capilla de San Francisco Javier** steht heute die Barockorgel, die 1757 von Silvestre Thomas gebaut wurde. Der Altar, ebenfalls aus dem 18. Jh., ist der Virgen del Pilar geweiht, die zu dieser Zeit in Sos sehr verehrt wurde.

Die Apsiden gleichen sich in ihrer Struktur, auch wenn die mittlere größer ist. Die Fensterschlitze in der Mitte sind mit Alabasterscheiben geschlossen. Die Wände sind mit Blendarkaden und Würfelfriesen gegliedert. In der Apsis der Epistelseite steht die Figur der Virgen del Rosario aus dem 16. Jh. Erwähnenswert ist das Kapitell mit der Darstellung eines Bestraften in der Hölle, der in einem Kessel sitzt, während ein Teufel die Flammen darunter entfacht. In der mittleren Apsis ist das Bildnis des Titularheiligen Stefan zu finden, das ebenfalls in das 16. Jh. datiert wird. Die Kapitelle der Blendbögen tragen florales Dekor oder Tierornamentik; auf einem Kapitell neben dem mittleren Fenster ist die Vertreibung Adams und Evas aus dem Paradies zu sehen.

Die Krypta ist der älteste Teil der Kirche. Sie besteht aus drei zweijochigen Schiffen. Zwei figurativ gestaltete, sehr qualitätvoll gearbeitete Kapitelle, die zum einen zwei ineinander verschlungene Vögel und zum anderen zwei Frauenfiguren darstellen, werden dem Meister Esteban zugeschrieben. Alle drei Apsiden zeichnen sich durch ihre Wandmalereien aus. Die linke Apsis ist dem *Cristo del Perdón* geweiht. Zu sehen ist eine *Maiestas Domini*, doch statt des sonst üblichen Buches hält Christus eine Weltkugel in seiner linken Hand als Zeichen seiner Macht über die Welt. Flankiert wird er vom Tetramorph und an den äußersten Seiten von den Propheten Daniel und Ezechiel. Im mittleren Teil sind Szenen aus dem Leben Christi zu sehen, die heute jedoch weitgehend zerstört sind. Im Zentrum dieses Registers erscheinen dafür klar erkennbar das Lamm Gottes und ein griechisches Kreuz. Die Inschrift darunter nennt die Namen der Stifter der Malereien und das Jahr der Ausführung, 1378. Im untersten Register sind die Heiligen San Gil Abad und San Guillén de Bourges zu sehen, die Schutzheiligen der Stifter. Die mittlere Apsis ist der Jungfrau Maria geweiht, die im Mittelpunkt des ikonographischen Programms der Wandmalereien steht. Neben der Marienkrönung sind weitere Szenen aus dem Marienleben zu sehen, u. a. die Verkündigung und die Geburt Christi, die Anbetung der Heiligen Drei Könige, die Auferstehung Christi. Weitere Wandmalereien in der Krypta zeigen die Messe des San Martín de Tours, Bildnisse der Propheten, die Kreuzigung Christi, die Geschichte der fünf törichten und fünf klugen Jungfrauen und den Apostel Petrus; die Wandmalereien der rechten Apsis haben sich bis auf ein griechisches Kreuz nicht erhalten. In der Krypta wurde im

16. Jh. die **Capilla de San Bartolomé** eingebaut als Grabstätte der Familie Gil de Jaz, die im 18. Jh. den der Virgen del Pilar geweihten Altar stiftete. Ein als Kreuzgang bezeichneter Gang aus dem 11. Jh. verbindet die Krypta mit der Oberkirche. Den ursprünglich fünf Jochen wurden im 16. Jh. zwei Joche hinzugefügt. Hier finden sich 22 Grabkreuze, die auf die Funktion dieses Raumes als Begräbnisstätte verweisen.

Die **Kirche San Martín de Tours** wurde im Laufe der Zeit in den Palast der Familie Sada integriert und in die Privatkapelle des Adelshauses umgewandelt. Der Grundrissplan besitzt die Charakteristika des katalanischen Kirchenbaus des 13. Jh.s. Hier haben sich Reste der Wandmalereien aus der ersten Hälfte des 14. Jh.s erhalten, wenn auch zumeist nur die Zeichnung, während die Farbfassung weitgehend verloren ist. Im Zentrum ist die Wahl des hl. Martin zum Bischof von Tours dargestellt, zu dessen Füßen ein knieendes Stifterpaar zu sehen ist; links das Messopfer des hl. Martin. Schließlich sind auf der Stirnseite unterhalb der drei Rundbögen drei Personen zu sehen, die auf ein Gebäude mit einer Treppe und einer weiteren Figur schauen – möglicherweise handelt es sich hierbei um die Episode, in der der hl. Martin vom Teufel eine Treppe hinuntergestoßen wird. Der Heilige wurde der Legende zufolge hierauf von einem Engel mit einer Wundersalbe der Jungfrau Maria geheilt.

Außerhalb der Stadtmauern ist die **Ermita de Santa Lucía** zu finden, die im Mittelalter dem Erzengel Michael geweiht war. Diese in das 13. Jh. datierte Memorie besteht aus einem Langhaus mit halbkreisförmiger Apsis. Die Gewölbebögen sitzen auf Konsolen auf, die auf der linken Wandseite als menschliche Köpfe ausgebildet sind, während sie auf der rechten Seite als Monster erscheinen und somit die Gegenüberstellung von Gut und Böse visualisieren. Von Bedeutung sind die Wandmalereien, die Szenen aus der Legende des Erzengels Michael sowie das Jüngste

Gericht zeigen. Reste lassen auch ein mariologisches Programm erkennen. Stilistisch werden diese Szenen mit französischen Miniaturen aus der Zeit um 1300 in Verbindung gebracht und in das erste Drittel des 14. Jh.s datiert.

Judería: Hinter dem Palacio de Sada erstreckte sich das ehemalige jüdische Viertel. Aufgrund ihrer Größe erhielt die Gemeinde gegen Ende des 13. Jh.s den Rang einer *aljama*, d. h. die Gemeinde unterstand unter eigener Gerichtsbarkeit und Verwaltung direkt dem Königshaus. Der Bevölkerungsanteil betrug ein Sechstel oder Siebtel der Gesamtbevölkerung von Sos, die mit der Vertreibungswelle von 1492 verlorenging. Die ökonomischen Grundlagen waren Landwirtschaft, vor allem der Anbau von Wein und Leinsaat, sowie Textil- und Lederfabrikation. Auf die ehemalige Judería weisen heute noch die Synagoge, das Haus eines Konvertierten mit einem rechteckigen Loch für die Mesusa und einem eingravierten Kreuz sowie einem weiteren Haus mit Innenhof hin. An manchen Häusern der Judería sind hebräische Schriftzeichen und an Häusern der Konvertierten Kreuze zu sehen.

Die **Stadtmauer** wurde gegen Ende des 13. Jh.s auf Befehl von König Alfonso III. errichtet. Sie hat heute geringere Ausmaße, da Ende des 14. Jh.s ihre Verkleinerung verfügt wurde. Die Mauer hatte sieben Stadttore, die nach ihrer Ausrichtung benannt waren: Portales de Zaragoza, Uncastillo, Levante, Jaca und Sangüesa mit zwei Ausnahmen: Portal de la Reina und Portal del Mudo. Das *Portal del Mudo* ist einem jungen Mann gewidmet, der sich während der Unabhängigkeitskriege aus Angst, seinen französischen Häschern Informationen über die Stadt zu verraten, die Zunge abgebissen hat. Durch das **Portal de la Reina** (Portal de Maya), ein klassisches Turmtor, soll sich die hochschwangere Königin Juana Enríquez in die Stadt begeben haben, auf dem Rückzug aus dem vom Bürgerkrieg geschüttelten Navarra, und den Sohn Fernando, den künftigen König Fernando II. el Católico, geboren haben. Die

Inschrift *Merde pour les volantiers de Mina* aus der Zeit der Unabhängigkeitskriege hinterließen die französischen Truppen – eine Verwünschung der navarresischen Guerilleros von Francisco Espoz y Mina (1781–1836).

Auf der **Plaza Mayor** wurden im Mittelalter Markt und Gericht gehalten. Als Überreste des mittelalterlichen Geschäftslebens kann man zwischen zwei Arkadenbögen des Laubengangs der Lonja heute noch den Hohlraum für die geeichte Marktwaage sehen sowie daneben eingeritzt in das Mauerwerk das offizielle Längenmaß für eine *vara jaquesa*. Die **Lonja,** Handelsplatz sowohl der Erzeuger als auch der Händler, wurde im 14. Jh. mit Zisterne angelegt und in den nachfolgenden Jahrhunderten immer wieder restauriert. Das **Rathaus** wurde gegen Ende des 16. Jh.s im Stil der Renaissance errichtet. Neben den Ratsräumen in den Obergeschossen waren im Untergeschoss auch Reitställe und das örtliche Gefängnis untergebracht.

Die **Burg** entstand im 11. Jh. auf dem Peña Feliciana als Verteidigungsstellung gegen die Mauren – möglicherweise datiert sie sogar in die Anfänge des 10. Jh.s zurück. Überliefert sind Bauarbeiten aus dem Jahr 1137 unter dem Meister Jordán. Von dem Bauwerk haben sich ein kleiner Wachturm in der Nordostecke des Areals und der Bergfried erhalten.

Der **Palacio de Sada,** in dem der katholische König Fernando II. 1452 geboren wurde, wird typologisch als spätmittelalterlicher befestigter Palastbau des 15. Jh.s eingeordnet. Zu den fortifikatorischen Elementen des schlichten Hausteingebäudes zählen die Dachzinnen und die Ausguckplattformen in den Ecken des Daches. Die Fassade ist schlicht gehalten, durchbrochen nur von den Fensterachsen und dem großen Bogen des Eingangsportals, über dem das Wappen der Familie Sada prangt, sowie rechts davon einem weiteren großen Bogenfenster, das man zur Erinnerung an den Geburtsort des Katholischen Königs eingerichtet hat. Die Familie Sada stammt ursprünglich aus der Provence.

Mit der Aufnahme der hochschwangeren Königin Juana Enríquez und der Betreuung während der Geburt ihres Kindes verschaffte sich die Familie in der Folge gewisse Vorrechte am spanischen Hof, die unter anderem im 18. Jh. den Titel der *Marqueses de Campo Real* mit sich brachte. Innerhalb der Familie Sada bürgerte sich der Brauch ein, den erstgeborenen Sohn *Fernando* zu nennen.

Hinter Sangüesa führt die historische Strecke über die Schlucht von Lumbier, den Alto de Loiti nach Izco, oder alternativ über Rocaforte, den ehemaligen alten Ortskern von Sangüesa nach Izco, wo die beiden Wege wieder aufeinanderstoßen.

ROCAFORTE (*Sangüesa la vieja* genannt; IV P) wurde um 1090 durch König Sancho Ramírez mit Franzosen wiederbesiedelt. Am Grenzverlauf zwischen den christlichen Gebieten im Norden Spaniens und dem muslimischen Süden kam dem Ort eine große strategische Bedeutung zu. 1213 soll hier der hl. Franziskus von Assisi auf einer Pilgerfahrt durch Spanien Halt gemacht haben. Hier soll sich das Wunder des blühenden Pilgerstabes ereignet haben, der ihm beim Aufstieg geholfen habe und ihm als Zeichen für die erste Gründung eines Klosters am Jakobsweg galt.

Wie archäologische Fundstücke schließen lassen, war wahrscheinlich schon in der Bronzezeit das Gebiet um Izco besiedelt. Während des Mittelalters gehörte der Ort zur Gemarkung des Valle de Aibar, das von Edelleuten bewohnt wurde. Die in der **Kirche San Martín** verwahrte Skulptur der Jungfrau María wird in das frühe Mittelalter datiert. Sie stammt aus der ehemaligen Ermita Nuestra Señora del Sagrario, die heute Teil des Friedhofes ist. Auf dem Vorplatz steht ein modernes Eisenkreuz eines ortsansässigen Schmiedes, das an die Tradition der mittelalterlichen Steinkreuze anknüpft.

In Idocín (IV P) ist auf einem der Kirchenkapitelle eine der frühesten Darstellungen eines Pilgers zu sehen, die in die Zeit der Romanik zu datieren ist. Hier wurde Francisco Espoz y Mina geboren, der im Unabhängigkeitskrieg (1808–13) in Navarra und Aragón eine Gruppe von Guerilla-Kriegern gegen die französischen Truppen anführte.

Salinas de Ibargoiti (IV P) ist seit dem 15. Jh. quellenkundlich belegt, als die Einwohner begannen, den Handel mit dem aus ihren Brunnen gewonnenen Salz aufzubauen. Die **Kirche San Miguel** geht auf gotische Ursprünge zurück, wurde aber in den nachfolgenden Jahrhunderten immer wieder erneuert.

Die **Brücke** von Monreal (IV P) wird bereits im *Codex Calixtinus* erwähnt. Im Jahr 1144 unterstanden die Hospitäler des Ortes der Kirche von Pamplona. 1149 erhielt Monreal das *fuero*. Es besaß eine eigene Münze. Ferner gab es hier ein jüdisches Wohnviertel. Die gotische **Pfarrkirche San Martín de Tours** des malerischen Ortes wurde im 18. Jh. grundlegend renoviert. Am Ortsausgang sind die Reste einer **Burg** zu sehen, die den navarresischen Königen als Jagdresidenz diente, die jedoch 1521 wie andere navarresische Verteidigungsbauten zerstört wurde.

Tiebas-Muruate de Reta (IV P) setzt sich aus zwei ehemals unabhängigen Ortschaften zusammen. Der Ortsname *Tiebas* versteht sich als Referenz der beiden antiken griechischen und ägyptischen Theben (span. *Tebas*), deren Name durch die an den Kreuzzügen teilnehmenden Adelshäuser auf die iberische Halbinsel kam. *Muruate de Rete* ist baskischen Ursprungs, hergeleitet von *Muru-Artederreta*, und bedeutet so viel wie ›Festung – schöner Eichenhain‹. Historische Bedeutung erhielt der Ort im 13. Jh., als König Teobaldo II. (reg. 1253–70) von Navarra ihn zur königlichen

Residenz erhob. 1264 erhielt der Ort die *fueros*, die denjenigen von Estella entsprechen. 1283 folgte das Marktrecht, das sich ebenfalls an die Regeln von Estella hielt.

Die **Kirche Santa Eufemia** datiert bis in das 14. Jh. zurück. Die Bauarbeiten zogen sich in die nachfolgenden Jahrhunderte hinein, wie zum Beispiel an der weiten Vorhalle erkennbar ist. Die sparsamen dekorativen Elemente, die dem gotischen Stil zuzurechnen sind, stammen teilweise aus dem Abbruchmaterial der Burg. Die Kirche ist der hl. Eufemia geweiht, einer Märtyrerin aus Kalzedonien, die vorwiegend in Frankreich verehrt wird. Ihre Schnitzfigur entstand 1612.

Die ehemalige **Burg** wurde zu Zeiten Teobaldos II. als königliche Residenz errichtet, die ebenso von seinen Nachfolgern Enrique I. und Carlos II. genutzt wurde. Sie diente darüber hinaus als Archiv, als Schatzkammer, Gefängnis und Hinrichtungsstätte. Die Überreste lassen die Rekonstruktion eines rechteckigen zweigeschossigen Gebäudes um einen Innenhof zu, der dem Baustil der nordfranzösischen Adelssitze aus dem 13. Jh. entsprach. Die Fußböden waren mit roten, cremefarbigen und grünen Fliesen belegt, das Dach mit bemalten Ziegeln in grün, gelb und braun gedeckt.

Im Zentrum von OLCOZ (IV P) steht ein mittelalterlicher, heute verlassener **Wohnturm**. Das in das 12. Jh. datierte Stufenportal der **Pfarrkirche San Miguel Arcangel** ist identisch mit demjenigen von → Santa María de Eunate. Die Kapitelle des Stufenportals sind floral und figürlich dekoriert: Das Kapitell über der rechten Eingangssäule zeigt einen griechisch anmutenden Kopf mit einem Bart, der sich teilt und seitlich in Voluten ausläuft. Auf dem Schlussstein des Tympanon-Feldes ist ein Chrismon zu sehen. Die äußere Archivolte ziert ein Fries mit Fratzen, Monstern, Tieren und menschlichen Figuren.

Die **Kirche / Ermita de Nuestra Señora de Eunate** (*Santa María de Eunate*) steht auf einsamem Feld an der Landstraße zwischen Campañas und Puente la Reina im Tal Valdizarbe nahe des Río Robo und gehört heute zur Gemeinde MURUZÁBAL (IV P). Der Namenszusatz *Eunate* leitet sich vom Baskischen *onat* bzw. *onate* (›hundert Tore‹) ab, was sich auf die umgebende Arkade beziehen lässt. Datiert wird die ehemals als Funeralkapelle genutzte Kirche zwischen 1180 und 1200. Ihre genauen Gründungsumstände sind bislang unbekannt. Die Kirche wurde immer wieder mit dem Templerorden in Verbindung gebracht und ihrer oktogonalen Form wegen als Nachbildung des Heiligen Grabes in Jerusalem interpretiert, eine Interpretation, die aus verschiedenen Gründen verworfen werden muss. Aufgrund der Quellenlage gilt eine Verbindung zum Johanniterorden als wahrscheinlich, der die 27 km entfernte Ortschaft → Olcoz sein Eigentum nannte, wo sich eine Replik des Nordportals der Ermita wiederfindet. Auch die Stiftung einer hochgestellten Dame wird nicht ausgeschlossen.

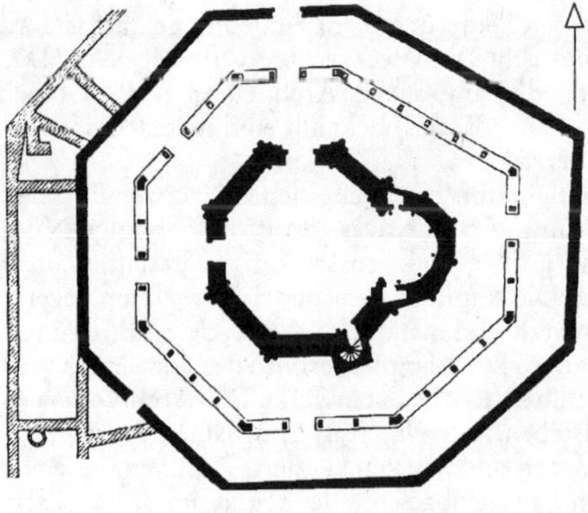

Grundriss Santa María de Eunate

Erste Erwähnung findet die Ermita in einem Dokument von 1251, in dem der Johanniterorden einer Bruderschaft aus dem nahen Ort Obanos das Bestattungsrecht zusprach. Diese Bruderschaft traf sich regelmäßig in der Kirche, um dem Marienkult zu huldigen. Ihre Verstorbenen wurden im Umkreis der Ermita begraben. Die Johanniter sollen in einem Nebengebäude ein Pilgerhospital geführt haben. Als letzter Einsiedler ist 1653 Pedro de Heziera aktenkundig vermerkt. Die heutige Gestalt der Anlage geht auf umfangreiche Restaurierungsarbeiten in den Jahren 1941–43 zurück.

Die Kirche erhebt sich über einem unregelmäßigen oktogonalen Grundriss und wird von einer ebenfalls achteckigen freistehenden Bogengalerie umschlossen, die ihrerseits von einer heute in größeren Teilen rekonstruierten Mauer umgeben ist. Im Osten ist dem Kernbau eine Apsis angefügt, deren Steine teilweise mit Steinmetzzeichen markiert sind, die auch im Kircheninneren und im Treppenturm wiederkehren. Im Süden findet sich ein Treppenturm mit einer Wendeltreppe. Auf dem Dach erhebt sich ein Glockenaufsatz, dessen Datierung nicht eindeutig geklärt ist. Acht abwechselnd acht- und sechseckige Öffnungen im Dach, wie sie aus der arabischen Architektur (z. B. Granada: Alhambra, Baños Reales) bekannt sind, leiten Licht in das Kircheninnere.

Der Kirchenraum erschließt sich über zwei Portale an der Nord- und Westseite. Das gestufte rundbogige Nordportal ist größer und repräsentativer gestaltet als das Westportal. Die Kapitelle über den Säulen zieren vegetabiles Rankenwerk und männliche Köpfe, deren Bärte in Spiralen auslaufen. Die Kämpfergesimse des Gewändes tragen stilisierte Blüten und Rankenwerk. Die Archivolten sind mit Rundstäben, Kugeln, Rankenornamentik sowie mit Phantasiewesen und Masken verziert. Repliken dieses Portals sind im benachbarten Olcoz und im französischen Bains bei Le Puy en Velay zu finden. Das Westportal, üblicherweise der Hauptzugang, spielt hier eine untergeordnete Rolle. Das schlichte Gewändeportal wird von einem einfachen Bogenprofil mit Diamant- oder Sternenornament überfangen.

Im Innenraum werden die Wandflächen durch umlaufende Gesimse horizontal gegliedert. Darüber setzen die Bandrippen des Dachgewölbes an, die im Dachzentrum in einem polygonalen Schlussstein zusammengeführt werden. Die untere Wandzone ist schmucklos gehalten, die obere durch Fenster und Blendbögen strukturiert. Der Übergang zwischen Kirchenraum und Apsis erfolgt in einer großen Bogenöffnung mit seitlich eingestellten Säulenpaaren. Die Kapitelle sowohl im Zentralraum als auch in der Apsis zieren entweder Akanthusblätter oder Tierdarstellungen.

Das markanteste und in der europäischen Baugeschichte einzigartige Element ist die den Zentralbau umgebende Rundbogenarkade, deren Existenz seit dem 13. Jh. belegt ist. Die Kapitelle der Säulen und Pfeiler sind mit Fabelwesen und vegetabilen Ornamenten verziert. Die heutige Anordnung geht auf eine Rekonstruktion aus dem 17. Jh. zurück. Bei den Baumaßnahmen in den 1940er Jahren wurden Grabstellen freigelegt. Die Funktion der Arkade ist bislang ungeklärt. Sie könnte im Hinblick auf eine einstmals mögliche Überdachung zwischen ihr und der heute nur ruinös erhaltenen äußeren Umfassungsmauer als Kreuzgang für die Beherbergung von Pilgern gedient haben.

Die außerhalb der Umfassungsmauer im südlichen Bereich aufgefundenen Reste einer Bebauung und eines Brunnens werden als Relikte der Behausung für den dort ansässigen Eremiten angesehen.

In Puente la Reina vereinigen sich der aragonesische und der navarresische Weg (siehe S. 54).

Provinz La Rioja

Von Logroño über Nájera und Santo Domingo de la Calzada nach Grañon

LOGROÑO (III/IV N) ist die erste Station des Pilgerweges auf dem Gebiet der Provinz Rioja, die als Weinanbaugebiet weltweit höchstes Ansehen genießt. Die Stadt an einer Furt des Río Ebro war ein Zentrum des Keltenstammes der Beronen. Für die Herleitung des Namens werden zwei Versionen angeführt: zum einen von *Gronio/Gronno* (kelt. für ›Furt, Übergang‹) mit dem Zusatz des lateinischen Artikels »lo/illo«, zum anderen von *Lucus Brun / Lucus Beronius* (›Heiliger Ort Berón‹). Die Römer, die den Ort *Varelus* nannten, sollen eine erste Brücke über den Fluss errichtet haben. Zwischen dem 6. und dem 11. Jh. wurde die Stadt durch die Westgoten und im Zuge der maurischen Conquista und christlichen Reconquista mehrfach zerstört. Alfonso VI. verfügte den Wiederaufbau und übergab der Stadt 1095 die Stadtrechte. 1099 erteilte er das Privileg zum Bau der ersten Brücke, die Domingo García und San Juan de Ortega nachgesagt wird. Die Brücke wurde Bestandteil des Jakobswegs. Die enge Verbindung zwischen Stadt und Weg lässt sich dem Motto *la ciudad como el camino* entnehmen.

○ Die **Konkathedrale Santa María de la Redonda** ist seit 1959 für die Diözesen Calahorra und Santo Domingo de la Calzada zuständig, worauf die Bezeichnung Konkathedrale verweist. Die ersten Nachrichten über das Gotteshaus stammen aus dem 12. Jh. Der ehemalige romanische Bau soll einen polygonalen oder runden Grundriss gehabt haben, was sich in dem Namenszusatz *La Redonda* widerspiegelt. Im Jahr 1453 hatte sie den Rang einer Stiftskirche und fusionierte mit dem Kloster San Martín de Albelda. Umfassende Renovierungen folgten ab dem 16. Jh. Die Westfassade der Hallenkirche wurde 1742 umgestaltet.

Zwischen zwei im unteren Bereich schlichten Türmen öffnet sich ähnlich wie in Los Arcos und Viana über die gesamte Fassade eine Höhlung, die in ihrer Gestaltung wie ein Altarretabel aus Stein wirkt. Im Zentrum des Bildprogramms des *Portada de los Angeles* genannten Haupteingangs steht die Madonna mit dem Kind, die von Engeln und den Evangelisten umgeben wird. Die spätbarocken Türme, die im Volksmund *las gemelas* (›die Zwillinge‹) genannt werden, wurden von Juan Bautista Arbaizar entworfen und von Martín Beratúa 1756 beendet. Sie sind Vorbilder für weitere Kirchtürme der Gegend. Die Portale auf der Nord- und Südseite sind dem hl. Martin und der Virgen de la Asunción gewidmet und stammen aus dem 18. Jh. Die Kathedrale birgt zahlreiche wertvolle Kunstgegenstände, u.a. verschiedene Gemälde des niederländischen Malers Gillis de Coingnet (1535–1599). Eine im Chorumgang aufbewahrte Kreuzigung Christi (entstanden um 1540) wird der Schule des Michelangelo Buonarroti zugeschrieben; teilweise gilt sie gar als Original, das Michelangelo für die früh verwitwete Vittoria Colonna gemalt habe, um sie über den Tod ihres 1525 gefallenen Mannes Francisco Ferrante d'Avalos, Marqués de Pescara, hinwegzutrösten.

Die Ursprünge der **Kirche Santa Maria de Palacio** gehen in das 12./13. Jh. zurück. Umformungen folgten im 15./16. und 18. Jh. Das auffälligste Element ist der achteckige, *la aguja* ›die Nadel‹ genannte Vierungsturm, der in das 13. Jh. datiert wird. Seine Seiten sind von Wimpergen mit Lanzettfenstern bekrönt, zwischen denen sich das spitze Turmdach erhebt. Die einem klassizistischen Retabel ähnelnde Hauptfassade ist durch einen Portikus, Doppelsäulen und ein Bildnis der Himmelfahrt Mariens in einer Nische gestaltet. Der Hochaltar wurde um 1550 von Arnold von Brüssel geschaffen.

Das aktuelle Gotteshaus der **Kirche Santiago el Real**, vor dessen Vorgängerbauten sich die Repräsentanten der Stadt zu treffen pflegten, wurde ab 1513 errichtet. Spektakulärster Teil ist zweifellos das Südportal aus dem 17. Jh., an dem der Pilgerweg vorbeiführt: Über dem hochgezogenen Blendbogen mit der Figur des Titularheiligen als Pilger (1662) öffnet sich eine tiefe Nische, in der der hl. Jakobus zu Pferd mit erhobenem, säbelbewehrtem Arm als Santiago *matamoros* zu sehen ist, der über die Köpfe der gefallenen Gegner hinwegreitet (1737). Die polychrome Jakobsfigur des Hauptaltars stammt aus der Zeit der Gotik. Auf der Plaza de Santiago zu Seiten der Kirche ist in der Pflasterung des Platzes das Gänsespiel integriert. Der Pilgerbrunnen mit den Jakobsmuscheln wurde in den 1980er Jahren in Erinnerung an einen älteren Brunnen reaktiviert.

Der Baubeginn der **Kirche San Bartolomé** wird in das späte 12. Jh. datiert, dem in den nachfolgenden Jahrhunderten zahlreiche Veränderungen folgten. Das Hauptportal im Westen stammt aus dem 13. Jh. Die Laibung dieses tiefen Stufenportals mit sechs spitzbogigen schlichten Archivolten trägt eine doppelreihige Blendarkatur. Die untere Reihe ist leer, während in der oberen Reihe ein Reliefzyklus die Vita des Titularheiligen zeigt. Zwischen den beiden Bogenreihen sind kleine Szenen eingefügt, z. B. eine Frau auf dem Totenbett, deren Seele von Engeln in den Himmel getragen wird, oder eine Sirene. Im Tympanon ist Christus der Erlöser über der Reihe der zwölf Apostel zu sehen. Der mächtige Kirchturm aus dem 13./16. Jh. war als Wachturm in das Verteidigungssystem der Stadt eingebunden.

Die **Ermita San Gregorio** wurde 1642 über einem Vorgängerbau errichtet, der an dem Ort stand, an dem der hl. Gregorius, Bischof von Ostia, von Papst Benedikt IX. zur Missionierung in die Rioja geschickt wurde, lebte und im Jahr 1044 verstarb. 1971 konnte beim Abriss das Steinmaterial zum großen Teil gerettet werden. 1994 wurde aus Anlass des 950. Todestages des Heiligen der Memorialbau erneut geweiht.

In das heute als **Museo de la Rioja** umgenutzte Palastgebäude aus dem 18. Jh. zog sich der spanische General und

Politiker Baldomero Espartero (1792–1879) mit seiner Gemahlin Doña Jacinta Martínez de Sicília (1811–1878), Duquesa de la Victoria, nach dem Rückzug aus der Politik zurück. Der Palast wurde gesellschaftlicher Mittelpunkt der Stadt. An den berühmten Abendgesellschaften (*tertulias*) nahmen unter anderem auch die Könige Amadeus von Savoyen und Alfonso XII. teil. Heute ist hier das Provinzmuseum untergebracht, in dem Kunstwerke aus Spanien und der Region vom 12. bis zum 19. Jh. ausgestellt sind, u.a. Werke von El Greco, Juan de Espinosa und Navarrete el Mudo.

Das Stadttor **Del Revellín** ist das letzte der ehemaligen Stadtmauer, in dessen Nähe auch Überreste der Stadtmauer aus dem 12. Jh. zu sehen sind. Das Tor ist alljährlich am 11. Juni, dem Ehrentag des Schutzpatrons der Stadt, des hl. Bernabé, Schauplatz der Patronatsfeste in Erinnerung an den erfolgreichen Widerstand gegen die Franzosen im Jahr 1521.

Von den beiden Brücken über den Ebro ist die **Puente de Piedra** Teil des Pilgerwegs. Ihr ursprünglicher Name *Puente de San Juan de Ortega* wird mit der ersten Brücke in Verbindung gebracht, die nach Meinung einiger Historiker von dem Heiligen im Dienste der Pilger gebaut wurde. Ihr heutiger Nachfolgebau wurde 1884 nach Plänen von Fermín Manso de Zúñiga vollendet und eingeweiht.

Der weitläufige **Platz Espolón** verbindet das alte Zentrum mit der modernen Stadt. Seine Anfänge gehen bis in das Jahr 1757 zurück, als dieses Gebiet außerhalb des damaligen Stadtareals als Promenade angelegt wurde. Als *Paseo de las Delicias*, *Paseo de Extramuros* oder *Paseo de los Reyes* war er 1856 bekannt, weil er mit sechs steinernen Porträtfiguren spanischer Monarchen als Schenkung des Generals Espartero bestückt wurde. Die Mitte des Platzes ziert ein bronzenes Reiterdenkmal dieses Generals, das nach Entwürfen des Architekten Luis y Tomás und in der Ausführung durch den Bildhauer Pablo Gibert im Jahr 1872 eingeweiht wurde. Zu Ehren des Generals wurde der Platz in *Paseo del Principe de Vergara* umbenannt. Die Bronze für die Figur und die umgebenden Löwen stammt aus eingegossenen Kanonen. 1950/60 wurden der Rosengarten mit dem Froschbrunnen (*Fuente de las ranitas*, Werk des Bildhauers Joaquín Lucarini) und die große Brunnenanlage um die Reiterstatue angelegt. 1954 entstand die Konzertmuschel mit der seitlichen Pergola nach den Plänen des Architekten Luis Barrón in Anlehnung an das Vorbild in San Francisco. Nach Umbauten wird sie seit 1996 als Tourismusbüro genutzt.

○ Das **Rathaus** (Casa Consistorial / Ayuntamiento) wurde zwischen 1973 und 1980 nach Plänen des international erfolgreichen navarresischen Architekten und Pritzker-Preisträgers Rafael Moneo errichtet, der u.a. die Bahnstation Atócha in Madrid und das Museum für römische Kunst in Mérida gebaut hat. Die beiden mit Sandstein aus Salamanca verkleideten Gebäudeflügel haben die Form eines Dreiecks. Die Ostfassade ziert ein Bronzebrunnen, Werk des Bildhauers Francisco López, mit zwei Wasserläufen; über einen beugt sich fortwährend eine bronzene Frauengestalt.

⇨ Etwas außerhalb von Logroño, in Agoncillo (III/IV N)
○ am Ebro, sind seit 2007 in der spanischen Museumsdependance des schwäbischen Großindustriellen Würth Kunstwerke des 20. und 21. Jh.s aus der **Sammlung Würth** zu sehen. In der Eröffnungsschau wurden unter dem Thema »Menschliche Figur und Abstraktion« u.a. Werke von Richard Deacon, Anthony Caro, Eduardo Chillida, Jaume Plensa und Miguel Navarro gezeigt.

Der **Stausee** von La Grajera (III/IV N) sichert seit 1883 die Wasserversorgung von Logroño. 1999 wurde das Areal, eines der wenigen Feuchtgebiete der Gegend, als Naturpark ausgebaut. Heute ist die *Via Verde* von Logroño Teil des Pilgerweges.

Vor Navarrete (III/IV N) stand ehemals das Ordenshaus der Johanniter, das 1185 von Doña María Ramírez gegründet wurde und als **Hospital und Hospiz San Juan de Acre** bekannt ist. Die einzigen Relikte des im 19. Jh. zerstörten Gebäudes sind das Stufenportal und zwei mit Sternen verzierte Rundbogenfenster, die heute in die Mauer eines Friedhofes integriert sind. Die fünf spitzbogigen, mit Zickzack-Bändern dekorierten Archivolten ruhen auf den fünf Säulenpaaren des Portals. Die Kapitelle sowohl der Bogenfenster wie auch des Portals sind überaus fein gearbeitet. Neben floralem Dekor sind auch szenische Darstellungen zu sehen: der hl. Georg mit dem Drachen, Kain und Abel, essende und trinkende Pilger, ein Kampf zwischen zwei Reitern – vermutlich zwischen Roland und Ferragut. Über dem Portal prangt eine Rosette. Als Entstehungszeit wird der Übergang vom romanischen zum gotischen Kunststil vor 1200 angenommen.

Die Ursprünge des Ortes Navarrete reichen bis in das 11. Jh. zurück. In seinem Namen spiegelt sich die Grenznähe zu Navarra wider. Durch Alfonso VIII. im Jahr 1195 mit Hilfe großzügiger Privilegien wiederbevölkert, wurde er in den nachfolgenden Jahrhunderten immer wieder zum Zankapfel zwischen den mächtigen Adelsgeschlechtern. In der Altstadt säumen Häuser aus dem 17. und 18. Jh. die Hauptstraße, die den Charme der Stadt ausmachen.

Der Bau der **Kirche Asunción de María** mit vielgestaltigen Kreuzgewölben begann 1533 unter Juan de Vallejo und wurde 1645 entweder durch Juan Pérez de Solarte oder durch Pedro de Aguilera beendet. Das Hauptportal auf der Südseite ist eine Doppelportalanlage, die von korinthischen Säulen flankiert wird. In einer Nische darüber steht eine Figur der María de la Asunción, der die Kirche geweiht ist. Der gegen Ende des 17. Jh.s datierte Hauptaltar mit seinen vergoldeten salomonischen Säulen zählt zu den bedeutendsten Barockaltären in der Provinz Rioja. In der Sakristei ist ein Triptychon von Adrien Ysenbrandt mit Darstellungen der Maria und der hll. Petrus und Johannes zu sehen.

Der kleine Ort VENTOSA (III/IV N) wird erstmals in Dokumenten des 11. Jh.s erwähnt. In der Chronik des Klosters von San Millán von Sandoval wird ein Diplom des Königs von Nájera, Sancho III. el Mayor (reg. 1004–1035) aus dem Jahr 1020 genannt, in dem der König den Ort dem Kloster unterstellt. Ebenfalls erwähnt wird Ventosa in den *fueros* von Nájera und im *fuero* von Logroño, ausgestellt durch Alfonso VI. im Jahr 1095. Für das 16. Jh. wird ein Pilgerhospiz erwähnt. Als Zeugnis für die wirtschaftliche Prosperität der Rioja am Ende des 16. Jh.s gilt die **Kirche Virgen de la Natividad** mit einem vergoldeten Altar, Werk des Architekten Martín de Nalsa und des Bildhauers Antonio de Zárraga aus Arnedo. 1624 erhielt der Altar mit mariologischem Bildprogramm durch Lázaro de Urquiaga seine polychrome Fassung.

Hinter Ventosa beginnt der Aufstieg zum Alto de San Anton, von wo aus sich der Blick über die Provinz weitet.

Die **Kirche Santa María de los Arcos** kurz vor dem Ort TRICIO gehört zu den ältesten sakralen Bauwerken in der Rioja. Die dreischiffige Basilika wurde im 5. Jh. über einem römischen Mausoleum aus dem 3. Jh. errichtet. Dabei wurden ältere Baumaterialien wiederverwendet: Die im Inneren eingesetzten Säulen stammen von einem römischen Gebäude des 1. Jh.s. Die Bögen zwischen den Säulen werden der westgotischen Baukunst Ende des 6., Anfang des 7. Jh.s zugerechnet. Im 18. Jh. wurden die Gipsarbeiten ausgeführt. Im Chorhaupt sind Wandmalereien aus dem späten 12. Jh. zu sehen, die wahrscheinlich die ursprünglich paleochristlichen aus dem 5. Jh. nachzeichnen. Zu sehen sind Szenen der Passion Christi. Die Sockelzone ist mit geometrischem Dekor vom Ende des 12. Jh.s in mozarabischem Stil verziert. Die Sitzfigur der Titularheiligen im Chor, deren Name Virgen de Arcos sich von den Bögen in der Kirche ableitet, ist die Kopie einer schwarzen Madonna aus dem 11. Jh., die sich in der Pfarrkirche von Tricio befindet.

Bei Ausgrabungen in den Jahren 1980/83 wurden eine Reihe von Sarkophagen entdeckt, deren älteste in das 5. und 6. Jh. zu datieren sind. Ferner wurde eine Stele aus Carrara-Marmor mit einem Chrismon gefunden, ein Importstück aus Italien und einzigartig in der Rioja.

Tricio (III/IV N) gehört zu den Orten am Pilgerweg, deren einstige politische Bedeutung heute nicht mehr zu erkennen ist: Das älteste Zeugnis über die Existenz der Stadt datiert aus dem Jahr 154 v. Chr., als der Ort unter dem Namen *Tritium Magallum* eine Gemeinde der römischen Provinz *Hispania Citerior* war. Apian von Alexandria beschreibt den Aufstand der ansässigen Iberer gegen die römische Herrschaft. Der Geograph Ptolemäus benennt den Ort als *Tritium Megalon* – der Namenszusatz Megalon hebt nochmals die große Bedeutung hervor, die der Ort auch im 2. Jh. n. Chr. hatte und die durch archäologische Funde bestätigt wurde. Im 5. Jh. ergriffen die Einwohner Partei für den Bischof Silvano von Calahorra gegen den Papst Hilario. Fur das Jahr 928 ist eine Schenkung der Königin Toda dokumentiert. König Sancho III. el Mayor nennt Tricio in der Liste der Gemeinden, denen er das *fuero de Nájera* übergab. 1658 wurde die Stadt durch Philipp IV. für unabhängig erklärt und gehörte später zu den Gütern der Herzöge von Nájera. Am 6. Oktober 1833 ernannte hier der General Santos Ladrón de Cegama als erster den Bourbonen Don Carlos, Sohn von Carlos IV. und María Luisa von Parma, zum König (Carlos V.), womit der erste Karlistenkrieg begann.

Nájera (III/IV N) spielte in der Frühzeit der Konstituierung der christlichen Königreiche im Norden Spaniens eine herausragende Rolle, die sich heute vor allem in dem Klosterkomplex von Santa María la Real noch nachvollziehen lässt. Der Ort liegt eingebettet zwischen den Hügeln Monsarroso und Malpica am Fluss Nájerilla, von dem der Name Nájera (arab., ›Ort zwischen den Felsen‹) abgeleitet wurde. Archäologische Überreste weisen die Besiedlung der Region schon seit der Bronzezeit nach. Während römischer Zeit gehörte der Ort in das Einzugsgebiet von Tritium (Tricio). Im 9. Jh. wurde die Siedlung von den Arabern besetzt, die wahrscheinlich auch eine Burg in den Hügeln zur Sicherung der Grenzregion bauten. Mit der Eroberung durch den König Sancho Garcés I. von Pamplona im Jahr 923, die gemeinsam mit König Ordoño II. von León erfolgte, begann der Aufstieg der Stadt zum wichtigsten Zentrum der Region. Als im Jahr 924 Pamplona durch Abd al-Rahman zerstört wurde, verlegte García Sanchéz von Nájera-Pamplona seine Residenz in dieses Gebiet und betrieb systematisch die Wiederbesiedlung der Region durch christliche Siedler. Das Königreich Nájera-Pamplona umfasste die heutigen Provinzen La Rioja, Navarra, Guipúzcoa, Vizcaya und Alava sowie Teile von Burgos, Aragón und Südfrankreich. Sancho III. el Mayor (1004–1035) errichtete einen Palast, gab den Einwohnern ein *fuero* und ließ um 1030 die Pilgerroute durch Nájera hindurch verlegen. Wahrscheinlich nutzten die Pilger die alte römische Straße von dem nahe gelegenen Tricio kommend. Nach seinem gewaltsamen Tod übernahm sein erstgeborener legitimer Sohn García Sánchez III. die Regentschaft über Navarra. Da er in Nájera geboren wurde, trägt er den Zusatznamen *el de Nájera*. Auf ihn geht auch die Gründung des Klosters Santa María la Real zurück, dessen Pantheon seine Grabstätte birgt. Während der Regentschaft seines Nachfolgers Sancho IV. el de Peñalen wurde in dem Kloster im Jahr 1067 ein Konzil abgehalten, in dessen Verlauf die Einführung des römischen Kirchenritus anstelle des bis dahin gefeierten mozarabischen beschlossen wurde. Nach der Ermordung Sanchos IV. durch seine Brüder und infolge der politischen

Wirren übernahm Alfonso VI. von Kastilien die Regentschaft über die Rioja und gliederte sie Kastilien an. Damit endete das unabhängige Königreich von Nájera, doch spielte der Ort in den nachfolgenden Jahrhunderten weiterhin eine politisch wichtige Rolle.

Über die Gründung des **Klosters Santa María la Real** berichtet folgende Legende: Während eines Jagdausflugs ließ König García Sánchez III. el de Nájera seinen Falken einem Rebhuhn (andere Überlieferungen sprechen von einer Taube) nachjagen. Die beiden entschwanden seinem Blick. Auf der Suche nach den Vögeln kam er zu einer beleuchteten Höhle. Hier stand das Bildnis der Jungfrau Maria mit dem Kind, flankiert von beiden Tieren. Er plante daraufhin den Bau von Kloster und Kirche, deren erster Bauabschnitt 1052 eingeweiht wurde. Eine zweite Weihe erfolgte 1056. Alfonso VI. übergab den Klosterkomplex im Jahr 1079 in die Obhut der Benediktiner von Cluny, in deren Abhängigkeit er bis 1486 verblieb. Die Säkularisierung im Jahr 1835 brachte eine Plünderung der Kirchenschätze mit sich; die Gebäude dienten als Lager, Schule, Tanzlokal, Infanteriekaserne. Erst mit der Einstufung als künstlerisch-historisches Denkmal im Jahr 1889 fand eine Rückbesinnung statt. 1895 zog eine Gemeinde von Franziskanermönchen in das Kloster ein, die sich um den Erhalt des Komplexes bemühte, seit 1959 in Form einer Stiftung, an der auch der spanische Staat und die Provinzialräte von La Rioja, Navarra, Vizcaya und Alava beteiligt sind. Nationale Bedeutung erhält das Kloster – wie San Juan de la Peña oder das Panteón de los Reyes in León – durch seine Funktion als königliche Grabstätte. Von außen wirkt der Komplex geschlossen und durch seine Rundtürme wehrhaft. Sein Glanz eröffnet sich erst im Inneren.

Kreuzgang de los Caballeros: Der Zugang zur Kirche und zum Kreuzgang führt durch das Tor Carlos' I. (Karl V.), das von den Benediktinern aus Dankbarkeit für die großzügigen Schenkungen des Habsburger Monarchen, ○○○

die den Bau des Kreuzgangs de los Caballeros ermöglichten, errichtet wurde. Das Holzportal wird von einer Kombination aus Korb- und Kielbögen mit reicher spätgotischer Ornamentik und einem *alfiz* mit Fialen-Schmuck umrahmt. In dem Wappenfeld darüber ist das Wappen Karls V. mit seinem Motto »Plus Ultra« auf einem Schriftband zwischen zwei Säulen zu sehen. Der Kreuzgang wurde in zwei Abschnitten errichtet: der untere zwischen 1517 und 1528 und der obere zwischen 1578 und 1581. Während der untere Kreuzgang der Spätgotik isabellinischer Prägung verhaftet ist, zeichnet sich der obere Kreuzgang durch strenge Renaissance-Formen aus. Der untere Kreuzgang ist mit Sternengewölben überdacht; die Wandöffnungen zum Hof sind durch zierliche Kandelaber unterteilt, die sich in den Tympanonfeldern zu einem grotesken Gewirr aus fein gearbeiteter floraler Ornamentik mit Tier- und Menschenköpfen entwickeln. Beiderseits der Fensteröffnungen und auf der gegenüberliegenden Wandseite stehen auf Konsolen stark beschädigte Skulpturen. Als Grabstellen sind im Kreuzgang besonders diejenigen der Königin Mencia López de Haro (gest. 1272), ihrer Geschwister sowie des Ritters Garcilaso de la Vega (gest. 1367), das Mausoleum für Diego López de Haro (1170–1214), einen der christlichen Heerführer in der Schlacht von Tolosa 1212, und seiner zweiten Frau Toda Pérez de Azagra (gest. 1216) hervorzuheben. Eine mit Arabesken reich verzierte Holztür aus dem frühen 16. Jh. führt in die Kirche.

Kirche: Die heutige gotische Kirche wurde zwischen 1422 und 1453 auf den Fundamenten der romanischen Kirche errichtet. Der dreischiffige, schlicht gestaltete Innenraum wird von einem Sterngewölbe überdacht. Im Zentrum des Hauptaltars, der Ende des 17. Jh.s datiert wird, steht jenes legendäre Bildnis der Jungfrau, das García Sánchez III. in der Höhle gefunden haben soll. Die Holzfigur ist nur auf der Vorderseite bearbeitet, die farbige Fassung wurde 1948 rekonstruiert. Dieser Figur zu Ehren gründete

García Sánchez III. den Orden der Caballeros de la Terraza, den ältesten Ritterorden auf hispanischem Boden. Das Bildnis der Jungfrau wird vor vergoldetem Hintergrund flankiert von den Figuren der hll. Benedikt und Escolástica, dem Begründer und der Begründerin des Ordens der Benediktiner und Benediktinerinnen. In drei Nischen sind eine Vase mit Lilien, eine Lampe und eine Glocke zu sehen, drei Gegenstände, die am Tag der Entdeckung der Madonnenfigur in der Höhle standen. Auf drei Bildfeldern in der oberen Zone ist die Geschichte der Auffindung und darüber Christus am Kreuz mit Maria und Johannes dem Täufer dargestellt. Links an den Hauptaltar schließt sich die Gruft der Herzöge von Nájera an, die aus der Familie der Manrique de Lara stammten. Auf der Epistelseite der Kirche wurden nach der Restaurierung der Kirche in der sogenannten **Prinzengruft** die Mitglieder der beiden aus dem Geschlecht der Könige von Nájera hervorgegangenen Königsfamilien aufgebahrt, wobei die Reihenfolge ihrer Auffindung beibehalten wurde.

Hervorzuheben ist der Sarkophagdeckel des Grabmals der Blanca von Navarra (Ehefrau von Sancho III. von Kastilien, gest. 1156), einziges originales Stück der mittelalterlichen Grablege. Die Reliefplastiken zeigen den Tod der Königin, deren Seele in den Himmel entschwebt, das Gleichnis der klugen und der törichten Jungfrauen, die Anbetung der Heiligen Drei Könige und den Kindermord von Bethlehem sowie, einzigartig an dieser Stelle, einen Christus Pantokrator auf der Oberseite. Auf der Westseite schließt OOO sich die Gruft der Könige von Nájera-Pamplona an, die von zwei steinernen Wächtern bewacht wird. Die originalen Sarkophage haben sich nicht erhalten, vielmehr entstammt die gesamte Anlage dem 16. Jh. und erinnert, zumal mit den beiden knienden Figuren des Kirchenstifters García Sánchez III. de Nájera und seiner Frau Estefania Berenguer de Foix links und rechts des Eingangs zur Höhle an das Pantheon im Kloster von San Lorenzo el Escorial. Durch eine mit einem Eisengitter bewehrte Pforte führt der Weg zu jener legendären Höhle, in der König García das Bildnis der Jungfrau fand. Die heute an dieser Stelle befindliche Figur der Nuestra Señora de la Rosa ist eine Arbeit aus dem 14. Jh.

Das schöne zweireihige Gestühl des Hochchores wurde zwischen 1493 und 1495 von der Werkstatt der Brüder Andrés und Nicolás Amutio im Auftrag des ersten von Cluny unabhängigen Abtes Pablo Martínez de Uruñuela geschaffen. Es zeichnet sich durch besonders qualitätvolle Schnitzereien aus, die ihre Motive aus der Tier- und Pflanzenwelt und der gotischen Maßwerkornamentik beziehen. Kleinere Bildfelder zeigen u. a. Pilger, Jakobsmuscheln und die Köpfe von Afrikanern. Die Miserikordien tragen realistische Gesichter, Totenschädel, Monsterdarstellungen. Die Wangen der Aufgänge sind mit der Darstellung eines Narren und einer adligen Dame mit Hündchen verziert. Links vom Aufgang zum Abtsitz ist ein Relief mit der Darstellung der Jungfrau Maria mit Kind zu sehen. Hinter dem Abtsitz steht in erhöhter Position die Figur des Kirchenstifters König García Sánchez III. Über dem Gestühl bedecken drei Gemälde die Wandfläche. Im ersten Register, das im 16. Jh. entstand, sind in einer Galerie sechs königliche Paare dargestellt, die durch Inschriften identifizierbar sind. Darüber ist eine Landschaft erkennbar. Das halbrunde Wandfeld darüber zeigt die Benediktinerfamilie. Beide Darstellungen stammen aus der Zeit um 1700.

Real Capilla und Pfarrkirche Santa Cruz: Seit dem frühen 12. Jh. wurde eine Kapelle der romanischen Klosterkirche als **Pfarrkirche Santa Cruz** genutzt. In der Folgezeit kam es immer wieder zu Querelen zwischen den Mönchen des Klosters und den Klerikern der Pfarrkirche, weshalb eine Bulle von Papst Julius II. aus dem Jahr 1552 schließlich die Errichtung eines eigenen Gotteshauses genehmigte. Die Arbeiten begannen unmittelbar anschließend, doch erfolgte 1587 ein Planwechsel. Errichtet wurde nun eine dreischiffige Hallenkirche mit Vierung und Apsis.

Das neue Gotteshaus wurde 1611 geweiht, doch setzten sich die Bauarbeiten bis in das Jahr 1634 fort. Nach dem Einsturz einer Kirchenseite konnten die Arbeiten endgültig erst 1644 beendet werden. Die Sakristei wurde zwischen 1651 und 1660 errichtet, die *Capilla de San Prudencio* 1675, die Vierungskuppel 1682 aufgesetzt.

Von der **Burg Mota** auf dem gleichnamigen Berg *Cerro de la Mota* ist heute noch auf der Ostseite der Graben und das dazugehörige Mauerstück mit Türmen und einer quadratischen Geschützstellung mit eingewölbter Zisterne zu sehen. Es ist der Überrest der bis Ende des 16. Jh.s strategisch wichtigen Burg, deren Ursprünge bis in umayyadische Zeit zurückreichen. Hier logierten Karl V. und Philipp II. während ihrer Besuche in Nájera. Bereits um 1650 lag die Burg in Ruinen.

Das Gebiet Malpica nördlich des Klosters Santa María an den Berghängen des Malpica wurde ehemals von den jüdischen Einwohnern Nájeras mit weitgehender Autonomie und eigenen *fueros* bewohnt. Der Bezirk war von einer Mauer umgeben und hatte eine eigene **Burg**. Den größten Glanz durchlebte die jüdische Gemeinde in der ersten Hälfte des 14. Jh.s, doch bereits im Jahr 1360 kam es durch Enrique II. de Trastámara zu einem Pogrom. Zusammen mit den Mauern um die Burg Mota, des Alcázar und des Stadtbezirks zählte die Mauer von Malpica zum komplexen System eines Verteidigungswerks, das heute noch im Verlauf der Straßen nachvollziehbar ist. Einzige Reste sind ein Tor auf der Plaza de la Estrella und das daran anschließende Mauerstück.

An der **Brücke San Juan Ortega** wird der legendäre Kampf zwischen Roland, dem Anführer des Heeres Karls des Großen, und dem riesenhaften Ferragut, dem Verteidiger auf maurischer Seite, lokalisiert. Bereits im 10. Jh. soll hier eine Brücke in Nájera gestanden haben, die in dem *fuero* von 1030 erwähnt und im Jahr 1152 durch den hl. Juan de Ortega repariert und danach immer wieder ausgebessert wurde. 1866 wurde die alte Brücke durch eine neue ersetzt, die 2003 verbreitert wurde, um dem hohen Verkehrsaufkommen gerecht zu werden.

Der Name der Stadt Azofra (III M) soll auf arabische Ursprünge zurückgehen; er bedeutet soviel wie ›die Verpflichtung der Vasallen zur Arbeit an den Ländereien ihrer Herren als Gegengabe für eine kleine Rekompensation‹. Die Gründung der Stadt erfolgte im Zusammenhang mit den Pilgerfahrten nach Santiago, deren Route quer durch die Stadt verläuft. Erstmals quellenkundlich erwähnt wird der Ort 989 durch eine Schenkung des navarresischen Königs García Sánchez I. an das Kloster San Juan de la Peña. Die **Pfarrkirche Nuestra Señora de los Angeles** wurde zwischen dem 17. und 18. Jh. wahrscheinlich über einem Vorgängerbau errichtet. Am Kirchenschiff angebaut ist eine kleine Pilgerherberge, die auf Initiative einer Gruppe von Kölner Santiagofreunden eingerichtet wurde. Über dem Eingang ist eine Jakobus-Darstellung in Mosaikfliesen (*azulejos*) zu sehen. Das ehemalige **Haus der Grafen von Hervías** ist, beispielhaft für eine ganze Reihe älterer Häuser, mit dem Wappen der Adelsfamilie und drei Türmchen über dem Eingangsportal mit Inschriften: *Por mi Patria* (›Für mein Vaterland‹), *Por mi Rey* (›Für meinen König‹), *Por mi ley* (›Für meine Treue‹) dekoriert.

⇨ ◠◠ ○○ Auf dem Weg zu den Monasterios de la Cogolla, den Klöstern von Suso und Yuso, führt der Weg durch den Ort Cañas (III M), dem Wohnort des hl. Dominikus von Silos, dessen Besuch vor allem wegen des **Zisterzienserklosters Santa María la Real** lohnt. Das Nonnenkloster datiert bis in das 12. Jh. zurück, auch wenn sich aus dieser Zeit nur wenige Zeugnisse erhalten haben. In der Kirche überwiegen die gotischen und renaissancezeitlichen Bauteile; der Kreuzgang wurde im 17. und 18. Jh. in klassizistischem Stil vollendet; die Wohnräume der Nonnen datieren in das 19.

und 20. Jh. Bemerkenswert ist die dreischiffige Kirche mit Kreuzrippengewölbe, deren Fenster mit Alabasterscheiben geschlossen sind, die den Raum in ein diffuses Licht tauchen. Der Hauptaltar aus dem 16. Jh. von Andrés Melgar und Guillén de Holanda wurde 1975 versetzt, um den ursprünglichen Raumeindruck mit freiem Lichteinfall wiederherzustellen. Die Marienfigur im Zentrum des Retabels stammt aus dem 14. Jh.; die Figuren zu ihren Seiten, die die Ordensväter (den hl. Benito de Nursia und den hl. Bernhard von Clairvaux) darstellen, stammen aus dem 17. Jh. In einem der Kirchenjoche aus dem 13. Jh. sind die Reste des ursprünglichen Dekorationsprogrammes zu erkennen, das den Vorstellungen des hl. Bernhard entsprach. Im Kapitelsaal (12./13. Jh.) des Kreuzgangs steht der Sarkophag der Äbtissin Doña Urraca López de Haro (Äbtissin 1225–1262), Tochter der Klosterstifter Don Lope Diáz de Haro und Doña Aldonza Ruiz de Castro, auf dessen Seitenwänden ein Trauerzug der Adligen und Kleriker, die sich teilweise die Haare zum Zeichen der Trauer raufen, und die Aufnahme der Äbtissin im Himmel zu sehen ist. Die Kunstschätze des Klosters sind in seinem Museum ausgestellt, u. a. die wertvolle Reliquiensammlung.

Der Name der Klosteranlage **San Millán de la Cogolla** (Suso y Yuso; III M) leitet sich von dem Titularheiligen ab: Das dem hl. Aemilianus geweihte Kloster entstand um seine Höhle am Rande der Sierra de la Demanda, in die er sich nach der Schulung zum spirituellen Leben durch den Eremiten Felix (San Felices) zurückgezogen hatte. Er lebte dort, nachdem er einige Jahre als Gemeindepfarrer seines Heimatdorfes Berceo gewirkt hatte, ganz in der Hinwendung zu Gott und ernährte sich von den Pflanzen des Waldes. Er verstarb fast hundertjährig im Jahr 547. Die Vita des Heiligen verfasste zwischen 631 und 645 der später heiliggesprochene Bischof Braulio von Zaragoza auf der Grundlage von Zeugenaussagen. Im 11. Jh. avancierte der Klosterkomplex zu einem Pilgerziel, möglicherweise durch diejenigen Mönche, die in Nájera ein Pilgerhospital betrieben. Aus der Reihe dieser Mönche ging auch Dominikus (1041–1073) hervor, der später Abt des Klosters von → Silos und nach seinem Tod dessen Titularheiliger werden sollte. Auch der Dichter Gonzalo de Berceo (1180–1246) stammt aus der Gemeinschaft um den hl. Aemilianus. Er besang als erster die Vita des Heiligen in kastilischen Versen und sorgte so für deren weite Verbreitung. Die Gebeine des Eremiten wurden auf Veranlassung des Königs García Sánchez III. von Navarra und der Königin Muniadonna im Jahr 1030 dem Grab entnommen und 1067 in der von Meister Engelremnus aus dem Rheinland und seinem Sohn Redolfus geschaffenen *Arca de San Millán* (heute in der Sakristei des Klosters de Yuso) endgültig beigesetzt. Auf diesem Kasten wurde auf 22 Elfenbeintafeln, von denen 16 erhalten sind, das Leben des Heiligen dargestellt gemäß der Überlieferung durch Bischof Braulio. Das Kloster hatte ein berühmtes Skriptorium, aus dem u.a. der 994 vollendete *Codex Aemilianus*, ein *Beatus*-Codex und der *Manuale muzarabicum* hervorgingen. Ferner wurden hier qualitätvolle Elfenbeinschnitzereien angefertigt.

Der heutige Klosterkomplex besteht aus der Anlage San Millán de *Suso* (altkastilisch für ›oben‹), die im 10. Jh. geweiht wurde, und der Anlage San Millán de *Yuso* (altkastilisch für ›unten‹) talabwärts aus dem 11. Jh. Beide Anlagen wurden 1997 als Weltkulturerbe unter den Schutz der UNESCO gestellt.

Wann genau die ersten Arbeiten an der in einsamer Berghöhe gelegenen Kultstätte **San Millán de Suso** begannen, ist unbekannt. Die schriftlich bezeugte Weihe eines Gotteshauses für die Jahre 959 und 984 werden mit Umbauten in Zusammenhang gebracht. Auch in den nachfolgenden Jahrhunderten wurde der Bau, wie im Mauerwerk erkennbar, erweitert. Die heutige Kirche, die den Grabhöhlen vorgelagert ist, besteht aus einer Vorhalle und einem zweischiffigen

Langhaus mit angeschlossenen rechteckigen Apsiden. Das Südportal mit seinem Hufeisenbogen ruht auf Doppelsäulen, deren Kapitelle in Kerbschnitt gearbeitete florale und geometrische Ornamente zieren. Auch im Inneren sind Hufeisenbögen ein Charakteristikum des ältesten Bauabschnittes. Das Dach ruht auf Konsolen mit dem für die mozarabische Architektur charakteristischen Röllchenfries. Die Kirche dient als Mausoleum der Königinnen von Navarra und von sieben Infanten von Lara, einem der vornehmsten Adelshäuser der Gegend.

Das talabwärts angesiedelte Kloster **San Millán de Yuso** wurde 1053 von König García Sánchez III. de Nájera gegründet und bereits 1067, mit der Überführung der Gebeine des Heiligen, geweiht. Bis 1835 unterstand das Kloster dem Benediktinerorden; seit 1876 wird es von den Augustinern geführt. Im 16. Jh. wurden an dem romanischen Komplex umfangreiche An- und Umbauten im sogenannten Desornamentado-Stil durchgeführt, die sich bis in das 17. und 18. Jh. zogen. Der große Klosterkomplex umfasst heute neben der Kirche u. a. zwei Kreuzgänge, die die verschiedenen Bauphasen dokumentieren; ein Teil der ehemaligen Mönchszellen und eine der Abtwohnungen wurden in ein komfortables Hotel umgewandelt. Das Portal mit korinthischen Säulen und einem Relief des reitenden San Millán *matamoros* wurde 1554 von dem italienischen Künstler Andrés de Rodi geschaffen. Der Hauptaltar der sterngewölbten Kirche wurde 1657 mit Gemäldetafeln von Juan Ricci (1600–1681) vollendet, in deren Zentrum eine Darstellung der legendären Schlacht bei Hacinas steht. In der Sakristei sind die Reliquienschatullen des hl. Aemilian und seines Meisters Felix zu bewundern. Der Salón de los Reyes wartet mit einem Porträtzyklus spanischer Grafen und Könige von Juan Ricci auf, die jedoch nicht vollständig der Realität entsprechen: Sancho III. Gárces von Navarra (um 990–1035) trägt den Kopf des spanischen Schriftstellers Lope de Vega (1562–1635).

Santo Domingo de la Calzada (III M) war eine der wichtigsten Stationen am Pilgerweg, zum einen wegen der aufopfernden Frömmigkeit des Ortsgründers im Dienst der Jakobspilger, zum anderen wegen der seit dem Mittelalter lebendigen Legende um das Hühnerwunder, über das der *Codex Calixtinus* folgendes berichtet: Um 1090 seien deutsche Pilger nach Santiago gegangen. Ein Wirt habe in ihren Kleidern einen Silberbecher versteckt, woraufhin nach Entdeckung des Diebstahls der Sohn zum Tode durch den Strang verurteilt wurde. Als die Eltern 36 Tage später aus Santiago zurückkehrten, fanden sie ihren Sohn lebend am Galgen vor. Jakobus habe ihn gehalten. Statt des Sohnes wurde daraufhin der Wirt gehängt. Im 15. Jh. wurde diese Version dahingehend verändert, dass sich die Wirtstochter in den Sohn verliebt habe. Da dieser sie aber verschmähte, rächte sie sich an ihm durch den vermeintlichen Diebstahl. Die Eltern laufen, als sie nach der Rückkehr aus Santiago den Sohn lebend vorfinden, zum Richter, der sich gerade zu Tisch zu seinem Mahl, bestehend aus einem gebratenen Hahn und seiner Henne, setzen wollte. Dieser wehrte ab und sagte: »Euer Sohn ist so lebendig wie hier die gebratenen Hühner auf meinem Tisch«, woraufhin die gebratenen Hühner zum Leben erwachten und aus dem Fenster flogen. Das Motiv des Hühnerwunders erfuhr viele Variationen; seit dem 14. Jh. wird es auch in Santo Domingo de la Calzada lokalisiert und die Errettung des Sohnes auch dem hl. Dominikus zugeschrieben. Mit der Legende ist zum einen das Motiv der verschmähten Liebe, zum anderen das der Bewahrung der Keuschheit verbunden.

Der Name des Ortes geht auf den Gründer, Santo Domingo de Viloria (1019 – 12. 5. 1109) zurück. Nachdem seine Aufnahme in die Benediktinerklöster sowohl in Valvanera als auch in San Millán gescheitert war, entschloss er sich, Eremit zu werden. In Logroño ließ er sich von Gregorius von Ostia unterweisen, mit dem er 1040 nach Santiago pilgerte. Nach Gregorius' Tod ließ Santo Domingo sich in

Fayal am Fluss Oja nieder, einem sumpfigen und waldreichen, an den Grenzen von Kastilien, Navarra und Aragón gelegenen Gebiet. Seine Dienste für die Jakobspilger fanden Unterstützung auch durch Alfonso VI. von Kastilien, der 1076 die Provinz Rioja erobert hatte. Auf seine Initiative hin sollen die Straße zwischen Nájera und Recedilla ausgebaut und gepflastert (*calzada*) sowie die 24bogige Brücke über den Oja errichtet worden sein, außerdem eine Kirche, die 1105 noch zu seinen Lebzeiten geweiht wurde, und ein Pilgerhospiz, in dessen heute als *Parador nacional* genutztem Nachfolgebau sich einige gotische Spitzbögen erhalten haben. 1168 wurde der Ort mit weiteren königlichen Stiftungen bedacht, die den Bau einer neuen Kirche am Grab des Heiligen ermöglichten. Der Ruhm des Ortsgründers ließ die Stadt schnell wachsen, nachdem sie durch König Alfonso VIII. 1187 und 1207 mit den *fueros* begabt worden war. Um die Kathedrale herum entwickelten sich verschiedene Stadtteile, die im 14. Jh. auf Befehl König Pedros I. von Kastilien mit einer mächtigen Stadtmauer umgeben wurden. Die Mauer umfasste 38 Wachtürme auf einer Gesamtlänge von 1670 m und hatte sieben Tore. Die Überreste der Türme sind heute Heimstatt der Störche geworden, einem Wahrzeichen der Stadt.

Die legendäre **Brücke** des Santo Domingo wurde 1044 anstelle der weiter flussaufwärts gelegenen römischen Brücke an einer engen Stelle des Oja errichtet, deren Terrain die für die Fundamente notwendige Festigkeit bot. Die Verlagerung der Brücke bewirkte eine Änderung des Pilgerweges, der nunmehr weiter westlich der zuvor genutzten römischen Straße verlief. Die Brücke schwingt sich heute in 16 Bögen mit mächtigen Stützpfeilern über den Fluss.

Calzada hat ähnlich wie Viana eine Reihe ehemaliger Adelspaläste zu bieten. Als ein Beispiel ist hier der **Palast der Trastámara** zu nennen, der zu den ältesten Gebäuden der Stadt gehört und eines der wenigen verbliebenen gotischen Wohnhäuser in der Rioja ist. Hier lebte und starb

Enrique II. von Kastilien aus der Dynastie der Trastámara. Nach Umbauarbeiten wird das Gebäude heute als Bibliothek und Büro der Touristeninformation genutzt. Weitere Wohnbauten aus dem 16. und 17. Jh. haben sich im Altstadtgebiet erhalten.

Die **Kathedrale** zählt zu den frühesten spanischen Bauten, in dem sich erste aus Frankreich importierte frühgotische Einflüsse durchsetzten. Mit dem Bau der dreischiffigen Anlage mit Chorumgang und Chorhauptkapelle an der Stelle eines quellenkundlich bekannten Vorgängerbaus wurde, wie den *Anales Compostelanos* zu entnehmen ist, 1158 nach Plänen des Meisters Garçión begonnen, dessen Heimat in Frankreich vermutet wird. 1235 war die Kirche vollendet. Im frühen 16. Jh. wurde sie erweitert und das bis dahin außerhalb der Kirche gelegene Grab des hl. Dominikus in das Südschiff einbezogen. Von außen wirkt der Kathedralkomplex, an den sich im Norden ein Kreuz-

Santo Domingo de la Calzada, Kathedrale, Sterngewölbe

gang anschließt, unübersichtlich. Im Westen, sonst Ort des Hauptportals, ist nach französischem Vorbild eine mächtige spitzbogige, in die Zeit um das 13. Jh. datierte Vorhalle vorgelagert; das Hauptportal aus dem späten 18. Jh. findet sich heute in der Südseite. Neben dem Titularheiligen sind die hll. Emeterius und Celedonius zu sehen. An der Südflanke errichteten 1762–67 Martín de Beratúa und seine Söhne den 69 m hohen barocken Glockenturm. Mit zunehmender Höhe steigerte er den Reichtum des Bauschmuckes und die Kompliziertheit des Aufbaus, die vom quadratischen Grundriss über das Achteck bis zur abschließenden runden Laterne reicht. Die *Obradoiro*-Fassade der Kathedrale von Santiago de Compostela scheint hier bereits ihre Schatten vorauszuwerfen.

Das spätromanische Chorhaupt, mit dem im 16. Jh. eingefügten Sterngewölbe stellt den ältesten Teil der Kathedrale dar, von dem jedoch nur die Mittelapsis zum Originalbestand zählt. Von der romanischen Kirche sind ferner das nördliche Querhaus und die drei westlichen Joche des Schiffs erhalten. Die fein gearbeitete Kapitellplastik aus der Zeit vor 1200 an den Vierungspfeilern und im Chorumgang, die mit ihren Versprüngen die Umbauphasen dokumentiert, zeigt u. a. folgende Themen: Christus Pantokrator mit seinen Wundmalen, gefolgt von einem Zug Engel mit den Marterwerkzeugen; die Himmelfahrt Mariä; zwei raufende Gestalten; die törichten und die klugen Jungfrauen, darüber die 24 Ältesten der Offenbarung Johanni mit Musikinstrumenten und Duftdosen; Drachen; die Wurzel Jesse; die Dreifaltigkeit; der musizierende König David. Den Hochaltar, der heute im Seitenschiff untergebracht ist, schuf zwischen 1537 und 1540 Damián Forment. Der Chor ist ein Werk von Andrés de Nájera und Guillén de Holandas aus dem Jahr 1520. Auf den Holzreliefs hinter den Sitzen sind Heiligenfiguren zu sehen, hinter dem Sitz des Abtes diejenige des hl. Dominikus. Das Grabmemorial mit der Liegestatue des hl. Dominikus aus dem 12. Jh. empfängt den Pilger gleich hinter dem Südportal unter einem spätgotischen Alabasterbaldachin aus dem Jahre 1513 (nach Entwürfen des Felipe de Borgoña). An der Querschiffwand gegenüber befindet sich ein spätgotischer Käfig (ebenfalls nach Entwürfen des Felipe de Borgoña) mit einem lebenden Paar weißer Hühner, die an das legendäre Hühnerwunder erinnern.

Grañon (III M) ist der letzte Ort in der Provinz Rioja, die hier an die Provinz Burgos angrenzt. Die *Cronica Najerensis* berichtet von einer Burg, die unter dem asturischen König Alfonso III. um 885 auf einem Hügel namens Mirabel im Nordosten des Platzes errichtet wurde. Diese Burg war Teil der Grenzlinie, die das asturisch-leonesische Reich vor den Angriffen der Umayyaden schützen sollte. Unterhalb und im Schutz der Burg wurden nach und nach kleine Weiler errichtet. Die Ansiedlung um das damalige Kloster San Juan, an dessen Stelle heute die **Kirche San Juan Bautista** steht, erhielt 1187 die *fueros.* Bei dieser Stadtgründung wurde, wie so häufig im Mittelalter, auf das römische Straßenschema von *cardo* und *decumanus* – d.h. die nord-südliche bzw. ost-westliche Achsenausrichtung – zurückgegriffen. Ausgangspunkt war dafür die Wiederherstellung eines alten römischen Verkehrsweges für den Pilgerstrom durch Domingo García (später als Domingo de la Calzada verehrt). Der alte Pilgerweg durchquerte den Ort in Längsrichtung von Ost nach West. Durch die Verlegung der Grenzlinien der christlichen Königreiche nach Süden verlor der Ort in den nachfolgenden Jahrhunderten an politischer Bedeutung. Zu den Legenden von Grañon gehört diejenige der Mutigen (*La leyenda de los valientes*), in der es um einen Streit zwischen Grañon und Santo Domingo de la Calzada um den Besitz einer *dehesa*, einer Eichenweide, ging, die die Einwohner von Grañon als ihr Eigentum betrachteten, die von den Bewohnern von Santo Domingo aber weiterhin benutzt wurde. Die Beendigung des Zwistes sollte durch den Kampf zwischen zwei Mitgliedern der beteiligten Gemeinden entschieden werden. Aus diesem Kampf ging Martín García für Grañon als Sieger hervor. Zur Erinnerung wurde an der Stelle des Kampfes ein Kreuz aufgestellt, das *Cruz de los Valientes*, das von der Straße aus sichtbar ist.

Die Wegeführung des Jakobsweges durch Grañon brachte die Einrichtung zahlreicher Sakralbauten im Ort mit sich. Die Straßen im Stadtkern säumen noch heute Wohngebäude aus dem 16. und 17. Jh., die mit ihren Wappenschilden an die ehemaligen Bewohner erinnern. Von den ehemaligen Waschplätzen (span. *lavadero*) haben sich zwei erhalten: Das am Ende der Calle Las Cercas stehende Wasserbecken mit abgeschrägten Kanten stammt aus dem 18. Jh.; der zweite Waschplatz in der Mitte der Calle Las Cercas wurde zwischen 1862 und 1864 eingerichtet und später erweitert. Im 20. Jh. wurden zwei neue Plätze geschaffen: die Plaza de Ávila mit einem 1926 installierten Brunnen in Form einer Säule mit Wasserspeier und Muschelbecken und die Plaza del Hórreo vor dem Rathaus, auf dem seit den 1990er Jahren ein Brunnen für die durchziehenden Pilger steht.

Die **Kirche San Juan Bautista** wurde im 15. und 16. Jh. an der Stelle des alten Klosters San Juan errichtet und im 17. und 18. Jh. um eine neue Sakristei und den Turm erweitert. Zu den Ausstattungsstücken gehört als einziger Überrest des ehemaligen Klosters das Taufbecken aus dem 12. Jh. Der zwischen 1545 und 1556 entstandene Altar ist sowohl Johannes dem Täufer als auch Johannes dem Evangelisten geweiht. Als beteiligte Künstler werden Natura Borgoñón für die Predella, Bernal Forment und Juan de Beaugrant für die Skulpturen und Francisco de Lubiano für die Farbfassung genannt.

Provinz Burgos

Von Recedilla del Camino über San Juan de Ortega, Burgos und Castrojeriz nach Itero del Castillo

REDECILLA DEL CAMINO (III M), erstmals 1029 unter dem Namen *Retecilla* und im Pilgerführer als *Radicella* erwähnt, liegt an einer römischen Verbindungsstraße zwischen Nájera und Belorado. Der Pilgerweg führte auf der Hauptachse der Stadt von Ost nach West zwischen der Kirche und dem ehemaligen Hospital San Lázaro vorbei an einigen mit Wappenschilden geschmückten Häusern, die auf die einstmalige Bedeutung des Ortes verweisen. Diese lineare Struktur des Ortes ist charakteristisch für viele weitere Orte am Pilgerweg.

In der **Pfarrkirche Nuestra Señora de la Calle** befindet sich ein **Taufbecken** aus dem 11./12. Jh. Die Basis besteht aus einer Anzahl von Säulchen, die um einen zentralen Schaft herum gebündelt wurden, ihre Basen reihen sich zu einer Zierleiste. Das halbkugelförmige Taufbecken zeigt in mehreren Registern kleine Fenster, Tore und vorspringende Türme, so dass der Eindruck einer Stadt entsteht, was die Interpretation des Himmlischen Jerusalem nahelegt. Der obere Rand des Beckens ist mit einem doppelten Flechtband verziert. Das Becken wird eher der mozarabischen Kunst zugerechnet als der romanischen Skulptur, die gewöhnlich am Pilgerweg zu sehen ist.

In der spätgotischen **Kirche San Pedro** von CASTILDELGADO (III M) ruht der wichtigste Sohn des Ortes, Francisco Delgado, einst Erzbischof von Burgos und Teilnehmer am Konzil von Trient. Ihm zu Ehren wurde der bis in das 19. Jh. verwendete Ortsname *Villaypún* aufgegeben. Im Zentrum des Ortes steht die barocke Einsiedelei **Santa María del Campo**. Von dem einst prunkvollen Palast der

Familie Berberana kündet heute nur noch der Rest eines Bogens.

In Viloria (III M) wurde der für den Ausbau des Jakobswegs bedeutende hl. Domingo de la Calzada am 12. Mai 1019 geboren. Von seinem Geburtshaus haben sich keine Reste erhalten; das Taufbecken der Pfarrkirche soll hingegen dasjenige sein, in dem er seine Taufe erhalten hat.

Belorado (III M) hieß im Mittelalter *Belforado*, *Belle Foramen* und *Pulcro Foramen*. Im *Codex Calixtinus* wird der Name mit *hermoso agujero* (›schöne Öffnung‹) in Anspielung auf die hier bestehenden Höhlen übersetzt, in denen ehemals Eremiten lebten. Die heutige **Einsiedelei Nuestra Señora de Belén** am Ortseingang geht auf das 1175 erwähnte Hospiz Hospital del los Caballeros zurück. Von den um 1250 in Belorado bestehenden acht Kirchen haben sich nur drei erhalten: San Pedro, San Nicolás und Santa María, deren Ursprungsbau am Fuß der ehemaligen Burg einst als deren Kapelle fungierte. Der Hauptaltar der heutigen im 16. Jh. errichteten Kirche stammt mit seinen churrigueresk-überladenen Barockformen aus dem 17. Jh.; in seinem Zentrum steht eine Madonnenfigur aus dem 13. Jh.

Tosantos (III M) steht als Abkürzung für *Todos los Santos* (›Alle Heiligen‹). Der Pilgerweg führt an der in den Felsen gehauenen **Ermita de Nuestra Señora de la Peña** vorbei. Sie ist dem in das 12. Jh. datierten Bildnis der Virgen de la Peña geweiht, das hier von einem Schafhirten gefunden worden sein soll. Die Pfarrkirche ist romanischen Ursprungs, wurde jedoch in den nachfolgenden Jahrhunderten stark verändert.

In Villambistia (III L) haben sich zwei Gebäude erhalten, die einst als Pilgerherbergen dienten. Die **Kirche San Esteban** entstammt dem 17. Jh.; davor findet sich ein achteckiger **Brunnen**, der der Legende zufolge alle Pilgerqualen vertreibt, wenn der Pilger mit dem Kopf in dessen Wasser eintaucht.

○ Espinosa del Camino (III L) war einstmals eine bedeutende Station am Pilgerweg. Heute wartet der Ort mit einigen bäuerlichen Bauten auf, darunter einigen Fachwerkbauten. Die **Iglesia de la Asunción** wurde ab 1544 durch Juan de Landeras und Juan de Carasa um eine Hauptkapelle erweitert, die von einem Sterngewölbe überspannt wird.

Von dem **Kloster San Félix de Oca** kurz vor Villafranca Montes de Oca (III L) hat sich eine Apsis mit Hufeisenbogen aus dem 6.–8. Jh. erhalten. Ausgrabungen brachten einen basilikalen Kirchengrundriss zutage. Die erste urkundliche Erwähnung erfolgte 863. Der Legende zufolge soll hier Don Diego Porcelos begraben sein, der im Auftrag von Alfonso III. die Wiederbesiedlung von Burgos veranlasste.

In Villafranca Montes de Oca ruhten sich die Pilger vor dem beschwerlichen Aufstieg zum Pass Puerto de la Pedraja aus oder warteten, bis sich eine größere Gemeinschaft zum Durchqueren der von Räubern belagerten Wegstrecke zusammengefunden hatte. Zwischen 589 und 1075 war der Ort Bischofssitz, der unter Alfonso VI. nach Burgos bzw. Gamonal verlegt wurde. Da viele Franzosen hier siedelten, wurde der Ort, der zuvor *Auca* hieß, in *Villa Francorum* (›Stadt der Franken‹) umbenannt.

Am Ortseingang sind die Reste des ehemaligen **Hospitals San Antonio Abad** zu sehen. Eine Inschrifttafel aus dem Jahr 1826 verweist auf die Gründung im Jahr 1380 durch Doña Juana Manuel, Gattin König Enriques II. von Kastilien. Die Inschrift lautet: »beatius est magis dare quam accipere« (›Geben ist seliger als nehmen‹).

○ Die **Kirche Santiago Apóstol** wurde im 18. Jh. über der früheren Kathedrale errichtet.

An der **Ermita de la Virgen de Oca** knapp hinter Villafranca sorgt eine Quelle für frisches Wasser. Der Legende zufolge soll das Wasser aus einem Brunnen kommen, an dem der hl. Indalecio, Schüler des Jakobus und erster Bischof von Auca, sein Martyrium erlitten haben soll. Weiter auf dem Weg in Richtung San Juan de Ortega steht das Denkmal für die standrechtlichen Erschießungen des Spanischen Bürgerkrieges, dessen Inschrift lautet: »NO FUE INÚTIL SU MUERTE, FUE INÚTIL SU FUSILAMIENTO« (›Nicht sein Tod war unnötig, unnötig war seine Erschießung‹).

In dem einst bedeutenden **Kloster Valdefuentes** aus dem 12. Jh. hatten die Pilger Gelegenheit, sich nach dem beschwerlichen Weg über den Pass PUERTO DE LA PEDRAJA (III L) auszuruhen. Von dem Komplex hat sich die Apsis der Kirche Santa Magdalena erhalten, die in das 13. Jh. datiert wird und die im 19. Jh. als Kapelle umgestaltet wurde. Der Innenraum birgt Reste des ehemaligen Kreuzgewölbes. An der Stirnseite sind moderne Skulpturen der hll. Santiago, Domingo de la Calzada und Juan de Ortega zu sehen.

Die Inschrifttafel aus dem 13. Jh. mit einem Vers des *Cantor de los milagros de Nuestra Señora*, von Gonzalo de Berceo, besagt: »YO MAESTRO GONZALVO DE BERCEO NOMNADO YENDO EN ROEMRIA CAESCI EN UN PRADO VERDE E BIEN SENCIDO DE FLORES BIEN POBLADO LUGAR COBDICIADADERO PARA OMNE CAUSADO« (›Ich, Meister Gonzalo von Berceo genannt, in dieser Aue Ruhe auf Pilgerfahrt fand, Grün, saftig mit bunter Blumen Tand, ein Ort, für Kurzweil allerhand‹, aus: Helmut Domke, *Spaniens Norden*, München [u. a.] 1999, S. 139).

SAN JUAN DE ORTEGA (III L), **Kloster und Kirche S. Nicolás de Bari** sind unmittelbar mit dem charismatischen hl. Johannes von Ortega (1080–1162) aus der Stadt Quintana de Ortuño in der Provinz Burgos verbunden, der wie sein

Lehrer, der hl. Domingo de la Calzada (gest. 1109), sein Leben in den Dienst der Pilger stellte. Ihm werden die Brückenbauten von Logroño, Nájera und Sto. Domingo de la Calzada sowie die Konstruktion einer Straße und Brücke zwischen Ages und Atapuerca zugeschrieben. In dem Glauben, dass er im Jahr 1112 aufgrund der Fürsprache des hl. Nikolaus von Bari auf der Rückreise einer Pilgerfahrt nach Jerusalem ein Schiffsunglück überlebt habe, gründete er eine Kapelle für die Pilger, die er dem Heiligen aus Bari widmete. Sie stand an einer Stelle an der Straße nach Compostela namens *Urtica* oder *Ortega* (*urtica* ›Brennnessel‹), die wegen ihres undurchdringlichen Dickichts und wegen Banditenüberfällen berüchtigt war. Zunächst ein Rückzugsort für ihn selbst und zwei Neffen, gründete der Heilige später eine Gemeinschaft von Augustinermönchen, die sich durch den Betrieb eines Hospizes dem Dienst an den Armen und den Jakobspilgern verpflichteten. Er erhielt päpstliche und königliche Unterstützung. In seinem 1152 verfassten Testament schrieb Juan darüber: »[…] *ego Joannes de Quintana Fortumno, gratia Dei Senior de Hortega, de Ecclesia S. Nicolai, de domo quam aedificavi in servitio pauperum in via S. Jacobi, cum fratre mio Martino locum illum de facultatibus meis, de facultatibus fratris mei, in quo habitabant latrone nocte ac die Jacobipetas interficientes multos expoliantes* […].«

Großzügige Schenkungen wohlwollender Adliger und Kleriker sicherten die Existenz auch in den nachfolgenden Jahrhunderten. Die Anbetung des hl. Juan de Ortega und der Besuch des Klosters war ein Höhepunkt der Pilgerreise, besonders am Namenstag, dem 2. Juni, und an den Tagen der Tagundnachtgleiche am 21. März und 22. September, wenn die Sonne durch eine kleine Öffnung das sogenannte Weihnachtskapitell in der nördlichen Apsis beleuchtet.

Der Klosterkomplex setzt sich aus vier Bereichen zusammen: der Kirche San Juan de Ortega, daran schließt nördlich der Hieronymus-Kreuzgang an, an der westli-

Kloster San Juan de Ortega

chen Mauer des Kreuzgangs folgt die Kapelle San Nicolás, schließlich der Claustrillo – der kleine Kreuzgang.

Die heute existente **Kirche San Juan de Ortega** wurde zu Lebzeiten des Heiligen zwischen 1150 und 1155 begonnen; im letzten Drittel des 12. Jh.s wurden die drei Apsiden samt vortretendem Querhaus errichtet. Im 15. Jh. erfolgte die Erweiterung um das Kirchenschiff. Das ursprüngliche romanische Projekt wurde mit den Anlagen von San Pedro von Arlanza und → Santo Domingo de Silos als monastische Vorbilder in Zusammenhang gebracht, in der außerordentlichen Qualität der Apsiden mit Bujedo de Candepajares und San Cristóbal de Ibeas verglichen. Das schlichte Äußere täuscht über die Qualität der Architektur, zumindest der Apsiden, hinweg, die von Halbsäulenbündeln, gestaffelten Blendbögen, Rundbogenfenstern mit Archivolten und den mit zumeist floralen Motiven verzierten Kapitellen gegliedert und gestaltet werden. Die Dachkonstruktion ruht auf Konsolsteinen, die als Fratzen ausgestaltet sind, aber auch florale Ornamentik oder schlichte Kerbungen tragen. Die Westfassade mit dem Eingangsportal und die Südfassade des vortretenden Querhauses sind durch mächtige seitliche Pfeiler und große Oculi gegliedert. Am spitzbogigen Stufenportal auf der Westseite sind neben dem königlichen Wappen auch einige bischöfliche Wappen der Familie Cartagena mit Lilienblüte zu sehen – Bischof Alfonso de Cartagena war ein maßgeblicher Förderer des Kirchenbaus in der zweiten Hälfte des 15. Jh.s.

Der kreuzgratgewölbte dreischiffige, einjochige Innenraum, der durch die Oculi beleuchtet wird, wirkt sehr breit. Im mittleren Teil des Kirchenjoches wurde im 15. Jh. eine Empore eingebaut. Am Zugang zum Presbyterium sind die Wappen der Avellanadas und Rojas zu sehen, die in der zweiten Hälfte des 16. Jh.s das Patronat über die Hauptkapelle übernommen hatten. Die Säulen der Kirche sind mit qualitätvollen, meist floral dekorierten Kapitellen ausgestattet, die von mehreren Künstlern stammen. Dem 12. Jh. werden folgende figurative Kapitelle zugerechnet: Verkündigungs- und Heimsuchungskapitell in der äußersten Südostecke des Querhauses; am Pfeiler links anschließend ein Reiter und ein Krieger in Rüstung, die als Roland und Ferragut interpretiert werden, ein Motiv, das auch am → Palacio de los Reyes de Navarra in Estella zu finden ist. Am wichtigsten ist das dreiseitige Kapitell am linken äußeren Pfeilerbündel der nördlichen Apsis, mit den Darstellungen (v. l. n. r.) der Verkündigung, der Heimsuchung, Josephs Traum (schlafender Joseph), der Geburt Christi und der Hirtenbotschaft. An den Tagen der Äquinoktien, der Tagundnachtgleichen, werden die einzelnen Darstellungen dieses Kapitells nacheinander wie in einem Film beleuchtet und erscheinen wie eine Verheißung.

ΔΔΔ Das gotische Baldachingrab, heute im Presbyterium der Kirche, wurde auf Veranlassung von Graf Pedro Fernández de Velasco und seiner Frau Beatriz zwischen 1464 und 1474 geschaffen, die dem Heiligen, der zunächst in der San Nicolás-Kapelle bestattet war, in der Hauptkirche eine würdigere Grabstätte stiften wollten. Die Umbettung erfolgte jedoch erst 1963. Die Arbeiten werden zwei Bildhauern aus dem Kreis um Juan de Colonia und Gil de Siloe zugeschrieben. Der Baldachin erhebt sich über Pilaster mit feiner Maßwerkornamentik und heraldischem Schmuck, der von sechs Engeln gehalten wird (Hermelin der Verlasco, Kessel der Manrique, Burgen, Löwen, Andreaskreuz). Die Liegefigur aus Alabaster zeigt den Heiligen als Chorherrn mit idealisierter Physiognomie. Auf den sechs Reliefdarstellungen auf der Basis sind Szenen aus dem Leben des Heiligen zu sehen. An den Pfeilern wachen die hll. Hieronymus, Marcela, Paula, Eustachius, San Eusebio Cremonense und Bischof Paulino de Nola.

Die Krypta hinter den Treppen wurde im Zuge der Umbauarbeiten als Grabstätte des Heiligen 1963 angelegt. Hier ist auch der romanische Sarkophag zu finden. San Juan de Ortega erhielt im Laufe der Jahrhunderte vier Grabstätten: zunächst wahrscheinlich einen einfachen Steinsarg, der in der San Nicolás-Kapelle aufgestellt wurde. Um seinen Ruf als Heiligen zu würdigen und der Gefahr von Reliquienräubern zu entgehen, schuf man einen »Scheinsarkophag« mit Skulpturen. Schließlich wurde zwischen 1464 und 1474 das Baldachingrab (s. o.) zunächst in der San Nicolás-Kapelle errichtet, das 1963 an seinen jetzigen Standort überführt wurde.

Der romanische Sarkophag wird Ende des 12. Jh.s datiert. Er trägt neben floraler Ornamentik von exquisiter Qualität folgende szenische Darstellungen: auf der Vorderseite der Abdeckung der Tod des San Juan de Ortega in der Mitte, nahe seinem Kopf ein Bischof mit Mitra und benediktinische Äbte, am Fußende sind Chorherren zu sehen, alle von Arkadenbögen überwölbt. Die Darstellung folgt dem zeitgenössischen Totenritual. Auf dem Steinsarkophag darunter finden sich eine *Maiestas Domini* in Mandorla mit den vier Evangelistensymbolen und den zwölf Aposteln zu beiden Seiten in einer Arkadenarchitektur mit Türmen als Abbild des Himmlischen Jerusalem; am Kopfende ist ein *Agnus Dei* auf einem von vier Engeln gehaltenen Medaillon zu sehen, am Fußende die Figur eines Reiters mit Schwert und eine weitere, oben unbekleidete Figur, die als Darstellung des hl. Martin interpretiert wird, der mit dem Bettler den Mantel teilt.

Die **Kapelle San Nicolás de Bari** schließt sich links der Kirche an der Westmauer des Hieronymus-Kreuzganges an und ist mit diesem verbunden. Die genaue Bauchronologie ist nicht eindeutig geklärt. Die heutige Kapelle geht auf den Wunsch Isabellas von Kastilien zurück, den bescheidenen Vorgängerbau, in dem die durch Juan de Ortega errichtete Ursprungskapelle mit dem ehemaligen Grab des Heiligen vermutet wird, repräsentativer zu gestalten. Wie weit die im letzten Viertel des 15. Jh.s erfolgten Umbauten in die bestehende Struktur eingriffen, ist nicht bekannt. Die Triumphbogen-Architektur der Vorhalle wird ins 16. Jh. datiert. 1909 wurde das Gittertor eingebaut, das in die Zeit um 1580 datiert und ursprünglich wohl die Hauptkirche verschloss. Es trägt das Wappen der Rojas und Avellanadas. Die drei Joche der rechteckigen, einschiffigen Kapelle sind unterschiedlich breit; die beiden hinteren werden durch ein Gitter aus dem Jahr 1547 mit der Inschrift »A. O. R. DEL C. S. EL SEÑOR DON JUAN DE TOLEDO SEÑOR DE LAS CINCO VILLAS E DON MANRIQUE SU HERMANO MANDARONLA HACER AÑO 1547« vom ersten Joch abgetrennt. Das Kreuzrippengewölbe trägt als Schlusssteine das Wappen des hl. Juan de Ortega und das Wappen der Katholischen Könige mit dem Granatapfel.

Die Empore entstammt dem 16. Jh., mit einem Gitter, das dessen Stifter nennt: »DIEGO DE VARGAS SECRETARIO DEL REY LA MANDO HACER AÑO 1561«. Der Reliquienaltar stammt aus der Zeit um 1600.

Der zweigeschossige Hieronymus-Kreuzgang

schließt an der Nordseite der Kirche an, mit der er durch ein romanisches Portal verbunden ist. Auf der Seite des Kreuzganges weist eine Datumstafel mit der Jahreszahl 1681 und dem königlichen Wappen Karls II. auf den heutigen Bau aus dem 17. Jh. hin, der wahrscheinlich über einem in den Chroniken des 15. Jh.s erwähnten Vorgängerbau errichtet wurde. Eine weitere Pforte im Westflügel verbindet den Kreuzgang mit der Kapelle San Nicolás.

Zu den bemerkenswertesten Ausstattungsstücken gehört ein Kruzifix aus Marmor, vermutlich eine Schenkung von Alfonso II. von Aragón, das in das 12. Jh. datiert und einer Leoneser Werkstatt zugeschrieben wird. Die beiden Kreuzbalken fehlen, die Isabella die Katholische bzw. Papst Adrian VI. als Reliquien mitgenommen haben. Der sogenannte Claustrillo (*Kleiner Kreuzgang*) wird dem zweiten Drittel des 15. Jh.s zugerechnet. Heute ist hier eine Pilgerherberge eingerichtet.

Ages (III L) hat sich durch die Fachwerkhäuser seine ursprüngliche Atmosphäre erhalten. Die Kirche stammt aus dem 16. Jh. Der Überlieferung zufolge soll hier im Jahr 1054 García Sánchez III. von Navarra nach der Schlacht von Atapuerca seine letzte Ruhestätte gefunden haben. Am Ortsausgang führt eine Brücke über den Río Vena, deren Konstruktion dem hl. Juan de Ortega zugeschrieben wird.

In der Nähe von Atapuerca (III L) fand am 1. September 1054 die Schlacht zwischen Don Fernando I. von León und seinem Bruder Don García Sánchez III. von Navarra um das Erbe des Vaters statt, in der der leonesische König den Sieg davontrug. Jedes Jahr wird diese Schlacht in den letzten Augusttagen nachgestellt. Beim Bau der Eisenbahnlinie durch die Sierra de Atapuerca am Ende des 19. Jh.s wurden Höhlen mit Fossilien und Malereien entdeckt, in den 1970er Jahren menschliche Fossilien. 1994 schließlich wurden Skelettreste von Hominiden gefunden, die 800 000 Jahre alt sind. Sie gelten als Zwischenglied zwischen dem afrikanischen Hominiden des späten Tertiär und dem Homo sapiens, der sogenannte Homo antecessor. Aufgrund dieser Funde wurde Atapuerca im Jahr 2000 in die Liste des Weltkulturerbes aufgenommen.

ΔΔ In VILLALVAL (III L) stehen die Reste der dem hl. Johannes dem Täufer geweihten spätgotischen Kirche aus dem 14. und 15. Jh. Sie sind ein herausragendes Beispiel für die ländliche Kirchenbaukunst, aber dem Verfall ausgesetzt. Besonders bemerkenswert sind die Rippen- und Schlingengewölbe mit Resten der ursprünglichen Bemalung, die verbliebenen Kapitelle und die vegetabil ornamentierte Emporenbrüstung.

Um IBEAS DE JUARROS (III L) an der Route von Villafranca Monte de Ocas nach Burgos (N-120) entstanden schon ab dem 10. Jh. zahlreiche Klöster, die einstmals sehr bedeutend waren, von denen sich aber keine Spuren erhalten haben. Auf dem Gebiet kreuzten sich auch zahlreiche wichtige Verkehrswege: der *Camino Viejo Real*, der *Camino Real francés* und der *Camino Real de la lana*. Auf dem *Camino Viejo Real* waren bis zum 12. Jh. alle Santiagopilger unterwegs, im 12. Jh. teilten sich jedoch die Wege; die Alternativstrecke führte von San Juan de Ortega aus über Ages, Atapuerca, Orbaneja und Villafría nach Burgos. Der *Camino Real francés* entstand nach der Gründung des Klosters von San Juan de Ortega. Der *Camino Real de la lana* wurde hauptsächlich im 15. und 16. Jh. genutzt als Transportweg für Holz und Kohle nach Burgos und Wolle nach Briviesca an der kantabrischen Küste, für den Weitertransport nach Nordeuropa. Der frühere Wohlstand des Ortes zeigt sich an einigen vornehmen Häusern wie beispielsweise dem ehemaligen **Hospital** neben der **Kirche San Martín**, die um 1500 in gotisch-isabellinischem Stil errichtet wurde. Das Dorf ist heute Teil des Ausgrabungsareals von Atapuerca.

Im Museum Emiliano Aguirre sind prähistorische Fundstücke versammelt. Sitz der Fundación Atapuerca, die die Ausgrabungsstätten von Atapuerca wissenschaftlich betreut und verwaltet, ist seit November 2008 ein Neubau des Architekten Ignacio Camarero.

Der Grenzstein **Cruz de Canto** aus dem Mittelalter zeigte die ehemaligen Grenzen der Königreiche von Kastilien und Navarra an.

VILLAYUDA (III L) gehört heute zu den Vororten von Burgos, wird jedoch schon 931 in den *Diplomas de Cardeña* erwähnt. Bis 1728 stand hier *circa caminum que uadit ad Sanctum Iacobun* (›am Wege, der zum hl. Jakobus geht‹) das **Hospital San Lázaro** mit acht Betten für kranke Pilger.

Der Name GAMONAL (III L) leitet sich von dem in dieser Gegend ehemals betriebenen Anbau von *gamon* (Affodill) als Tierfutter ab. Heute gehört die Ortschaft zu den Vororten von Burgos. Historische Größe erhielt sie jedoch im 11. Jh., als Alfonso VI. den Bischofssitz zwischen 1074 und 1095 von › Villafranca Montes de Oca hierher verlegte. In diese Zeit soll auch der Vorgängerbau der heutigen **Pfarrkirche Santa María Real y Antigua** fallen, von dem ein romanisches Kapitell in den Nachfolgebau aus dem 14. Jh. integriert wurde. Den Platz um die Kirche, ehemals Friedhofsgelände, ziert ein Wegekreuz aus dem 16. Jh. mit Darstellungen des Christus am Kreuz, der Jungfrau Maria sowie des hl. Jakobus als Pilger.

BURGOS (III L) am Río Arlanzón wurde zwischen 882 und 884 von Graf Diego Porcelo im Auftrag König Alfonsos III. von Asturien gegründet. Im 11. Jh. erhielt die Stadt den Rang einer Hauptstadt des neu gegründeten Königreichs Kastilien, das sich im 13. Jh. im Zuge der Rückeroberung maurisch besetzter Landesteile und durch Personal-

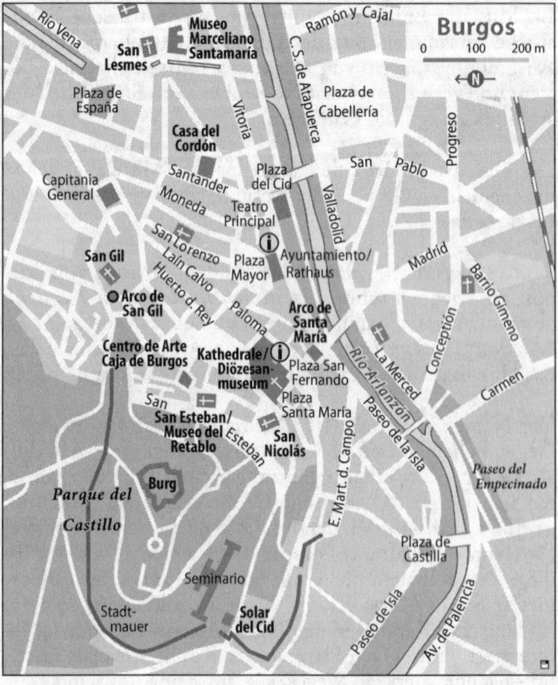

union mit dem Königreich León rasch vergrößerte. Im Jahr 1075 wurde der Bischofssitz von → Villafranca de Montes de Oca nach Burgos bzw. → Gamonal verlegt. Den Status der Hauptstadt musste Burgos nach der Rückeroberung Toledos an die ehemalige Kapitale des Westgotenreiches zurückgeben, doch wurden hier auch weiterhin die Könige von Kastilien gekrönt. Die geographische Lage am Treffpunkt zweier wichtiger Pilger- und Handelswege (Puente la Reina / Nájera und Bayonne / Miranda) ließ die Stadt zu einem der wichtigsten Pilgerorte und Warenumschlagplätze im hispanischen Norden werden. Die frühesten Referenzen für Pilgerhospize gehen zurück auf das 11. Jh. Für diese Zeit ist auch eine bedeutende Ansiedlung französischer Siedler dokumentiert. Die Stadt war von einer Mauer umgeben, die von zahlreichen Toren durchbrochen wurde, darunter die Tore von S. Esteban, S. Martín, S. Gil, Fernán Gonzalez und Santa María. Die Bulle des Papstes Alexander III. listet für das Jahr 1163 elf Pfarrkirchen auf. Wirtschaftliche Prosperität erhielt die Stadt auch durch die königlichen Privilegien für den Handel mit Wolle und Flachs aus Spanien sowie Stoffe und Tuche aus Flandern und England. Ab den 16. Jh. verlor Burgos die Stellung als Wirtschaftszentrum infolge der Erhebung Madrids zur Kapitale des Königreiches Spanien unter Philipp II. und der Verlagerung der kommerziell so wichtigen Viehwanderwege. Zwischen 1936 und 1939 war die Stadt Sitz der nationalen Gegenregierung des Generals Franco. Heute ist Burgos durch elegante Geschäfte geprägt.

Dem Rang und der Bedeutung der Stadt entsprechend ist ihr Reichtum an historischer Bausubstanz und vielfältigen Kunstschätzen groß. Zu den in der Stadt tätigen Künstlern zählen Meister Enricus, Juan de Colonia mit seinem Sohn Simon und dem Enkel Francisco, Felipe de Vigarny (1475–1542), Gil de Siloé, die eine nordeuropäisch geprägte Formensprache der Architektur auf die Iberische Halbinsel brachten.

An den berühmtesten Sohn der Stadt Rodrigo Ruy Díaz de Vivar »El Cid« (s. S. 186–187) erinnert auf der Plaza del Cid seit 1955 ein Reiterdenkmal, das mit seiner kämpferischen Attitüde an die Bildnisse des Santiago *matamoros* anknüpft.

Die **Kathedrale** ist als Wahrzeichen der Stadt mit ihren △△△
hellen Türmen weithin sichtbar und dient als Orientie- ○
rungspunkt. Sie stellt neben den Kathedralen von León und

Toledo ein besonders klares Beispiel für die Einflüsse französischer Gotik auf der iberischen Halbinsel dar, die in der Kathedrale von Bourges ihr Vorbild hatte. Mit ihrem Bau wurde am 20. Juli 1221 über einem Vorgängerbau begonnen. Zwei Jahre zuvor waren darin der kastilische König

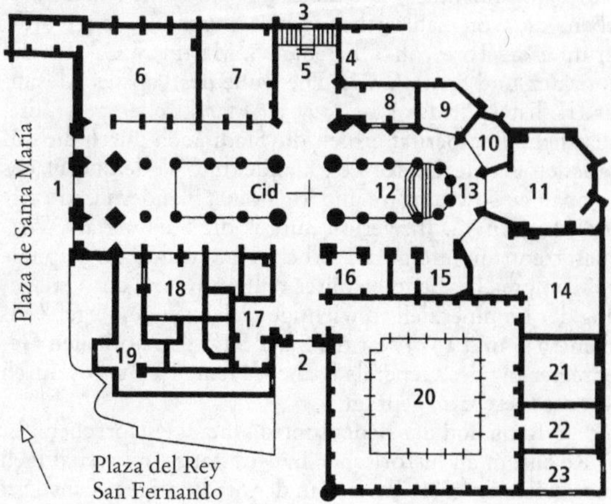

Grundriss Burgos, Kathedrale

1 Puerta Principal
2 Puerta del Sarmental
3 Puerta de la Coronería
4 Puerta de la Pellejería
5 Escalera Dorada
6 Capilla de Santa Tecla
7 Capilla de Santa Ana
8 Capilla de la Natividad
9 Capilla de Nuestra Señora
10 Capilla de San Gregorio
11 Capilla del Condestable
12 Capilla Mayor
13 Trassagrario
14 Capilla de Santiago
15 Sacristía Nueva
16 Capilla de San Enrique
17 Capilla de la Visitación
18 Capilla de la Presentación
19 Capilla del Santísimo Cristo
20 Claustro
21 Capilla de Santa Catalina
22 Capilla del Corpus Cristi
23 Sala Capitular

Fernando III. und Beatrix von Schwaben durch Bischof Maurizio vermählt worden, der auf seinen Reisen die neuen französischen Kathedralen kennengelernt hatte. Als Baumeister betreute der Meister Enricus bis 1277 die Arbeiten. Beim Bau mussten unterschiedliche Bodenniveaus berücksichtigt und angeglichen werden. Das Chorhaupt konnte 1230 geweiht werden; bis 1260 folgte die Fertigstellung des Quer- und des Langhauses, an denen sich schon Elemente des Rayonnant-Stils erkennen lassen. Zu diesem Zeitpunkt war das Chorhaupt bereits ersten Modifizierungen unterworfen. Die weiteren Bauarbeiten zogen sich bis 1458 mit dem Abschluss der durchbrochenen Westtürme hin, die von Juan de Colonia (Hans von Köln, um 1400 bis vor 1481) entworfen wurden. Auch der 1539 eingestürzte Vierungsturm stammte ursprünglich aus seiner Hand, wurde aber nach dem Einsturz bis 1567 von dem Architekten Juan de Vallejo und dem Enkel des Juan de Colonia, Francisco de Colonia, unter Einbeziehung zeitgenössisch moderner Detailformen neu errichtet. Weitere Ein- und Umbauten folgten zwischen dem 16. und 18. Jh., wodurch das heute uneinheitliche Erscheinungsbild des Bauwerks entstand.

Die ursprünglich gotische Westfassade wurde ab 1790 klassizistisch überformt. Die Königsgalerie über der Fensterrose mit den Figuren der kastilischen Könige, die 1240–1260 entstanden, ist auf französischen Einfluss zurückzuführen. Das Südportal des Querhauses, die *Puerta del Sarmental*, die über eine Treppe von der Plaza San Fernando aus erreichbar ist, wurde am Ende der ersten Bauphase der gotischen Kirche 1235/40 fertiggestellt. Im Tympanon ist über der Reihe der Apostel Christus der Weltenrichter zu sehen, umgeben von den vier Evangelisten, die hier als Schreiber dargestellt sind. Auf den Archivolten sind die 24 Ältesten der Apokalypse mit Musikinstrumenten, Personifikationen der sieben *artes liberales* (*Freie Künste*), Apostel, Engel und eine Bischofsfigur auf dem Trumeaupfeiler zu sehen. Über das Portalgewände zieht sich eine doppelreihige Blendarkatur mit Skulpturen in der oberen Reihe. Eine Kopie dieses Portals findet sich an der Kirche in → Sasamon unweit von Burgos.

Das Nordportal des Querhauses, die *Puerta de la Coronería*, an der der Pilgerweg unmittelbar vorbeiführt, ist um 1260 entstanden und dem Südportal ähnlich gestaltet. Auf seinem Tympanon findet sich ebenfalls eine Weltgerichtsdarstellung. Christus zu Seiten knien hier aber Maria und Johannes über einer Darstellung der Seelenwägung mit dem Erzengel Michael im Zentrum. Engel tragen die Arma Christi. Wiederum schließt sich an den Gewänden eine Blendarkatur an, in der die Statuen der Apostel stehen. Um die Ecke und unterhalb des Nordportals findet sich die *Puerta de la Pellejería*, die Pforte der Jakobspilger, die Francisco de Colonia 1516 bereits in Renaissanceformen versah. Von Bartholomé de la Haya (bis 1532) stammen die Figuren der Jungfrau Maria und des Stifters des Portals, Bischof Juan Rodríguez de Fonseca.

○○○ Im Vestibül hinter Nordportal und *Puerta de la Pellejería* verbirgt sich die doppelläufige Goldene Treppe des Diego de Siloé von 1519–20, die den Niveauunterschied im Gelände überbrückt.

Der Innenraum der Kathedrale wird durch große Obergadenfenster belichtet, die bereits die transparente, von hohen Glasfenstern durchbrochene Struktur der Kathedrale von St. Denis reflektieren. Der Vierungsturm vereint spätgotische Elemente mit Motiven aus der arabischen Architektur – eine Verbindung, die in dieser Form nur in Spanien vorkommt. Eine schlichte Grabplatte im Fußboden weist auf den Begräbnisort des Cid und seiner Frau Jimena an dieser Stelle hin. Den Hauptaltar mit der Figur der Schutzpatronin von Burgos, der María Mayor, schufen Rodrigo und Martín de la Haya im letzten Viertel des 16. Jh.s. Das Chorgestühl aus dem frühen 16. Jh. stammt von Felipe de Vigarny.

Langhaus und Chorumgang sind von einem Kranz

Burgos, Kathedrale an der Plaza del Rey San Fernando

prachtvoller **Kapellen** umgeben. Zu den herausragendsten gehört die *Capilla de la Concepción y Santa Ana*, deren Planung und Ausführung Juan de Colonia und seinem Sohn Simón oblag (Fertigstellung 1488). Den Altar schuf Gil de Siloé (1486–88); sein Sohn Diego arbeitete das Grabdenkmal des Bauherrn Luis de Acuña in Alabaster. Die gleich links an der *Puerta del Sarmental* anschließende *Capilla de la Visitación* ist das erste Werk des Juan de Colonia nach seiner Ankunft in Burgos. Es ist eine der ersten Arbeiten, die den Einfluss niederrheinisch-flämischer Kunst auf der iberischen Halbinsel reflektieren. Die *Capilla de la Consolación o de la Presentación* imitiert das die *Capilla del Condestable* überwölbende Sterngewölbe. Das Grabmal des Gonzalo de Lerma schuf Felipe de Vigarny, das Madonnenbildnis stammt von Sebastiano del Piombo (1520).

Ein prachtvoller Höhepunkt entfaltet sich in der achteckigen *Capilla del Condestable*, die die Grabmale der Doña Mencía de Mendoza und ihres Gemahls Pedro Fernández de Velasco, Graf von Haro und erblicher Condestable von Kastilien beherbergt. Die Kapelle entwarf Simón de Colonia. In zwölfjähriger Bauzeit wurde sie ab 1482 im flamboyanten Stil der Spätgotik mit einer Kuppel errichtet, deren durchbrochenes Maßwerk die Kapelle belichtet. Das Glas aus Flandern hat sich noch original erhalten. An den Wänden prangen die Wappen der Familien Mendoza und Velasco, die zu den reichsten Familien Kastiliens zählten. Dahinter schließt sich die *Capilla de Santiago* an, 1524–34 nach Plänen von Juan de Vallejo gebaut. Die *Capilla del Santo Cristo de Burgos* beherbergt ein in Burgos sehr verehrtes Kruzifix, das der Legende zufolge von Nikodemus, einem Zeugen der Kreuzigung, angefertigt wurde. Ein jüdischer Kaufmann aus Burgos soll es entdeckt haben. Auf die Auferstehung im Angesicht des Todes verweisen, besonders in der Ostkirche, die Straußeneier zu Füßen des Gekreuzigten (der Strauß selbst wird mit der Jungfräulichkeit in Verbindung gebracht).

Der zweigeschossige Kreuzgang und sein Portal werden in die Zeit um 1260 datiert, als Meister Enricus die Bauarbeiten leitete. Die Skulpturen an den Eckpfeilern sind teilweise szenisch zu deuten, u. a. als Verkündigung und als Anbetung der Heiligen Drei Könige. Sie werden dem Künstler des Nordportals zugeschrieben. Zu den bedeutendsten Figuren dieses von Königshaus und Klerus bestimmten Bildprogramms zählen diejenigen des königlichen Hochzeitspaares Fernando III. und Beatrix von Schwaben. Als Stifterfiguren sind ferner Fernando III. und Bischof Maurizio zu sehen. Darüber hinaus birgt der Kreuzgang, der zugleich das **Diözesanmuseum** umfasst, Tapisserien, Gewänder, Skulpturen und Gemälde, u. a. eine Madonna von Hans Memling.

Die **Kirche San Nicolás** oberhalb der Kathedrale weist

Burgos, Kreuzgang der Kathedrale, König Fernando III.
und Beatrix von Schwaben

mit ihrem Südportal zum Pilgerweg. Sie wurde in der zweiten Hälfte des 15. Jh.s errichtet und zeichnet sich durch den künstlerischen Einfluss von Juan, Simón und Francisco de Colonia aus. Das Südportal zeigt Darstellungen der Verkündigung sowie des Titularheiligen San Nicolás und der hll. Sebastián und Vitores. Der Altar aus Alabaster mit Darstellungen der Vita des Heiligen aus Bari und Szenen aus dem Neuen Testament gehört zu den beeindruckendsten Werken: Das Werk von Francisco de Colonia entstand um 1505 und umfasst 465 Figuren.

△△ Die dreischiffige **Kirche San Esteban** mit dem **Museo del Retablo** wird um 1300 datiert. Das Tympanon des Stufenportals zeigt die Vita und das Martyrium des Titularheiligen. Im Kircheninneren, dessen Ausstattung bis in das 16. Jh. hinein verändert wurde, fallen die Grabmale einiger bedeutender Bürger von Burgos auf, die von Nicolás de Vergara, Simón de Colonia und Juan de Vallejo gearbeitet wurden, ferner der Chor von Simón de Colonia, der um 1503 entstand. Nicolás de Vergara werden das Triforium und die Kanzel zugeschrieben. Als einzige Pfarrkirche erhielt dieses Gotteshaus einen Kreuzgang und einen Kapitelsaal. Während der in den letzten Jahren durchgeführten Restaurierungsarbeiten wurde auch der Gran Salón, der große Salon, entdeckt. Die Kirche dient heute als Altar- oder Altarwandmuseum, in dem neben Teppichen und Goldschmiedearbeiten Altarretabel der gesamten Diözese vom Spätmittelalter bis in den Barock ausgestellt werden.

△△ Die dreischiffige **Kirche San Gil** wurde zwischen dem 13. und 14. Jh. in der Nähe des gleichnamigen Stadttores errichtet. Sie zeichnet sich besonders durch ihre Ausstattungsstücke aus, u.a. befindet sich hier ein gekreuzigter Christus, von dem berichtet wird, dass er zu Zeiten Pedros I. des Grausamen (1350–69) 14 Tropfen Blut verloren habe, die heute in einem Reliquiar verwahrt sind. Die *Capilla de la Natividad* mit ihrem Sterngewölbe wurde um 1529 errichtet. Ihr Marienaltar aus dem ersten Drittel des 16. Jh.s wird Felipe de Vigarny zugeschrieben. In der *Capilla de la Buena Mañana* steht ebenfalls ein Marienaltar aus der Werkstatt des Gil de Siloé (Ende 15. Jh.).

Der Ursprung der **Kirche San Lesmes** geht auf ein dem hl. Johannes dem Evangelisten geweihtes Hospital aus dem späten 11. Jh. zurück, das ehemals außerhalb der Stadt lag und sich der Fürsorge der Armen und der Santiagopilger widmete. Gründer dieser Einrichtung war der französische Benediktinermönch Adelelmo, der von Constanza von Burgund, der zweiten Ehefrau von Alfonso VI. von Kastilien, nach Burgos gerufen worden war, um hier anstelle der bis dahin zelebrierten mozarabischen Riten den römischen Ritus als Liturgie einzuführen. Der hl. Adelelmo begann seine Tätigkeit mit der Gründung des genannten Hospitals. Seine Verdienste wirkten sich auch auf die Verbesserung der Infrastruktur der Stadt sowie die Trockenlegung eines Sumpfgebietes aus. Adelelmo starb in Burgos am 30. Januar 1097 und wurde in der kleinen Kapelle des Hospitals begraben, die ihm zu Ehren daraufhin umgeweiht wurde. Kurze Zeit darauf wurde er zum Schutzpatron der Stadt erklärt. Gegen Ende des 14. Jh.s wurde mit dem Bau der heutigen gotischen Kirche begonnen, die Ende des 15. Jh.s eine neue Fassade erhielt. Im Gotteshaus befindet sich das Grab des Titularheiligen, eine Arbeit des Bildhauers Luis de Gabeo vom Ende des 16. Jh.s, das in seiner Ausführung archaisch wirkt, um einen vermeintlich »gotischen« Eindruck zu vermitteln.

Vom ehemaligen **Kloster San Juan** gegenüber der Kirche San Lesmes steht heute als originaler Rest aus der Zeit um 1500 das Nordportal, das die Einflüsse der aus Köln stammenden Künstlerfamilie de Colonia zeigt. Der kreuzgewölbte Kreuzgang des ehemaligen Konvents der Benediktinerinnen wurde 1585 von Domingo de Azas errichtet. Heute ist hier das **Museo Marceliano Santamaría** untergebracht, das als Kulturzentrum dient.

Die Anfänge der **Burg**, die als strategischer Posten gegen die Mauren errichtet wurde, werden im 9. Jh. vermutet. Sie wurde von lokalen Familien unterhalten, die sich im Arlanzón-Tal angesiedelt hatten. Am Fuß des Berges entwickelte sich in der Folgezeit die Stadt. Nach einem Brand im Jahr 1739 und der Sprengung durch die Franzosen im Jahr 1813 sind heute noch die sogenannte maurische Höhle, unterirdische Galerien, Fundament- und Mauerreste, Waffenhof und einige Wachtürme zu sehen, die in den letzten Jahren restauriert wurden.

Der **Stadtpalast Casa del Cordón** wurde 1487 durch Pedro Fernández de Velasco, Condestable von Kastilien, und seine Frau Mencía de Mendoza in Auftrag gegeben. Er steht als Beispiel für einen repräsentativen Wohnbau aus der Zeit um 1500 auf einer weiträumigen Platzanlage. Die Entwürfe für den Vierflügelbau werden Juan de Colonia und seinem Sohn Simón zugeschrieben. Die Bauarbeiten bis zur endgültigen Fertigstellung zogen sich bis in das 17. Jh. hinein. Im Zentrum des langgestreckten Mittelbaus, der von zwei Türmen flankiert wird, ist das Portal mit dem namengebenden Dekor zu finden: Es ist eine Schnur, wie sie die Franziskaner als Gürtel benutzen, die hier überdimensional als Dekorationselement das Hauptportal umrahmt. Dazwischen sind die Wappen der beiden Familien Velasco und Mendoza zu sehen. Der Palast diente den Katholischen Königen bei ihren Aufenthalten in der Stadt als Unterkunft, in der sie auch ihre Audienzen abhielten; u.a. wurde hier Christoph Columbus empfangen. Heute gehört das Gebäude der Caja de Burgos, die die Renovierung und den Erhalt des Gebäudes finanzierte. Der inzwischen verglaste dreigeschossige Innenhof ist während der normalen Geschäftszeiten zugänglich, abends werden hier Konzerte veranstaltet. Er dient ferner als Ausstellungsraum für die umfangreiche Kunstsammlung des Geldinstituts.

An den **Solar del Cid** (›Wohnhaus des Cid‹) unterhalb der Burg in der Nähe des Arco de San Martín erinnert ein Denkmal. Rodrigo Díaz, genannt El Cid (arab. für *sejid*

›Herr‹) und El Campeador (›der Kämpfer‹), ist der berühmteste Sohn der Stadt und spanischer Nationalheld, der zunächst eng an das kastilische Königshaus gebunden war und dessen Heirat mit Jimena Díaz im Jahr 1075 von Alfonso VI. arrangiert wurde. Ob sie tatsächlich, wie teilweise überliefert, eine Nichte des Monarchen war, wird bezweifelt. Zweifellos stammte sie aber aus einer adligen Familie Asturiens. Rodrigo wurde 1081 durch Alfonso VI. trotz der engen Bande zum kastilischen Königshaus und seiner Verdienste im Rahmen der Reconquista verbannt. Er trat daraufhin in die Dienste der Taifa-Fürsten von Zaragoza, konnte eine Söldnertruppe um sich scharen und baute nach und nach seine Machtposition an der Mittelmeerküste auf. 1086 kam es zu einer Annäherung an Alfonso VI., nachdem El Cid die Schutzherrschaft über das lose mit Kastilien paktierende Taifa von Valencia übernommen hatte, das den Angriffen der Almohaden ausgesetzt war. 1099 starb er in Valencia, das er mit strenger Herrschaft geführt hatte. Durch Heiratspolitik hatte er seine Position politisch zu festigen versucht: Die Tochter Cristina heiratete Ramiro Sánchez de Navarra, deren Sohn García 1134 zum König von Navarra gewählt wurde; die Tochter María wurde mit dem Grafen Berenguer III. von Barcelona vermählt. Sein Leben wie seine Taten und sein Tod wurden später in dem Heldenepos *Mio Cid* verklärt, das eine breite Rezeption in der Literatur, der Musik und im Film erfuhr.

Das Stadttor **Arco de Santa María**, das ursprünglich aus dem 14. Jh. stammt, ist das prächtigste von Burgos. Es wurde im 16. Jh. im Renaissance-Stil unter Leitung der Baumeister Juan de Vallejo und Francisco de Colonia grundlegend restauriert. Die Fassade entspricht dem Typus einer Zweiturm-Anlage, allerdings sind die seitlichen Türme zugunsten der hohen Zwischenwand reduziert; kleine, im spanischen *garitas* genannte Wachtürme erinnern an Burgbauten des 15. Jh.s, z. B. in Segovia. Über dem Torbogen erhebt sich ein hoher Blendbogen, ein Triumphbogen zu

Ehren Karls V. Unter dem Patronat der Santa María la Mayo sind in den Nischen die Bildnisse folgender für die Geschichte von Burgos wichtiger Persönlichkeiten zu sehen: Nuño de Rasura, Laín Calvo, Graf Diego Porcelo, Fernán Gonzales sowie El Cid. Von den Innenräumen ist die *Sala de Poridad*, in der sich bis in das 18. Jh. der Stadtrat von Burgos versammelte, zu erwähnen mit seiner mudéjaren *artesonado*- (d.h. kunstvoll verzierten Kassetten-)Decke und den Szenen aus dem Leben des Cid sowie die *Sala Principal* mit Wandmalereien von Vela Zanetti, Resten des mudéjaren *yeseria*-Dekors und der Apothekeneinrichtung des ehemaligen Hospitals San Juan.

Das **Centro de Arte Caja de Burgos**, ein Ausstellungsraum für moderne Kunst, öffnete im Jahr 2003 in der Nähe der Iglesia de San Esteban seine Pforten, um die Sammlung der Caja de Burgos zu präsentieren. Zur Kollektion gehören u.a. Werke von Eduardo Chillida, Barceló, Antonio López, Rafael Navarro, Perejaume, Santiago Serrano, Antoni Tapiés, Jordi Teixidor, Rafael Canogar, Pablo Picasso und Juan Miró.

⇨ OO Das **Hospital del Rey** liegt am Weg nach LAS HUELGAS (III L). Es wurde im Jahr 1187 durch Alfonso VIII. gegründet. Die Nonnen des Klosters von Las Huelgas pflegten hier kranke und arme Jakobspilger. Die heutigen Bauten stammen aus dem 16. Jh. und der jüngsten Vergangenheit. Hier ist heute das Rektorat der Universität von Burgos angesiedelt. Einen Hinweis auf die Verbindung zum Jakobsweg gibt die Sitzfigur des Heiligen in einer Nische über dem plateresk verzierten Eingang. Im Innenhof schließt rechts das frühere Pilgerhaus, links die Kirche an, deren geschnitzte Holztür u.a. eine züchtige Nacktwallfahrt zeigt.

Kloster Santa María Real de las Huelgas: *Las Huelgas Reales*, wörtlich übersetzt ›die königlichen Erholungen‹, bezieht sich auf ein ehemals vor den Toren von Burgos ge-

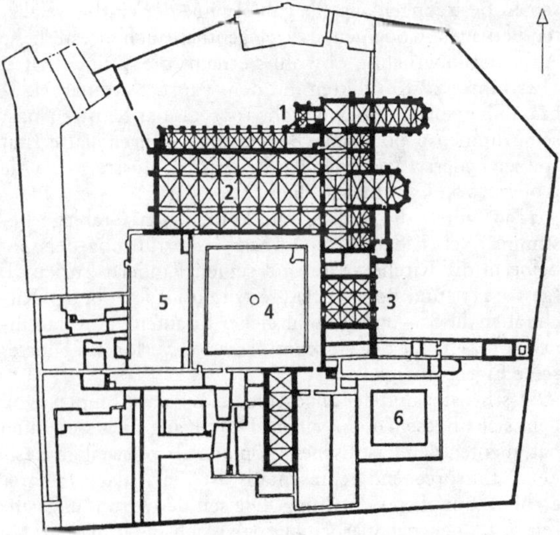

Grundriss Burgos, Kloster Las Huelgas Reales

1 Eingang
2 Panteón
3 Kapitelsaal
4 Gotischer Kreuzgang
5 Textilmuseum
6 Romanischer Kreuzgang

legenes Schlösschen, auf dessen Areal Alfonso VIII. (reg. 1158–1214) von Kastilien und seine Frau Eleonore Plantagenêt um 1180 eine Zisterzienserinnenabtei gründeten. Die Stiftungsurkunde, die den Titel *Sancta Maria Regalis* vermerkt, datiert von 1187. Las Huelgas wurde Mutterabtei für alle Zisterzienserinnenklöster in Kastilien und León. Es unterstand der direkten Aufsicht des Papstes und der Abtei von Cîteaux. Die Äbtissin, die oftmals aus dem Hochadel stammte, übte selbst die Gerichtsbarkeit im Kloster und seinen Besitzungen aus. Sie galt als eine der einflussreichsten Personen in Spanien, die gelegentlich auch priesterliche Aufgaben übernahm, obwohl sie nicht die Weihen hatte. Dies führte zu Konflikten mit dem Papst. Kardinal Aldobrandini bemerkte noch im Jahr 1605, als das Kloster längst seine immense politische Bedeutung verloren hatte, mit spitzer Feder: »Wenn der Papst heiraten müsste, wäre die Äbtissin von Las Huelgas die richtige Partie.«

1199 wurde die Anlage zur königlichen Grablege bestimmt. Neben dem Gründerpaar (Überführung der Gebeine in die Kirche 1279) und seinen Kindern Enricus I. (gest. 1217) und Berenguela (gest. 1246) stehen in der Kirche auch die Sarkophage zahlreicher Infanten und Infantinnen. Im Zeitalter der Gegenreformation verlor das Kloster seine Eigenständigkeit.

Das Kloster und der angeschlossene Palastkomplex, von dem sich abgesehen von einem Durchgang nichts erhalten hat, dienten den kastilischen Königen als zeitweilige Residenz. Entsprechend repräsentativ ist die Anlage in ihrer architektonischen Gestaltung. Die seit den Gründungsjahren begonnenen Bauarbeiten zogen sich bis in das 13. Jh. hin. Der Kirche sind zwei Kreuzgänge mit zahlreichen Nebengebäuden angeschlossen. Noch heute sind Teile des Klosters in Betrieb.

Kunsthistorisch wird der Konvent als eines der ganz frühen, von der französischen Gotik beeinflussten Bauwerke auf spanischem Boden eingeordnet und stellt den Archetypus für nachfolgende Nonnenklöster auf der iberischen Halbinsel dar. So sind hier die für die gotische Baukunst charakteristischen Architekturformen zu finden wie Lanzettfenster (Kirche und Chorraum), Fensterrosen (Vorhalle am Eingang) oder Kreuzrippengewölbe (Kirche, El Claustrillo). Andererseits sind auch Elemente der arabischen Architektur wie *yesería*-Friese (Stuckaturen) und *artesonado*-Decken als Dokumente der kulturellen Vielfalt auf spanischem Boden zu sehen.

Der **Claustrillo**, der kleine Kreuzgang im Südosten, ist der älteste Teil der Anlage, der um das 12. Jh. datiert wird und noch rundbogige Arkadenöffnungen über Doppelsäulen zum Hof aufweist, während der Galeriegang bereits mit einem Kreuzrippengewölbe überwölbt ist. In dem Mauerverband eingegliedert ist die *Capilla de la Asunción*, die als ursprüngliche Grabkapelle von Alfonso VIII. gedient haben soll. Hier überwiegen Elemente der almohadischen Architektur wie die breiten Gurtrippen, die an die Kirchen von → Eunate und → Torres del Río erinnern, oder die Backsteinwände mit den Vielpassbögen. Weitere Elemente der maurischen Architektur, diesmal *yesería*-Arbeiten mit stilisierten *Kufi*-Schriftzeichen und Darstellungen von Türmen, Pfauen und Greifen sind in dem großen **Kreuzgang San Fernando** (errichtet zwischen 1230 und 1260) zu finden, die sich mit Elementen der christlichen gotischen Architektur verbinden, so dass hier eine Zusammenarbeit zwischen christlichen und mudéjaren Handwerkern vermutet wird. Im Kapitelsaal ist die almohadische Fahne der Schlacht bei Las Navas de la Tolosa (1212) zu sehen, die Alfonso VIII. als Beutegut nach seinem Sieg über die Berber mit sich führen konnte. Die Kirche ist dagegen in rein christlichen Stilelementen gehalten. Der den Nonnen vorbehaltene Chor im Westen des Langhauses wird durch eine Mauer vom übrigen Kirchenraum abgetrennt, über der eine Gruppe mit der Kreuzabnahme Christi aus dem 13. Jh. zu sehen ist. Der im 18. Jh. entstandene Hauptaltar, ein Werk des Architekten Policarpo de Lanestosa, des Bildhauers Juan de Pobes und des Vergolders Pedro Guillén, zeigt die Himmelfahrt Mariä im Zentrum mit den Figuren der hll. Benedikt von Nursia und Bernhard von Clairvaux und dem Stifterpaar. Ein weiteres wichtiges Werk aus dem Jahr 1594 stammt von Jerónimo und Pedro Ruiz de Camargo und stellt die Schlacht bei Las Navas de la Tolosa dar.

Die *Capilla de Santiago* liegt etwas abgelegen vom übrigen Kloster an einer Stelle, die möglicherweise den Übergang zu den verschwundenen Palastbauten bildete. Ihr Mauerwerk besteht aus Stein und Backstein; der Eingang erfolgt durch einen hufeisenförmigen Bogen. Die Wände sind mit *yesería*-Stuckaturen verziert, der Raum mit einer *artesonado*-Decke eingewölbt. Von der Santiago-Figur aus dem 13. Jh., die im Presbyterium steht, wird berichtet, dass vor ihr die Könige und Infanten den Ritterschlag erhielten.

⇨ ⌂⌂⌂ Die **Cartuja de Santa María de Miraflores** steht außerhalb der Stadt auf einem Hügel und war als Grablege der Eltern der Königin Isabella der Katholischen, Juan II. (1404–1454) und Isabella von Portugal bestimmt. Den Bauauftrag erteilte König Juan II., der 1442 den Karthäusermönchen ein Grundstück mit einer kleinen Burg überließ. Der Baubeginn erfolgte 1454, kurz vor dem Tod Juans II. nach Plänen von Juan de Colonia. Die Arbeiten zogen sich bis 1488 hin und wurden von Juans Sohn Simón und García Fernández de Matienzo unter Isabella der Katholischen vollendet. Der helle lange schmale Andachtsraum im Anschluss an einen asketisch ausgestatteten Vorraum ist mit prachtvollen spätgotischen Dekorationselementen in Weiß, Gold und Dunkelbraun ausgestattet. Die noch erhaltenen Glasfenster des Meisters Nicolae kamen 1484 aus Flandern, wo die Glasproduktion preisgünstiger war als in Spanien. Das Chorgestühl schuf Martín Sánchez aus Madrid 1489. Dahinter verbirgt sich das Grabmal Juans II. von Kastilien und Isabellas von Portugal, das unter einem leichten, hohen Baldachin zu stehen scheint: Die über dem Grabmal zusammenlaufenden Gewölberippen sind mit filigran gearbeiteten Krabben besetzt, die den Eindruck feinster holländischer Spitze vermitteln. Das Grabmal besteht aus Alabaster und wirft mit seiner achtseitigen Sternform Fragen auf. Die voneinander gewandten Liegefiguren des Königspaares sind von einer Fülle von Begleitfiguren umgeben. Die feine Bearbeitung sowohl der Figuren als auch der weiteren Dekorationselemente künden von der hohen Meister-

Burgos, Cartuja de Miraflores, Grabmal von König Juan II. und Königin Isabella von Portugal

schaft des Bildhauers Gil de Siloé, der die Entwürfe für das Grabmal 1486 vorlegte; beendet wurden die Arbeiten 1493. Auch der Hochaltar ist ein Werk des Gil de Siloé, der die Arbeiten zusammen mit Diego de la Cruz ausführte. Für die Datierung werden zwei Zeiträume angesetzt: 1486–93 oder 1493–96. Im Zentrum dieses Tableaus christlicher Heilslehre steht der gekreuzigte Christus, der von einem Kreis von Cherubinen umringt ist. Die Querachsen des Kreuzes werden von Gottvater links und dem personifizierten Heiligen Geist rechts flankiert. Darüber hinaus sind zu sehen: Szenen der Passion Christi, die Evangelisten und weitere Heiligenfiguren (Santiago, 1. Register rechts), die Wappenschilde der Königreiche Kastilien und León sowie die Stifter der Karthause, Juan II. und Isabella von Portugal, in den äußersten Bildfeldern links und rechts unten. Gil de Siloé schuf auch das Wandgrab für den Infanten Alfonso, den 1468 verstorbenen Bruder Isabellas der Katholischen. In den Nebenräumen befinden sich u.a. eine *Mariä Verkündigung* von Pedro Berruguete und die Figur des Ordensgründers, des hl. Bruno, aus der Hand des Portugiesen Manuel Pereira von 1630.

⇨ ◻◻◻ Quintanilla de las Viñas (III L): Die **Kirche Santa María de Quintanilla de las Viñas** steht einsam auf einem Bergrücken etwa 20 km südlich von Burgos. Sie wird in die Zeit um 700 datiert, doch wird diese frühe Entstehungszeit inzwischen bezweifelt. Quellenkundlich tritt sie erstmals 929 in einer Schenkung der Gräfin Mona Donna in Erscheinung. Das Patrozinium gilt der Jungfrau Maria, Nebenpatrozinien gelten den hll. Petrus, Paulus, Martin, Michael und Pelagius. Der heutige Zustand – erhalten haben sich das Querhaus und die gerade schließende Apsis – geht auf das 14. Jh. unter Verwendung des vorhandenen Steinmaterials zurück. Archäologische Grabungen der Jahre 1935 und 1950 legten Fundamentreste der nach Westen angegliederten Raumteile frei, die heute durch Zementfüllungen im Boden erkennbar sind.

Die Fassaden des erhaltenen Transepts und der Apsis werden horizontal durch drei Friese in feinster Bearbeitung gegliedert. Zu sehen sind, von Palmettenranken umrahmt, Weinreben und Palmenblätter, Bäume und Vögel, Löwen, Hirsche, Greifen, die in der christlichen Ikonographie in Zusammenhang mit der Apokalypse als Hinweise auf die Eucharistie, den Opfertod Christi (bzw. als Zeichen des Triumphes über den Tod) und das Himmlische Jerusalem interpretiert werden. Im Inneren der Kirche sind weitere Friese zu finden, die das an den Fassaden visualisierte Bildprogramm vorführen: Der Bogen am Übergang vom Langhaus zur Apsis ist mit Weinreben, Palmblättern und Vögeln, als Sinnbild für die Seelen der Gerechten, verziert. Weitere Reliefs zeigen Christus, die Evangelisten, Luna und Sol (als Verkörperung der beiden Naturen Christi gedeutet) sowie Engel. Der Altarstipes, auf dessen Schauseite das Kreuz mit Alpha und Omega und auf der Rückseite eine Dattelpalme dargestellt sind, ist im Museo Arqueológico de Burgos zu sehen. Das ikonographische Programm stellt Christus als Kosmokrator, als Herrscher über die Himmelsgestirne, in das Zentrum dieses außergewöhnlichen Dekors.

Santo Domingo de Silos (III L): Das **Kloster Santo Domingo de Silos** liegt im abgelegenen Tal des Mataviejas, etwa 60 km südöstlich von Burgos, abseits der direkten Pilgerstraße nach Santiago. ⇨

1040 wurde der beim König von Navarra in Ungnade gefallene Prior Domingo Manso von *San Millán de la Cogolla* durch Intervention Fernandos I. von Kastilien zum Abt

Kloster Santo Domingo de Silos, Kreuzgang

des später nach ihm benannten Benediktinerklosters *Santo Domingo de Silos* ernannt. In den 33 Jahren bis zu seinem Tod verwandelte er das Kloster in eine der politisch und wirtschaftlich mächtigsten Abteien des Landes und schuf dadurch die Grundlage für den Neubau der Klosteranlage. Aus dem Skriptorium gingen bedeutende illuminierte Handschriften hervor, z.B. der berühmte Silos-Beatus. Der Kreuzgang geht möglicherweise auf die Intervention des Abtes zurück. Nach seinem Tod 1073 wurde er dort begraben. Die Nachricht seiner Wundertaten verbreitete sich schnell und zog rasch Pilger an. Der weitere Ausbau der Abtei erfolgte unter seinem Nachfolger Fortunio (reg. 1073 – nach 1100). Verzögerungen im Kirchenneubau und die sich verschlechternde wirtschaftliche Lage sorgten für den Erhalt der wesentlichen Abschnitte des romanischen Kreuzganges, während die Kirche im 18. Jh. umgebaut und erweitert wurde. Heute leben etwa 33 Mönche in der Abtei, die in den letzten Jahren durch Einspielungen gregorianischer Gesänge international bekannt wurde. Öffentlich zugänglich sind die Kirche, die Klosterapotheke und der untere Kreuzgang.

Die Arbeiten am zweigeschossigen Kreuzgang begannen um 1085. Das zum Klausurbereich gehörende Obergeschoss wurde 1158 vollendet. Die Arkaden lasten auf Doppelsäulen; die Mittelachsen sind durch jeweils vier Säulen gekennzeichnet. *In situ* haben sich die Kapitellplastiken und die Pfeilerreliefs auf der Nord-, Ost- und Südseite erhalten. Sie sind Ende des 11. Jh.s und in der ersten Hälfte des 12. Jh.s entstanden. Der Kreuzgang wird von einer fein gearbeiteten und bemalten Holzdecke überdacht, deren Motive aus dem Alltagsleben, der Tierwelt und dem religiösen Leben stammen. Die Kapitelle und Reliefs des unteren Kreuzgangs zählen zu den bedeutendsten der spanischen Romanik. Sie werden zwei Bildhauerwerkstätten zugeschrieben, dem nur hier auftretenden Meister von Silos (Nord- und Ostflügel) und einer weiteren Werkstatt, die weniger qualitätvoll arbeitete (Süd- und Westflügel). Sie zeigen gegenständige Sturmdämonen und Harpyien, d.h. Mädchen mit Vogelleibern, die der griechischen Mythologie entnommen sind. Außerdem sieht man verschlungene Vögel, Blattranken und Korbgeflechte – Motive, die der islamischen Kunst entlehnt sind. Es wird nicht ausgeschlossen, dass die Künstler in Silos Hand in Hand mit maurischen Kunsthandwerkern arbeiteten, was zu der Verbindung von christlichen Kapitellformen mit islamisch beeinflusstem Dekorum führte. Daneben sind Doppelkapitelle mit biblischen Szenen zu sehen, die wegen ihrer starken Verwitterung nur schwer bestimmbar sind.

Hervorzuheben sind die acht szenischen Reliefs der vier Eckpfeiler, mit denen der Kreuzgang zu einem Meditationsweg über die Heilsgeschichte wird. Sie zeigen folgende Szenen: NO: Kreuzabnahme, Grablegung; SO: Christi Himmelfahrt, Pfingsten; NW: Gang nach Emmaus, Der Ungläubige Thomas; SW: Verkündigung und Krönung Mariens, Wurzel Jesse. Die Darstellung des *Christus mit den Jüngern in Emmaus* verdient besondere Aufmerksamkeit, denn Christus ist hier als Jakobspilger mit Pilgertasche und Muschel zu sehen. Die Reliefs der *Verkündigung* und *Krönung Mariä* unterscheiden sich stilistisch von den anderen Reliefplatten und stammen höchstwahrscheinlich aus der Hand eines weiteren, jüngeren Meisters. In Spanien finden sich keine Vorbilder und auch keine direkten Nachfolger des Meisters von Silos.

Hinter Villalbilla (III L) führt der Weg nach Tardajos über die *Puente del Arzobispo* über den Río Ubierna, an der der Legende zufolge Alfonso VI. bei der Verfolgung der Feinde vom Pferd stürzte.

Die Geschichte von Tardajos (III L) kann bis in die keltische Epoche (8. Jh. v. Chr.) zurückverfolgt werden, siedelte hier doch der Keltenstamm der Turmogi. Auch die Römer haben hier Spuren hinterlassen. Unter Alfonso III. von Asturien wurde nach der Rückeroberung des Landstrichs die Wiederbesiedlung forciert und Tardajos in eine Verteidigungslinie entlang des Río Arlanzon bis nach Castrojeriz integriert. Für das 12. Jh. sind neben einem Hospiz auch zwei Klöster, San Cristóbal und Santa María, bekannt. Der Spruch *De Rabé a Tardajos, no te faltarán trabajos, de Tardajos a Rabé, ¡Libéranos, Dómine!* (›Von Rabé nach Tardajos fehlen dir keine Arbeiten, von Tardajos nach Rabé – befreie uns, O Herr!‹) erinnert an die Beschwerlichkeit des einstmals morastigen Wegs. Die Kirche La Asunción im Zentrum, ein blockhafter Bau aus dem 13.–18. Jh., ziert ein Renaissanceportal. Im Konvent der Paulaner-Mönche sind ebenfalls die Reste eines Portals aus dem 16. Jh. zu sehen. Die einstige Bedeutung des Ortes zeigt sich an den teilweise großzügigen, mit Wappenschilden ausgestatteten Häusern. Die Reste einer Burg wurden beim Neubau einer Straße durch die Anlage eines Tunnels gerettet.

⇨ SASAMÓN (III K) liegt auf der rechten Seite der Autobahn nach Santiago. Seine Vergangenheit lässt sich bis in römische Zeit zurückverfolgen, als der Ort den Namen Segisama trug. Aus dieser Zeit haben sich Mosaike (im Museo parroquial), drei im Mittelalter renovierte Brücken über den Río Brullés und Teile der alten Verkehrswege erhalten. Die römische Umfassungsmauer wurde im Mittelalter verstärkt; von ihr ist noch das Eingangstor mit Balkon erhalten, während sich der Rest in den Bauten des Ortes verloren hat. Im Laufe des 9. Jh.s wiederbevölkert, wird Sasamón 1080 erwähnt. Die Bedeutung des Ortes war in dieser Zeit durch den Zuzug des Bischofs Munio (1059–85) beträchtlich gestiegen. Der Bischofssitz in Sasamón hielt sich bis 1128 mit drei weiteren Bischöfen. Dann verfügte Alfonso VII. die Angliederung an das Kapitel von Burgos. Eine erneute Blütezeit erlebte der Ort im 16. Jh. durch den Zuzug einiger Adelsfamilien, die sich hier repräsentative Häuser errichten ließen. Beispielsweise lebten die Familien Báscones und Osorio y Villegas hier, deren ehemalige Wohnhäuser noch die Wappenschilde tragen. Herausragend ist auch der Palast der Valtierra mit einem prächtigen Renaissanceportal, auf dessen Gesims die Inschrift zu lesen ist: »SOLI DEUS LAUS, HONOR ET GLORIA« (›Nur Gott Lob, Ehre und Ruhm‹). Zahlreiche Künstler ließen sich hier nieder: u. a. richtete Domingo de Amberes 1558 eine Werkstatt ein, um das Retabel von Pampliega zu vollenden und ein neues für die Kirche San Martín in Isar zu beginnen. Im 17. Jh. lebten Juan de Valtierra und Diego de Arroyo in Sasamón, die den Altar für die Pfarrkirche von Olmillos de Sasamón schufen. Der Niedergang begann mit der Invasion der napoleonischen Armee im Jahr 1812.

Die Baugeschichte der **Kirche Santa María la Real** begann im 12. Jh. mit der Errichtung einer Zisterzienserkirche, die nach und nach durch die heutige gotische Kirche ersetzt wurde, und fand ihren Abschluss im Turm zu Beginn des 17. Jh.s. Der Kreuzgang wurde im Jahr 1450 errichtet. Der Brand, den Santos Padilla am 20. Juni 1812 entfachte, führte zu weitreichenden Zerstörungen des Langhauses und des Kreuzganges. In den letzten Jahrzehnten wurde das Bauwerk restauriert und rekonstruiert. Auffälligstes Bauteil ist das Portal des südlichen Querschiffs, das eine Kopie der → Puerta del Sarmental der Kathedrale von Burgos ist. Der Eingang zur Kirche führt durch die Puerta de San Miguel, die 1504 angelegt wurde. In den Zwickeln sind unter fein gearbeiteten gotischen Baldachinen von links nach rechts ein König, der hl. Johannes der Evangelist, der hl. Johannes der Täufer und ein Bischof zu sehen. Über einem Gesims darüber erhebt sich die Figur des Erzengels Michael im Kampf gegen den Drachen. Der Hauptaltar aus der Zeit um 1580 ist den beiden Johanni geweiht. Während die Bildtafeln Szenen aus ihrer beider Leben zeigen, steht im Zentrum des Altars eine spätgotische Madonnenfigur aus dem 15. Jh. Unter den weiteren Ausstattungsstücken sind besonders ein Altar von Diego de Siloé, dem Erzengel Michael geweiht, und ein dem hl. Jakobus geweihter Altar in plantereskem Stil zu erwähnen, der der Werkstatt von Vigarny zugerechnet wird. Das Taufbecken mit Darstellungen der Kirchenväter und des auferstandenen Christus aus der Zeit um 1500 wird der Werkstatt der Familie Colonia zugeschrieben.

Der Kreuzgang wurde über einem Vorgängerbau 1450 neu errichtet. Von seinem reichen Dekor sind vor allem die Konsolen der Gewölberippen hervorzuheben, die als Büsten der Propheten, Könige, Patriarchen und Kirchenväter ausgestaltet sind.

Im **Museo parroquial** sind u. a. aus römischer Zeit Mosaiken, Grabstelen, Münzen und Schmuckstücke zu sehen. Aus der Zeit des Bischofssitzes hat sich in der Sakristei ein Wappenschild mit vier Mitren und der Abkürzung E. H. O. E. C. (*Ecclesia haec olim ecclesia Catedralis* – ›Diese Kirche war in anderer Zeit Kathedrale‹) erhalten.

○○ Das 6,20 m hohe skulptierte **Wegekreuz** in der **Ermita de San Isidoro** datiert aus dem frühen 16. Jh. und ist mit Szenen aus dem Alten und dem Neuen Testament überzogen: der Baum der Weisheit erhebt sich über einem Sockel mit der Inschrift: »ESTA CAPILLA I CRUZ HIZO EL MUI REVERENDO DIEGO GARCIA C. O. A SU COSTA« (›Diese Kapelle und das Kreuz errichtete der sehr ehrerbietige Diego García auf seine Kosten‹).

○ Das Gebäude der **Casa Museo de Salaguti** des in Sasamón am 12. Juli 1944 geborenen Bildhauers Carlos Salazar Gutiérrez, gen. Salaguti, ist als begehbare Skulptur angelegt.

Im **Museo Municipal de Arte Contemporaneo Ángel Miguel de Arce**, dem renovierten ehemaligen Pilgerhospiz, das dem Templerorden unterstand, wurde im Jahr 2000 ein Museum für Gegenwartskunst eingeweiht, in dem 250 Gemälde vom Ende des 19. Jh. bis in die jüngste Vergangenheit zu sehen sind. Der überwiegende Teil der ausgestellten

Werke, der als Schenkung an diesen Ort kam, stammt aus der Sammlung des Madrider Kunstkritikers und Galeristen Ángel Miguel de Arce.

Der **Arco de San Miguel**, ein leicht spitzbogiges Stufenportal, ist der einzige Überrest eines Zisterzienserklosters, dessen Ursprünge bis in das 11. Jh. zurückgehen.

Der Name Olmillos de Sasamón (III K) leitet sich von *olmo* (Ulme) ab. Die Gründung erfolgte um 880 während der Wiederbesiedlung der rückeroberten Gebiete. Die erste urkundliche Erwähnung datiert vom Ende des 11. Jh.s. Im Mittelalter standen zwei Hospize den Pilgern nach Santiago zu Diensten, von denen das eine, San Juan, bis in die Zeit der Säkularisierung im 19. Jh. bestand.

Der Ort wird von einer **Burg** beherrscht, die um 1446 durch Pedro de Cartagena, einen konvertierten Juden aus Burgos, errichtet wurde und die, einem Brand im 19. Jh. zum Trotz, auch heute noch durch ihr mit Zinnen gekröntes Palastgeviert mit runden Ecktürmen und einer vorgelagerten Barbakane beeindruckt. Dieses Vorwerk dient als Eingang in den Komplex, der vor einigen Jahren in ein Luxushotel umgewandelt wurde. An vielen Stellen ist die Wappenlilie der Familie Cartagena zu sehen, auch wenn die Burg in den Händen mehrerer Adelsfamilien war.

Die Arbeiten an der **Iglesia de la Asunción de Nuestra Señora de Olmillos**, einer Hallenkirche mit spätgotischem Schlingengewölbe, begannen 1522. Der Turm wurde 1618 im strengen Herrera-Stil errichtet. Den Hauptaltar schufen 1654 Juan de Valtierra und Diego de Arroyo. Im Zentrum steht eine Madonnenfigur aus dem späten 15. Jh.

Rabé de las Calzadas (III K) konkurriert mit Tardajos um den Anspruch, dass an dieser Stelle die römische Stadt Deobrigula gestanden habe. Die erste Erwähnung erfolgte im Jahr 946. Die ehemalige **Burg**, die 1475 dem Bischof von Burgos als Zufluchtsort diente, tritt nur noch quellenkundlich in Erscheinung, u. a. im Testament von Isabella der Katholischen.

Der Ort strahlt mit seinen teilweise wappengeschmückten Steinbauten mittelalterliches Flair aus. Dazu zählt der ehemalige **Palast der Grafen Villariezo**, der zu Beginn des 17. Jh.s im strengen Herrera-Stil errichtet wurde. Er steht gegenüber der in den Jahren 1882–84 von Don Baldemoro Pampliego y Villalobos erbauten Schule. Baldemoro Pampliego y Villalobos, geboren am 24. Februar 1817, gilt als der berühmteste Sohn des Ortes, der sich als Chirurg und Augenarzt auf die Behandlung des Grauen Stars spezialisiert hatte und als bedeutender Mäzen anzusehen ist.

Die **Pfarrkirche Santa Marina** wartet mit einem Portal aus dem 13. Jh. mit zwei spitzbogigen Archivolten auf, deren innere mit einem Sägezahn-Dekor versehen ist. Die vier Kapitelle über den Gewändesäulen sind mit Blattornamentik überzogen.

Hornillos del Camino (III K) wird bereits im 9. Jh. als Teil einer Verteidigungskette erwähnt, zu der auch Tardajos, Rabé de las Calzadas und Castrojeriz gehörten. Dort erscheint der Name »Forniellos« (›Öfchen‹), der sich auf die damalige Herstellung von Ziegeln und Kalk bezog. Im Jahr 1156 wurde die Stadt unter die Herrschaft des französischen Abtes von Saint-Denis gestellt, woraufhin ein französischer Prior ein Benediktinerkloster gründete. Dieses Kloster war abhängig von Notre-Dame de Rocamador. In das 13. Jh. fällt die Einrichtung von drei Pilgerhospizen. 1936 wurden westgotenzeitliche Gräber entdeckt, die mit Keramik und Metallwaren reichhaltig ausgestattet waren. Die **Kirche Santa María** gewährte einstmals einen Ablass von 40 Tagen, den die Pilger unter der Voraussetzung erhielten, dass sie die Gebete zu bestimmten festgesetzten Zeiten verrichteten. Vor der Kirche steht ein monolithisches Denkmal mit der Figur eines Hahnes und erinnert an eine Begebenheit zu Zeiten der napoleonischen Besetzung: Das gestohlene Tier krähte kurz vor seinem Tod und konnte so seinen Dieb entlarven. Erwähnenswert sind ferner zwei **Brücken**, die aus dem Mittelalter stammen.

Im Wäldchen von SANBOL (III K) stand ehemals ein dem hl. Baudillo geweihtes Kloster. An seiner Stelle steht heute ein kleines überkuppeltes Gebäude, das als Pilgerherberge dient.

HONTANAS (III K) leitet sich von *fontana* (›Quelle‹) ab und bezieht sich auf verschiedene Quellen, die hier entspringen, eine davon am Fuße der **Pfarrkirche Nuestra Señora de la Concepción** aus dem 14. Jh. mit einem Altar des Barockkünstlers Fernando de la Peña. Von den gut erhaltenen Gebäuden ist vor allem das **Hospital de los Franceses** (auch *Hospital de San Juan* genannt) hervorzuheben, das heute wieder seiner früheren Zweckbestimmung als Pilgerherberge entspricht.

Die Ruinen des **Klosters San Antón** liegen etwa 2 km östlich vor CASTROJERIZ. Der Konvent wurde 1146 von Alfonso VII. gegründet, unterstand den Hospitalbrüdern des hl. Antonius und diente als Sitz des Ordensgroßmeisters. Besondere Pflege konnten hier die Pilger erwarten, die an der sog. Antonius-Krankheit (Mutterkornvergiftung) litten: So war es beispielsweise Brauch, sie mit dem Pilgerlied *Ultreia* von Jean-Claude Bénazet zu empfangen. Im Jahr 1791 wurde das Kloster geschlossen, der Hauptaltar in die → Kirche San Juan in Castrojeriz überführt. Weitere mobile Güter gingen in die → Stiftskirche Nuestra Señora del Manzano in Castrojeriz über.

Der Klosterkomplex des 14. Jh.s, dessen Ruinen heute noch existieren, wurde anstelle des Vorgängerbaus aus dem 12. Jh. errichtet. Es gab zwei Eingänge: einen vom Camino aus und einen auf der Westseite. Der Eingang vom Pilgerweg besteht aus einem spitzbogigen Stufenportal, dessen Archivolten Skulpturen biblischer Gestalten in schlechtem Erhaltungszustand tragen. Die Giebelzone der Westfassade ziert eine Rosette. Das Langhaus beschließt ein polygonaler Chor, der von einer Doppelreihe spitzbogiger Fenster belichtet wurde. Im Inneren sind teilweise noch Bündelpfeiler erhalten. An vielen Stellen der Fassade ist der griechische Buchstabe »Tau« als Zeichen für den Antoniterorden zu sehen.

Castrojeriz (III K) am Río Odra wird im Pilgerführer erwähnt. Der Ort hat die Struktur eines Straßendorfes, an dessen Hauptstraße sich verschiedene Kirchen aneinanderreihen und an der ehemals mehrere Pilgerhospize standen. Auf dem hinter dem Ort sich erhebenden Hügel sind heute die Ruinen der einstmals mächtigen Burg Sigerici zu sehen. Castrojeriz hatte nicht nur eine große Bedeutung als Station am Pilgerweg, sondern war nach der Rückeroberung ein strategisch wichtiger Punkt auf der Hochebene, die ab dem Ende des 9. Jh.s wiederbesiedelt wurde. Linguistisch ist der Name nicht genau einzuordnen: Er wird auf den Namen der Burg *Castrum Sigerici* zurückgeführt. Die frühen französischen Pilger nannten den Ort *Quatre Souris*; der deutsche Pilger Herman Künig nannte ihn in seinem Reisebericht von 1495 *Castle-Fritz*. Während des Aufstandes der Comuneros tagte hier im Jahr 1521 der Consejo Real de Castilla. Viele Adelsfamilien ließen sich hier Paläste errichten, z. B. die Familie Gutiérrez Barona, deren Palast nahe der Kirche San Juan zu finden ist und heute als Altenwohnheim dient.

△ Das **Castrum Sigerici** beherrschte von seiner Position über der Stadt die weite Ebene. Die Anfänge der Bauarbeiten werden in das 9. Jh. datiert, über Vorgängerbauten bereits aus keltiberischer, römischer und westgotischer Zeit. In den nachfolgenden Jahrhunderten war Castrojeriz strategisch ebenso bedeutend wie Burgos. Die heute sichtbaren

Ruinen sind die Überreste der Anlage aus dem 13. Jh., die während des starken Erdbebens von 1755 zerstört wurde.

Die **Kirche Santo Domingo** aus gotischer Zeit erfuhr im 18. Jh. im Bereich der Gewölbe eine Umformung, in deren Folge die mudéjare Holztäfelung durch ein Steingewölbe ersetzt wurde. Das Portal in der Südfassade wurde in der zweiten Hälfte des 16. Jh.s mit Renaissance-Elementen gestaltet. Der Hauptaltar entstammt dem 18. Jh. Der Kirche ist ein Teil des **Museo de Arte Sacro** angeschlossen; hier sind Tapisserien nach Entwürfen von Peter Paul Rubens zu sehen.

Die Anfänge der **Kirche Santa María del Manzano** im gleichnamigen Viertel werden in das 9. Jh. datiert. Sie war zunächst Heimstätte einer Klerikergemeinschaft, gemäß einer Erwähnung in dem *fuero* von 974. Das gegenwärtige Gebäude, eine Stiftung von Doña Berenguela de Castilla (Mutter von Fernando III. el Santo), wurde ab 1214 errichtet mit späteren Anbauten, besonders aus dem 18. Jh. unter Mitwirkung des Architekten Juan de Sagarvinaga. In der *Capilla de la Virgen del Manzano* ist die ehemals sehr berühmte wundertätige Marienstatue aus dem 13. Jh. zu bestaunen. Heute ziehen eher die Gemälde des Hauptaltars die Aufmerksamkeit auf sich, die von Anton Raphael Mengs (1728–1779) stammen, der als Hofmaler König Carlos' III. wirkte.

Die **Kirche San Juan** wurde im ersten Drittel des 16. Jh.s über den Resten eines Vorgängerbaus aus dem 12./15. Jh. errichtet; als Architekt wird Rodrigo Gil de Hontañón genannt, der auch für die Kathedralen von Salamanca, Segovia und Plasencia tätig war. Der zwölfteilige Altar wird Ambrosius Benson (um 1495–1550) zugeschrieben. In den Bildtafeln des Mittelteils sind von unten nach oben die Messe des hl. Gregor, die Verkündigung, die Heimsuchung und die Kreuzigung Christi zu sehen. Bemerkenswert ist der Kreuzgang als Überrest des Vorgängerbaus, dessen drei sich zum Innenhof hin öffnende Flügel aus dem 15. Jh.

stammen. Die Galerien werden von einer mudéjaren *artesonado*-Holzdecke überdeckt, die astrologische Darstellungen und die Wappen der Familie Gómez Sandoval, der Herren über Castrojeriz zwischen 1426 und 1476, tragen.

Die **Arcos del Monasterio de San Francisco** am Ortsausgang weisen auf das ehemalige Franziskanerkloster aus dem 14. Jh. hin. Der Orden unterhielt hier eine Schule, die im 15. Jh. freien Unterricht erteilte. Mit der Umnutzung des Geländes als Friedhof (bis 1889) begann der Verfall des Gebäudes.

Das **Monasterio de Santa Clara** außerhalb von Castrojeriz wurde 1326 aus dem Valle de San Róman an diesen Standort verlegt. Die Gebäude stammen aus dem 14. Jh., wurden aber im 18. Jh. renoviert. Das Kloster ist auch heute noch von Nonnen des Klarissenordens bewohnt und bewirtschaftet.

Itero del Castillo (III K) liegt strategisch bedeutsam am Kreuzungspunkt verschiedener Wege. Der Name leitet sich von *hito* ›Grenzstein‹ ab. Die Grenzlage bezieht sich nicht nur auf die heutigen Provinzen Burgos und Palencia, sondern in früheren Zeiten auf die kastilisch-umayyadische Grenze und auf die Grenze zwischen den Bistümern Burgos und Palencia. Erstmals in den 934 ausgestellten *fueros* für Melgar de Suso erwähnt, erhielt der Ort später zahlreiche königliche Privilegien. Von der ehemaligen Ummauerung hat sich der Bergfried am nördlichen Ortsrand aus dem 14. Jh. erhalten, der kürzlich restauriert wurde.

Die **Pfarrkirche San Cristóbal** mit Kreuzgratgewölbe und *yesería*-Arbeiten wurde im 18. Jh. errichtet, ebenso der Turm. Von den zahlreichen Ausstattungsstücken sind besonders das Taufbassin und das Weihwasserbecken aus dem 12. Jh. zu erwähnen.

Die Ursprünge des **Hospitals San Nicolás de Ponte Fitero** in der Nähe der Brücke als letzte Station in der Provinz

Burgos gehen auf den Grafen Nuño Pérez de Lara und seine Frau Doña Teresa zurück. Im Jahr 1174 wurde das Hospital von Steuerzahlungen befreit.

Das Gebäude zeigt Spuren verschiedener Renovierungsphasen, aufgrund derer es in die erste Hälfte des 13. Jh.s datiert wird. Es wurde zuletzt von der Jakobus-Bruderschaft aus Perugia restauriert und dient heute wieder als Pilgerherberge. Der Hauptraum wird heute zugleich als Küchen-, Ess- und Schlafraum genutzt.

Die im Pilgerführer als *Pons Fiterie* erwähnte neunbogige **Brücke Puente Fitero** über den Fluss Pisuerga wurde von Alfonso VI. in Auftrag gegeben. Sie verbindet nicht nur die politischen Provinzen Burgos und Palencia, sondern auch die Diözesen beider Städte.

Provinz Palencia

Von Itero de la Vega über Frómista, Villalcázar de Sirga und Carrión de los Condes nach San Nicolas del Real Camino

Der erste Ort der Provinz Palencia nach der Überquerung des Río Pisuerga über die im Pilgerführer genannte Pons Fiterie ist Itero de la Vega (III K). Er wurde im 10. Jh. im Zuge der Wiederbesiedlung des Tierra-de-Campos-Gebietes von Fernán Armentález gegründet. Die am Eingang des Ortes stehende **Ermita de la Piedad** mit einem spitzbogigen Eingangsportal stammt aus dem 13. Jh. Zu ihren Ausstattungsstücken gehört die Skulptur des Jacobus peregrinus. Die Pfarrkirche **San Pedro** wurde im 16. Jh. über einem Vorgängerbau aus dem 13. Jh. errichtet, wobei das Portal des Vorgängerbaus auf der Westseite erhalten blieb. Eine Gerichtssäule verweist auf die ehemals eigenständige Gerichtsbarkeit des Ortes.

Boadilla del Camino (III J) wird bereits im *Codex Calixtinus* als eine Station in den Tierras de Campos erwähnt. Er gehört ebenfalls zu einer Reihe von Ortschaften, die in der Gegend um Palencia im 10. Jh. gegründet wurden. Im Jahr 970 erhielt er die *fueros municipales*. Überregionale Bedeutung erlangte Boadilla zwischen dem 10. und dem 14. Jh. durch die Wegführung des Camino de Santiago. Zwischen 1753 und 1849 wurde hier der → Canal de Castilla vorbeigeführt, von dessen Bau sich die Einwohner seinerzeit einen wirtschaftlichen Aufschwung erhofften.

Die **Pfarrkirche Santa María de la Asunción** wurde im 16. und 17. Jh. über einem romanischen Vorgängerbau, auf den Reste im Bereich des Turms verweisen, errichtet. Der Hauptaltar ist der Jungfrau Maria geweiht. Er entstand nach 1548 durch die Künstler Juan de Cambray, Pedro de

Flandes und Mateo Lancrín. 1620 vollendeten Luis de Borunda und Blas de Cervera die Vergoldung und farbige Fassung des Retabels.

Zu den Ausstattungsstücken gehört ein außergewöhnliches **Taufbecken**, das in das späte 13. Jh. datiert wird. Es ist auf drei umlaufenden Frieszonen mit Kreuzen und Rosetten dekoriert und sitzt auf einem in das 14. Jh. datierten Piedestal, das sich aus zwölf gedrungenen Säulen zusammensetzt. Die zwölf Säulen werden zum einen mit den zwölf Söhnen Jakobs, den zwölf Stämmen Israels, oder den zwölf Aposteln als Fundament der christlichen Lehre gedeutet, und zum anderen mit der Zwölfzahl des Tierkreiszeichens und der Anzahl der Monate eines Jahres in Verbindung gebracht.

Die auf einem Platz hinter der Kirche stehende Säule, deren Schaft mit Jakobsmuscheln und Nagelköpfen dekoriert ist, verweist auf die ehemals eigenständige Gerichtsbarkeit des Ortes, die auf König Enrique IV. zurückgeht und von den Katholischen Königen im Jahr 1482 bestätigt wurde.

Die Gründung Frómistas (III J) wird im 10. Jh. im Zuge der Wiederbevölkerung vermutet. Im Pilgerführer erwähnt, wurde Frómista mit seinen vier Hopizen ein bedeutender Halt am Pilgerweg nach Santiago. Seit der Regierungszeit Fernandos I. ließen sich zahlreiche jüdische Familien in Frómista nieder, deren Zahl bis Ende des 15. Jh.s auf rund 200 Familien angewachsen war, etwa ein Viertel der gesamten Stadtbevölkerung. Ihre Vertreibung im Jahr 1492 verursachte große wirtschaftliche Schäden. Zwischen dem 16. und dem 18. Jh. erlebte die Stadt eine Zeit des Niedergangs, der erst mit dem Bau des Canal de Castilla Ende des 18. Jh.s ein Ende nahm. Auch die Anbindung an das Eisenbahnnetz im Jahr 1865 förderte den ökonomischen Aufschwung. Frómista ist der Geburtsort des Pedro González Telmo (1185–1246), des San Telmo, der als Schutzheiliger der Seefahrer gilt. Er widmete sein Leben dem Dienst der Kirche und starb 1246 in Tuy.

Die dem hl. Martín von Tours geweihte **Kirche San Martín** gilt mit ihrem qualitätvollen plastischen Baudekor als eines der wichtigsten Bauwerke der Romanik. Ursprünglich Teil einer Klosteranlage, steht sie heute isoliert auf einem großzügigen Platz. Quellenkundlich ist die Anlage erstmals durch das aus dem Jahr 1066 stammende Testament der Doña Munia Mayor von Kastilien dokumentiert. Die Königinwitwe vermachte ihre Güter an die von ihr gestiftete Anlage. Dieses Datum gilt als Referenz für die Chronologie der romanischen Bauten in Nordspanien, werden darin doch das Kloster und die Kirche als im Bau befindlich erwähnt. Als Vergleichsbeispiele für die Bauplastik werden die → Kathedrale von Jaca, → San Isidoro in León und die → Kathedrale von Santiago genannt. Die Fertigstellung wird um 1085/90 vermutet. Von 1112 an unter-

Frómista, Kirche San Martín

stand Frómista dem → Kloster von San Zoílo in Carrión de los Condes, wodurch es stärker dem Einfluss Clunys ausgesetzt war. In den 1330er Jahren verließen die letzten Mönche das Kloster, das damit seine Funktion verlor. Zwischen dem 15. und 18. Jh. wurden einschneidende An- und Umbauten durchgeführt, die zwischen 1896 und 1905 von dem Architekten Aníbal Álvarez mit einer umstrittenen Rekonstruktion revidiert wurden, so dass das Bauwerk heute wie aus einem Guss erscheint.

Die dreischiffige, wohlproportionierte Hallenkirche mit Querschiff und drei Apsiden ist aus regelmäßig gearbeiteten Hausteinen errichtet. Außen wird der Bau durch umlaufende Schachbrettfriese horizontal gegliedert. Darüber setzen die gleichmäßig gestalteten Fensteröffnungen an, deren dekorative Elemente aus eingestellten Säulen mit skulptierten Kapitellen, mit Schachbrettfriesen dekorierten Kämpferplatten und rundbogigen Archivolten bestehen. Die Dreiteilung der Fassade setzt sich auch im oktogonalen Vierungsturm fort.

Die Westfassade wird zu beiden Seiten von zwei schlichten Rundtürmen flankiert, die spätere Anbauten zu sein scheinen. Portale finden sich an der West-, der Nord- und der Südseite, jedoch entspricht nur das Nordportal dem ursprünglichen Zustand. Die rundbogigen Stufenportale sitzen jeweils in einem leicht vortretenden Mauerfeld und werden von einem schmalen Vordach überfangen. Das Dach ruht auf einem Kranz aus fast 500 skulptierten Konsolen, deren umstrittene Datierung immer wieder kunsthistorische Debatten hervorruft. Dargestellt sind Tiere, Monster, obszöne Szenen, Gaukler, Mönche usw., die als Mahnung vor den Versuchungen des irdischen Daseins und vor den Gefahren der Wallfahrt interpretiert werden, denen sich der Mensch des Mittelalters ständig ausgesetzt sah. Eine Pilgerfahrt bedeutete nicht nur die Läuterung von begangenen Sünden, sondern auch die Befreiung aus gesellschaftlichen Zwängen und sittlichen Schranken. Die Darstellungen mahnen daher vor ausschweifenden Lebensformen. Eine schlüssige Interpretation der einzelnen Motive und des Gesamtkonzepts steht bislang aus. Das hängt zum einen damit zusammen, dass die heutige Reihenfolge der Konsolen nach den Restaurierungsarbeiten nicht eindeutig gesichert ist. Zum anderen können den Darstellungen, wie z.B. dem Löwen, oft mehrere, zum Teil sich widersprechende Deutungen zugewiesen werden, die sich aus der Bibel und der zeitgenössisch wichtigen Schrift der *Etymologia* des Isidor von Sevilla ergeben. Eindeutig ist die Warnung vor dem Teufel in seiner vielfältigen Gestalt.

Im hellen Innenraum mit Tonnengewölbe wiederholt sich der den gesamten Raum umlaufende Schachbrettfries. Im Mauerwerk haben sich zwei verschiedene Steinmetzzeichen erhalten, so dass davon ausgegangen wird, dass vorwiegend zwei große Werkstätten am Bau der Kirche beteiligt waren. Auch wenn sich keine Reste einer Bemalung nachweisen lassen, so kann davon ausgegangen werden, dass auch San Martín ebenso wie erhaltene zeitgenössische Vergleichsbeispiele (z.B. Krypta und Pantheon von → San Isidoro in León) ursprünglich bemalt war.

Die Kapitelle des Innenraumes zeigen teilweise figürliche Darstellungen, die das Thema der Konsolfiguren am Dach (Darstellungen des lasterhaften Lebens) wieder aufnehmen. Im Zuge der Restaurierungsarbeiten um 1900 wurden einige Kapitelle gegen Kopien ausgetauscht, die mit einem ›R‹ kenntlich gemacht wurden. Die Originale sind heute im Museum in Palencia ausgestellt.

Die im 15. Jh. begonnene **Kirche San Pedro** wurde erst im darauffolgenden Jahrhundert fertiggestellt. Das Portal wurde um 1560 von Juan de Escalante in Renaissanceformen errichtet. Der Hauptaltar stammt von Francisco Trejo aus der Zeit um 1636. Das Gebäude wird von der Pfarrgemeinde heute als Museum für religiöse Kunst genutzt, in dem u.a. liturgisches Gerät der Gemeinde ausgestellt ist. Unter den Gemälden stechen zwei Werke des Mengs-Schülers Gregorio Ferro hervor, die den gekreuzigten Christus und den hl. Joseph zum Thema haben.

Das gotische Gebäude der **Ermita Nuestra Señora del Otero** wurde im 18. Jh. renoviert. Dort ist die kürzlich restaurierte Figur der Schutzheiligen der Stadt, die Jungfrau von Otero mit Kind aus dem 13. Jh., zu sehen.

Neben der Kirche San Pedro steht das **Historisch-Ethnographische Museum** mit mehr als 1000 Ausstellungsstücken der ländlichen Kultur.

Die Quelle von Pozomingo, etwa 2 km außerhalb der Stadt auf einem Gutshof gleichen Namens, ist ein Zeugnis der ehemals römischen Besiedlung.

Mit dem Baubeginn des **Canal de Castilla** im Jahr 1773 OO konnte die Stadt nach Jahrhunderten des wirtschaftli-

Canal de Castilla bei Frómista

chen Niedergangs einen bescheidenen ökonomischen Aufschwung verzeichnen, denn so war nicht nur die Wasserversorgung für die umliegende Feldwirtschaft gesichert, sondern auch Erwerbstätigkeit im Bereich des Transportwesens und die Errichtung von Getreidemühlen möglich. Bei Frómista wurden zur Überwindung eines Höhenunterschieds von 14,20 m insgesamt fünf Schleusen eingerichtet. Durch die Anbindung an die Flüsse Nordspaniens konnte eine Verbindung zum Atlantischen Ozean hergestellt werden. Der Kanal ist eine der wichtigsten Ingenieurleistungen aus der Zeit der Aufklärung auf hispanischem Boden.

Población de Campos (III J) unterstand ehemals dem Malteserorden. Die **Pfarrkirche Santa María Magdalena** wurde um 1600 errichtet. Das schlichte dreischiffige Gebäude besteht aus Stein, Lehmmauerwerk und Backstein.

Am Rande des Ortes steht das schlichte rechteckige Gebäude der **Ermita San Miguel** aus akkurat vermauertem Haustein aus dem 13. Jh., das sich durch ein spitzbogiges Stufenportal und Stufenfenster in der Apsis auszeichnet. Ein Pendant findet sich in der **Ermita Nuestra Señora del Socorro**, deren Andachtsbildnis der Jungfrau in das 13. Jh. datiert wird.

In Arconada (III J) erinnert eine an der Außenmauer der **Kirche San Facundo** eingelassene Weihinschrift an den einstmals hier vorhandenen Klosterkomplex mit Hospiz, der zu Ehren der hll. Facundus, Primitivus und Christopher im 11. Jh. durch Don Gómez Díaz, Graf von Carrión, errichtet wurde.

Revenga de Campos (III J) am Ufer des Río Uciego wurde im 11. Jh. gegründet. Die Calle Francesa erinnert an die einstmals ansässigen französischstämmigen Einwohner. Die Häuser tragen teilweise Wappenschilde. Ein Monolith erinnert an General Amor, der während der Unabhängigkeitskriege Palencia gegen die Armee Napoleons verteidigte. Die **Pfarrkirche San Lorenzo** wurde im 17. Jh. über einem Vorgängerbau aus dem 12. Jh. errichtet.

In dem kleinen Ort VILLARMENTERO DE CAMPOS (III J) ○ kamen der Legende zufolge die Reliquien des hl. Martin von Tours mit einem großen Maulesel an. Die **Kirche San Martín de Tours** stammt aus dem 16. Jh. Sehenswert sind vor allem die unbemalte oktogonale *artesonado*-Decke aus dem 16. Jh. sowie eine Kalvariengruppe des Bildhauers Francisco de Giralte, Gemälde von Juan de Villoldo und ein Altar in plattereskem Stil, in dessen Zentrum eine Bildtafel mit der Darstellung des Patronatsheiligen steht.

Die Stadt VILLALCÁZAR DE SIRGA (III J) umgibt wegen der einstmaligen Präsenz der Templer etwas Geheimnisvolles. Der Name des Ortes wird auf die Wortbestandteile »Villa« (›Dorf‹), »Burg« (arab. ›Alcázar‹) und »Sirga« (›gepflasterte Straße, Weg‹) zurückgeführt, doch geben etymologische Untersuchungen für eine solche Übersetzung keine Hinweise: In den Quellen aus der Mitte des 11. Jh.s und in den *Cantigas* des Alfonso X. aus dem 13. Jh. sowie in den königlichen Steuerakten von 1591 erscheint der Ort unter dem Namen Villasirga. Der Name Villalcázar de Sirga wird erst ab dem 17. Jh. gebräuchlich, wahrscheinlich durch Einführung des Titels »Graf von Villalcázar de Sirga« durch Philipp IV. im Jahre 1661, der damit den Calatravaritter Juan de Eche belehnte.

Die Gründung des Ortes, in dessen Umgebung einige römische Villen standen, vollzog sich wahrscheinlich im 11. Jh. im Zuge der Wiederbesiedelung. Der Zeitpunkt der Ansiedlung der Tempelritter ist unbekannt. Nach der Auflösung des Ordens im Jahr 1312 ging er an die Familie Manrique über; ab 1661 wurde er in den Rang einer Grafschaft erhoben. Doch verlor der Ort allmählich in den nachfolgenden Jahrhunderten die Bedeutung, die er im 12. und

13. Jh. durch die Legenden von den Wunderheilungen der Patronin Santa María la Blanca errungen hatte, der König Alfonso X. el Sabio (reg. 1254–82) seine Gesänge *Cantigas de Santa María la Blanca* gewidmet hatte.

Die von den Tempelrittern aus hellem Haustein auf einem gemauerten Plateau errichtete **Kirche Santa María la Blanca** bietet einen unharmonischen Eindruck, der auf eine komplizierte Baugeschichte zurückzuführen ist. Sie gilt als herausragendes Beispiel für die frühgotische Ordensarchitektur der Tempelritter. Der erste Bauabschnitt wird gegen Ende des 12. Jh.s angesetzt. Danach erfolgten zahlreiche Um- und Wiederaufbauten. So soll beispielsweise die heute geschlossene Westfassade früher das in den *Cantigas* besungene Hauptportal Portada del Ángel gewesen sein. Die in das 13. Jh. datierten Figuren (ein Engel, ein Bischof, eine Königin, ein König, Isaac), die auf dieser Seite auf dem Dach zu sehen sind, sollen von diesem ehemaligen Portal stammen.

Das heutige Hauptportal auf der Südseite der Kirche und der Zugang zur Santiago-Kapelle rechts davon werden von einer hohen Vorhalle überwölbt. Die Archivolten der Eingänge tragen die Figuren von Heiligen und Engeln. Über dem Haupteingang sind zwei Skulpturenfriese zu sehen, die Ende des 13. Jh.s datiert werden. Der untere Fries ist der Jungfrau Maria mit folgenden Szenen von rechts nach links gewidmet: Verkündigungsszene, die thronende Jungfrau mit dem Christuskind, die Heiligen Drei Könige. Darüber ist Christus Pantokrator umgeben von den Evangelistensymbolen und den Aposteln zu sehen.

Der dreischiffige Innenraum schließt mit geraden Apsiden im Anschluss an ein zweischiffiges Querhaus, das zu beiden Seiten um jeweils ein Seitenschiff verbreitert ist, die in pentagonalen Apsiden enden. Das südliche Querhaus ist sogar um ein weiteres Segment gen Süden verlängert und bildet zusammen mit dem vorangehenden die sog. Santiago-Kapelle, die durch eine große Fensterrose beleuchtet

Villalcázar de Sirga, Kirche Santa María la Blanca, Vorhalle

wird. Der hohe Bau wird von Kreuzrippengewölben überdacht, die Santiago-Kapelle von einem Sterngewölbe.

Die Skulpturen an den Vierungssäulen stellen die hll. Petrus und Paulus, die Jungfrau Maria, einen Verkündigungsengel und den hl. Michael dar. Sie werden wie die Figuren auf dem Giebel der Westfassade in das 13. Jh. datiert. Die Kapitelle sind ebenfalls figurativ gestaltet. Der Hauptaltar stammt aus der Zeit um 1500. Er setzt sich aus 27 gemalten Tafeln in flämisch-hispanischem Stil mit Szenen aus dem Leben Christi und Mariens in gotischem Schnitzwerk zusammen, die einer Signatur auf der Moses-Darstellung gemäß Meister Alejo sowie einem in einem Rechnungsbuch erwähnten Meister von Villasirga zugeschrieben werden. Ob die beiden Personen identisch sind, ist nicht geklärt. Im Zentrum steht eine Marienfigur des 13. Jh.s. Der Altar wird von einer farbig gefassten Calvariengruppe aus dem 13. Jh. bekrönt. Weitere Altäre aus dem 16. Jh. sind dem hl. Antonius und dem hl. Jakobus d. Ä. gewidmet.

Die Santiago-Kapelle birgt vier skulptierte Marienfiguren aus dem 13. Jh., darunter jene Wundertätige, als Santa María la Blanca verehrte, die König Alfonso X. in seinen *Cantigas* besingt. Hier stehen auch die **Sarkophage** des Infanten Don Felipe (gest. 1274), jüngerer Bruder Königs Alfonso X. el Sabio und seiner zweiten Frau Doña Leonora Ruiz de Castro (gest. 1274). Sie werden dem Bildhauer Antón Pérez de Carrión zugeschrieben und zählen zu den Meisterwerken frühgotischer Plastik in Europa. Die Liegefiguren auf den farbig gefassten Sarkophagen zeigen Don Felipe, den Sohn von Beatrix von Schwaben, mit erhobenem Schwert in der einen Hand und einem Falken in der anderen, beides Symbole seines Ritterstandes. Doña Leonora hält hingegen eine Paprika, Teil des Wappens der Familie Pimentel, der sie entstammte – entgegen der bisherigen Deutungen des Objektes als Tasche oder Herz. Auf den von Löwen getragenen Sarkophagen werden ihre Begräbnisse geschildert. Don Felipe war zunächst für eine geistlidie Laufbahn bestimmt: Er war Abt in Covarrubias und Valladolid, Bischof von Osma und Erzbischof von Sevilla. Er trat jedoch in den Laienstand zurück, als er sich in Christina von Norwegen, die Braut seines Bruders, verliebte, die er schließlich heiratete. Sie verstarb 1262 und wurde in Covarrubias beigesetzt. Der dritte Sarkophag enthält die sterblichen Überreste eines Santiago-Ritters namens Juan Pérez (gest. 1338), wie einer Inschrift am Kopfende des Sarkophages zu entnehmen ist. Während auf den Längsseiten Wappenschilde zu sehen sind, ist am Kopfende eine Marienkrönung und am Fußende Christus, Maria segnend, dargestellt.

Die Ursprünge der am Río Carrión gelegenen Stadt CARRIÓN DE LOS CONDES (II/III J) reichen bis in keltiberische Zeit zurück; während der Römerzeit trug sie den Namen Lacóbriga. Die Zeit der Herrschaft der Westgoten und nach der arabischen Invasion verlief unspektakulär. Das änderte sich mit der Rückeroberung zu Zeiten Alfonsos II. el Casto (791–842), als der Ort, der damals Santa María de Carrión hieß, sich zu einer der führenden Städte des Königreiches León entwickelte. Er wurde von der mächtigen Familie der Grafen der Banu-Gómez beherrscht, auf die auch der aktuelle Name des Ortes zurückgeht. Im Jahr 1077 führte Gómez Díaz mit seiner Frau Doña Teresa den Benediktinerorden in dem bereits existierenden Kloster San Zoilo ein. Im 12. Jh. war Carrión durch seine Lage am Weg nach Santiago eine bedeutende und wohlhabende Pilgerstadt geworden, die für ihren Reichtum an Brot, Wein und Fleisch im Pilgerführer des *Codex Calixtinus* (Kap. III, S. 66) ausdrücklich erwähnt wird. Von der Prosperität zeugen auch die zahlreichen Klöster und die quellenkundlich erwähnten Hospitäler; für das 15. Jh. sind 14 vermerkt. Zahlreiche adlige Familien ließen sich nieder, Konzilien und Sitzungen des Staatsrates wurden abgehalten. Doch ab dem 16. Jh. verlor Carrión seine Bedeutung, auch wenn Philipp III. durch die Einrichtung einer noch heute begangenen französischen Messe dieser Entwicklung entgegenzuwirken versuchte. Ein Brand im Jahr 1811 und die Säkularisation 1835 zerstörten zahlreiche Gebäude und Denkmale. Auch die für Carrión charakteristischen Wohnhäuser aus Lehm und Stroh verschwanden zum großen Teil. Einige wenige der alten Häuser haben sich jedoch erhalten.

Die **Kirche Santa María de Carrión de los Condes** wurde um 1150 errichtet und gilt als die älteste in der Stadt. Sie ist der Virgen de las Victorias geweiht, obgleich unklar ist, welche Siege über die Mauren gemeint sind. Später wurde sie wegen ihrer unmittelbaren Lage am Jakobsweg in Santa María del Camino umbenannt; seither ist sie unter beiden Namen bekannt. Die schlichte, aus Quadersteinen bestehende Kirche erhebt sich über einem dreischiffigen basilikalen Grundriss mit Vierung und drei Apsiden. Die Westfassade mit einem schmalen Portal wurde im Jahr 2001 restauriert. Dabei wurden die Säulen beiderseits des Eingangs ausgetauscht. Der Südseite ist eine breite Vorhalle vorgelagert. Hier befindet sich auch das Hauptportal, an dem der Pilgerweg unmittelbar vorbeiführt. Es wird von vier Rundbögen umrahmt, die verziert sind mit Schachbrettfries, Girlanden aus Weinranken und Trauben, und mit einem Fries der musizierenden Alten der Apokalypse. Die Archivolten ruhen auf vier Kapitellen, die die Legende der hundert Jungfrauen zum Thema haben. Ihr zufolge sollte der König Mauregato einhundert junge Frauen an den Maurenkönig Miramomolin als Tribut zahlen; zwei Stiere retteten die Frauen. Entsprechend sind auf der linken Seite des Portals einige bärtige Männer zu sehen, die als Mauren interpretiert werden, und einige Frauen, die Jungfrauen. Die den Eingang flankierenden Stierköpfe könnten die Retter der Frauen symbolisieren. In dem Fries über dem Portal wird die Geschichte der Heiligen Drei Könige erzählt, die von rechts nach links zu lesen ist: Rechts sind wie in der Kathedrale von Autun die drei schlafenden Könige in einem Bett zu sehen, denen der Stern erscheint. In der Mitte folgt Herodes und schließlich die Könige vor der Jungfrau Maria und dem Kind. Darüber läuft ein Fries aus Metopen und Triglyphen, die figurativ dekoriert sind und die Sternzeichen darzustellen scheinen. Beiderseits des Portalbogens sind unterhalb der Streben der Vorhalle zwei Reiter zu sehen, die den Kampf des Guten gegen das Böse darstellen: Samson im Kampf gegen den Löwen und der hl. Jakobus *matamoros* zu Pferd, das einen Mann in den Boden stampft.

Die Spitzbögen im Kircheninnenraum zählen zu den frühesten ihrer Art. Die Hauptkapelle wurde 1685 auf Weisung des damaligen Bischofs von Palencia, Juan de Molino Navarrete, abgerissen und durch ein barockes Presbyterium ersetzt, das Felipe Berrojo de Isla mit spitzbogigen Gewölben und einer Kuppel umgestaltete. Allerdings ist die noch romanische Konstruktion des Gewölbeansatzes mit Säulen und Kapitellen sichtbar. Zu Seiten des Presbyteriums stehen die Sarkophage des Bischofs Molino und seiner Eltern mit Liegefiguren aus Holz, die eine Alabaster imitierende Bemalung erhielten.

Das hölzerne und vergoldete Hauptaltarretabel entstand 1684 im Auftrag des Bischofs Molino. Das ikonographische Programm ist auf die Person des Auftraggebers ausgerichtet: der hl. Franziskus in der Attika (Molino war Franziskaner), María Inmaculada im Zentrum (Carrión gehörte zur franziskanischen Sektion De la Concepción), ihr zu Seiten der hl. Johannes der Täufer und hl. Johannes der Evangelist (Molino hieß mit Vornamen Juan und seine Mutter Juana). Das Tabernakel, in das ein Relief mit einer Darstellung des auferstandenen Christus aus der Kirche Santiago eingearbeitet wurde, ist jüngeren Datums.

In der mittleren Apsis dient das Fenster nahe der Tür zur Sakristei als Nische für eine in das 12. Jh. datierte hölzerne Figur der Jungfrau Maria, die bis 1970 in die Westfassade integriert war und deshalb starke Verwitterungsspuren trägt.

In der Capilla del Cristo del Amparo an der Nordseite der Kirche ist die Schnitzfigur eines Christus am Kreuz zu sehen, das hier die Form eines Y hat. Die Figur wird in das 14. Jh. datiert und soll aus dem Rheinland stammen. Das Kreuz ist eine dem Original nachempfundene Schöpfung, da das Original durch den langjährigen Gebrauch in den Prozessionen zu Bruch ging. In der Capilla del Pastor, einer Schenkung des Geistlichen Antonio Pastor, ist ein Porträt von ihm zu sehen, das Diego de Velázquez oder seinem Schwiegervater Pacheco zugeschrieben wird. Darunter ist in einem hölzernen und vergoldeten Altar die Figur der Virgen del Pópulo zu sehen. Zwei weitere Altäre sind den hll. Andreas und Franziskus geweiht. In einer Nische steht die Figur der María Inmaculada des Bildhauers Miguel Gutiérrez Reyes y Cano, die früher dem Kloster San Zoilo gehörte.

Die um 1160 geweihte **Kirche Santiago** steht am Rande der Plaza mayor, eingebunden in eine Häuserfront. Vom romanischen Bau haben sich nach zahlreichen Umbauten die Westfassade, die Mauern der drei Apsiden und Teile der restlichen Umfassungsmauer erhalten. Die ursprünglich wohl dreischiffige Kirche mit Querhaus wurde durch Umbauten im 15. und 16. Jh. in einen Zentralraum mit Seitenkapellen verwandelt, die mit einer *artesonado*-Decke eingedeckt wurden. Der aktuelle Turm entstand 1765 in *neomudéjarem* Stil und wurde im 20. Jh. grundlegend saniert. Das Innere der Kirche wurde durch einen Brand im Jahr 1811 zerstört und in kleineren Maßen 1849 wiedererrichtet. Bis 1970 als Kirche genutzt, beherbergt sie seit dem Ende neuerlicher Renovierungsarbeiten im Jahr 1993 ein Museum für Sakrale Kunst.

Kunsthistorisch bedeutsam ist die Westfassade, auch wenn unklar ist, ob der heutige Zustand dem Original nahekommt. Das Stufenportal wird von einem Säulenpaar flankiert, auf dem im jeweils oberen Teil Engel erkennbar sind, deren Köpfe abgeschlagen wurden. Auf dem Kapitell der linken Säule ist die *Himmelfahrt der Seelen* zu sehen, auf dem Kapitell der rechten Säule das Begräbnis einer Frau und die Höllenqualen einer verdammten Seele. Auf dem Gesimsband darüber finden sich Rankenornamente, darin verstrickt verschiedene Kreaturen wie z. B. gefesselte Menschen, Hunde und Wildschweine usw. Darüber erhebt sich eine Archivolte, die 22 Sitzfiguren mit verschiedenen Gerätschaften in den Händen zieren. Die Sitzfiguren sind hier nicht, wie so häufig in dieser Disposition (→ Kirche Santa María del Camino), als die 24 Ältesten der Apokalypse zu interpretieren, sondern stellen die verschiedenen Handwerke und Zünfte der Stadt dar, die im Mittelalter hier vorzufinden waren; neben einem (1) Mozaraber sieht man, nach rechts weitergehend: (2) Degenschmied, (3) eventuell Wirt, (4) Metallarbeiter, (5) Münzer, (6) Gießer, (7) Koch, (8) Mann, der etwas über die Schulter zieht, (9) Schmied am Blasebalg, (10) Schreiber, (11) Mönch, (12) Musiker mit Doppelpsalter, (13) Gemeindevorsteher mit richterlichen Vollmachten (span. Alcalde), (14) Schuster, (15) Schlüsselschmied, (16) weiterer Schmied (?), (17) und (18) kämpfende Soldaten, (19) Klagefrau (die sich das Gesicht zerkratzt), (20) Musiker, (21) Akrobatin, (22) Schneider. Die Darstellung der Personen wird als Abbild des städtischen sozialen Gefüges interpretiert, ohne die Bauern, den Adel und den Klerus als weltliche und geistliche Würdenträger, ein Abbild des Bürgertums, das in der Santiago-Kirche seine Ratssitzungen abhielt. Über dem Rundbogenportal läuft ein sich über die gesamte Fassade erstreckender Fries, bestehend aus einer Blendarkade, in deren Bögen heute stark erodierte Skulpturen eingebracht sind. Im Zentrum erkennt man die Maiestas Domini: Christus Pantokrator in der Mandorla, umgeben von den Symbolen der vier Evangelisten. Zu beiden Seiten stehen die Apostel. In den Bögen über den Apostelfiguren waren ihre Namen gemeißelt; heute entzifferbar und damit zu identifizieren sind noch Petrus (1. Figur links von Christus), Jakobus der Ältere

(2. links) und eventuell Jakobus der Jüngere (5. links). Auf der Seite rechts von Christus haben sich keine Inschriften erhalten. In der Darstellung fällt die sorgsam gefaltete, üppige Gewandung auf, die die ansonsten starren Figuren umgibt. Doch während die Apostel halbplastisch gearbeitet sind, tritt die Figur des Christus fast vollplastisch aus dem Fries heraus. Sein männlich-realistisches Haupt mit leicht geöffnetem Mund vermittelt das wirklichkeitsnahe Bild eines thronenden weltlichen Herrschers. Der ungewöhnlich ausgewogene Kopf erinnert an die Werke antiker Klassik. Dem Fries wurde eine stilistische Verwandtschaft mit den Reliefs des zweiten Meisters im Kreuzgang von → Santo Domingo de Silos (Verkündigung, Wurzel Jesse) bescheinigt, die auf eine enge Zusammenarbeit der benachbarten Werkstätten hinweist.

Der **Klosterkomplex San Zoilo** liegt stadtauswärts auf der anderen Seite des Flusses Carrión, an dessen Stelle eine römische Siedlung vermutet wird. Bereits im Jahr 948 wird eine kleine Klostergemeinde des hl. Johannes des Täufers an der alten Vía Aquitana erwähnt, mit einem Abt Teodomir aus der mächtigen Familie Banu-Gómez an der Spitze. Nach dem Tod Gómez Díaz' wurde sein Werk durch seine Familie, allen voran durch seine Frau Teresa fortgeführt und durch die Translation der Reliquien des hl. Zoilo aus Córdoba zusammen mit denjenigen des hl. Felix und des Cordobeser Bischofs Agapio nobilitiert. Zoilo entstammte einem römischen Adelsgeschlecht, konvertierte zum Christentum und erlitt um 300 n. Chr. unter Kaiser Diokletian den Märtyrertod. Seine Wunder wurden 1136 von einem Mönch namens Rudolf festgehalten. Zu Ruhm und Wohlstand des Klosters trug die privilegierte Lage am Camino Francés nach Santiago bei. 1076 unterstellte Teresa, eine Verwandte der Könige von Kastilien und León, im Zuge der von König Alfonso VI. (1073–1109) betriebenen monastischen Erneuerungsbewegung, das Kloster zusammen mit der Abtei San Juan den Benediktinern von Cluny. Das

Kloster wurde neben dem → Kloster Santa María in Nájera (La Rioja) zum wichtigsten Stützpunkt Clunys auf der Iberischen Halbinsel, das auch den repräsentativen Rahmen für Konzilien und Ratssitzungen der Consejos bot. Mit dem Machtverlust Clunys verlor auch das Kloster an Bedeutung und wurde schließlich 1532 der Kongregation von Valladolid unterstellt. Zwischen 1537 und 1577 wurde der Komplex im Stil der Renaissance umgestaltet. Der romanische Vorgängerbau wurde abgerissen oder verschwand hinter neuen Mauerzügen. Im 17. Jh. wurde die romanische Kirche durch den aktuellen, María Magdalena geweihten Bau in barockem Stil ersetzt. 1851 übernahmen die Jesuiten den Komplex und richteten hier ein Priesterseminar ein, das bis 1959 bestand. Bis 1992 unterhielt hier der Bischof von Palencia ein kleineres Seminar der Diözese Palencia. Nach Umbauten wird es nun als Hotel genutzt.

Der zweischiffige Galeriegang, einer der ältesten Teile des Klosters, stellt einen Durchgang vom inneren Hof zur Kirche und zum Kreuzgang her. Der Eingang zur Kirche erfolgt durch ein romanisches Portal auf der Westseite der Kirche, das bei den Restaurierungsarbeiten von 1993 entdeckt wurde. Es entstand Ende des 10., Anfang des 11. Jh.s und wird von Rundbogen über Säulen aus italienischem Marmor umfangen, deren Schäfte in das 2. Jh. datiert werden. Sie stammen möglicherweise aus einem ehemaligen römischen Palast. In den Steinen sind Steinmetzzeichen erkennbar, über der Bogenwölbung haben sich Reste einer Weihinschrift des Vorgängerbaus erhalten, der Johannes dem Täufer gewidmet war.

Das Bildprogramm auf den Kapitellen des 11. Jh.s enthält biblische Szenen, die das Gute und Schlechte symbolisieren. Das linke äußere Kapitell wird mit der Weihe des ersten Klosters an Johannes den Täufer in Verbindung gebracht, das innere Kapitell links stellt das Schlechte durch Chimären dar, die aus einem Schlangenschwanz, dem Körper eines Delphins, den Flügeln eines Adlers und dem Kopf eines Hundes bestehen. Die beiden Kapitelle rechts zeigen die Geschichte von Bileam und seiner Eselin, eine im Mittelalter wegen ihrer Botschaft, die Hoffnung auf Errettung verheißt, weit verbreiteten Episode, die am Jakobsweg ebenso in der Kathedrale von Jaca und in León im → Panteón von San Isidoro zu finden ist. Das äußere Kapitell zeigt eine Allegorie auf die Genesis, die in einen Weinberg verlegt wurde; das innere Kapitell zeigt den Engel Gottes mit erhobenem Schwert in der Hand vor Bileam.

Der alte Kreuzgang wurde zwischen 1537 und 1577 von Pedro de Castrillo und Juan de Celaya nach Plänen von Juan de Badajóz ersetzt. Die 24 Joche sind mit Kreuzrippengewölben überspannt, die in plateresken Stil reich verziert sind. Das Bildprogramm zeigt die Genealogie Christi, beginnend mit Adam und Eva; im Ostflügel sind Szenen aus dem Leben des hl. Benedikt dargestellt, zusammen mit Porträts zahlreicher Herrscher, die dem Orden der Benediktiner wohlgesonnen waren. In Inschrifttafeln werden u. a. die Grafen von Carrión und ihre Kinder genannt (neben dem Eingang zur Kirche), deren Wappen ebenso wie dasjenige des Klosters zu sehen ist. Die Söhne der Grafen halten Lanzen in der Hand, die Töchter Bücher. Auf einem Mauerstück ist in Lebensgröße Christus an der Säule gefesselt zu sehen, die 1575 entstand. Das nicht signierte Werk wird einerseits Antonio Morante, andererseits Miguel de Espinosa, einem Schüler Diego de Siloés zugeschrieben, der hier ein Prüfungsstück ausführte.

Den Eingang zur Kirche zieren zwei Medaillons mit Darstellungen der Europäischen Sibylle und des Propheten Daniel; im Tympanon ist eine Allegorie des Todesopfers Christi und der Auferstehung (ein Pelikan füttert mit seinem eigenen Blut seine Jungen) zu sehen. Vom Kreuzgang aus führt eine Treppe in den oberen Kreuzgang, an dem ehemals die Zellen der Mönche lagen.

Das **Kloster Real Monasterio de Santa Clara**, das im Südosten der Stadt auf einem weiten Gelände liegt, wurde von zwei Begleiterinnen der hl. Klara im Jahre 1231 gegründet und 1260 geweiht. Es ist eines der ältesten Klarissenklöster auf der iberischen Halbinsel. Im Mittelalter konnte es auf die Unterstützung der Grafen von Castañeda rechnen, aus deren Reihen auch die Äbtissin Beatriz Manrique kam. An die dem *mudéjar*-Stil zuzurechnenden und im 13. und 14. Jh. errichteten Backsteinbauten wurden bis in das 17. Jh. Anbauten im Renaissancestil angefügt. Der Eingang zum Kloster ist auf der Nordseite zu finden, der in einen überdachten Hof führt, von dem aus weitere Pforten zum abgeschlossenen Klosterbezirk (die Klarissinnen führen ein gänzlich von der Außenwelt abgeschiedenes Leben), zur Drehlade, zum Sprechzimmer und zum Museum führen. Die Nonnen leben im Süd- und Westteil der Anlage, dem auch ein großer Garten mit der **Einsiedelei Sor Luisa** angeschlossen ist. Der Bau der aktuellen, im Renaissancestil errichteten Kirche, die über einem ehemals dem Heiligen Geist geweihten Vorgängerbau steht, erfolgte zwischen 1619 und 1621 durch Sor Luisa de la Ascensión. Die finanziellen Grundlagen bildeten großzügige Schenkungen Philipps III. und Philipps IV. Der dreiteilige Hauptaltar entstand um 1620. Im Mittelpunkt steht eine gotische Figur der María Inmaculada. Eine weitere stellt die hl. Klara dar. Auf vier Gemälden aus dem ersten Drittel des 17. Jh.s sind die Himmelfahrt Christi, die Anbetung im Garten, das Martyrium der hl. Ursula und die elftausend Jungfrauen zu sehen. Die Predella enthält kleine Reliquiare. Flankiert wird der Altar von Gemälden mit den Stigmata der hll. Franziskus und Bonaventura. Seitlich der Vierung steht das Mausoleum der Aldonza Manrique, Gräfin von Castañeda, die dem Kloster zahlreiche Schenkungen überließ. Die Trennwand zwischen Chor und Kirche ist mit *azulejos* aus Talavera verkleidet, auf denen Szenen der Eucharistie und Anbetung des Kreuzes durch den hl. Franziskus und die hl. Klara zu sehen sind. Das Chorgestühl aus Nussbaumholz entstand im 16. Jh. In einer Schatulle, die im unteren Chor in einer Nische steht, ruhen die Überreste der Sor Luisa de la Ascensión.

Die **Ermita de Nuestra Señora de La Piedad** steht am Eingang der Stadt am Rande des Jakobswegs und in der Nähe des Klosters Santa Clara. Der gotische Bau erfuhr zahlreiche Um- und Anbauten in den Jahren 1625 und 1879. Der Innenraum wird über dem Chorhaupt von einem Tonnengewölbe überwölbt, während das Kirchenschiff von einer *artesonado*-Decke überdacht wird.

Zivilarchitektur: Die **Brücke** über den Río Carrión wurde auf Weisung der Gräfin Doña Teresa am Ende des 11. Jh.s errichtet, die damit die unter den Königen Sancho III. und Alfonso IV. forcierte Politik des Ausbaus der Infrastruktur am Pilgerweg weiterführte. Die neunbogige mittelalterliche Brücke bestand aus einem Sichtmauerwerk aus Quadersteinen mit Kiesfüllung. An den beiden Enden standen befestigte Tore als Mautstationen. In den nachfolgenden Jahrhunderten (im 16. und 17. Jh., sowie um 1950) wurde die Brücke in Anpassung an den sich verändernden Verkehr umgestaltet.

Wohnbauten (Auswahl): Die **Casa de los Girón**, der Palast der Familie Girón, stammt aus dem 18. Jh. und ist einer der wenigen, der die Zerstörungen des Unabhängigkeitskrieges im Jahr 1811 überstanden hat. Auf der Fassade, die aus Quader- und Backstein besteht, sind die Familienwappen zu sehen. Der Innenhof wird von Arkaden über dorischen Säulen umgeben; auf einer Seite führt eine Treppe, die mit den Porträts verschiedener Könige und Königinnen sowie dem Familienwappen dekoriert ist, in das Obergeschoss.

Die **Casa del Águila** in der Calle de Santa María gehörte ursprünglich der Familie Velasco. Hier wurden Luis de Velasco y Alarcón und sein Sohn Luis de Velasco y de Castilla geboren. Später ging sie in den Besitz der Grafen von Salinas über. Sie ist eines der ältesten Wohnhäuser der Stadt, das seit 1999 rekonstruiert wird. Die schmale Hauptfassade bestand lediglich aus einem Tor und einem Fenster, unter dem das Familienwappen der Velasco angebracht war. In der äußeren rechten Hausecke war das Wappen der Familie Mendoza zu sehen.

In der Calle José Antonio Girón steht ein **Haus aus dem 16. Jh.**, das einen Eckbalkon als Besonderheit sein Eigen nennt, ein Charakteristikum für spanische Wohnbauten dieser Zeit.

Die ehemalige, westlich von Carrión de los Condes gelegene **Augustinerabtei Santa María de Benevívere** wurde 1165 von dem Grafen Diego Martínez Sarmiento, Hofmarschall von Alfonso VIII., gegründet. Die Ruinen des Klosters liegen heute inmitten eines landwirtschaftlichen Betriebes. Einige romanische Sarkophage aus der ehemaligen Abtei sind heute im Museo Arqueológico von Palencia ausgestellt.

Der kleine Ort CALZADILLA DE LA CUEZA (II/III J) steht ○ am Rand der alten römischen Straße, die von hier ab bis zur ehemaligen Abtei Benevívere *la Parva* (das *Fastenfrühstück* oder *Frühstück der Landarbeiter*) heißt.

Hauptsehenswürdigkeit der **Kirche San Martín** ist der ○○ Renaissance-Altar aus der Werkstatt des Juan de Juni, der aus der Kapelle des zerstörten Klosterkomplexes von → Santa María de las Tiendas stammt. In dem aufwendig gestalteten vergoldeten Schnitzaltar sind u.a. die Jungfrau Maria mit dem Kind im Zentrum und darüber ein Gemälde mit der Darstellung des gekreuzigten Christus zu sehen.

Das heute weitgehend zerstörte Ensemble des ehemaligen △ Klosters und Hospitals von **Santa María de las Tiendas** zwischen Calzadilla de la Cueza und Ledigos war französischen Pilgern unter dem Namen *Grand-Cavalier* bekannt. Durch eine Reihe von Privilegien, ausgesprochen im Jahre 1182 von Alfonso VIII., wurde es von einer Anzahl feudaler Dienste befreit. 1190 ging der Komplex an den Santiago-Orden über. Er überdauerte einige Jahrhunderte als wichtige Station am Pilgerweg. Aus dem 12. Jh. scheinen sich kaum Überreste erhalten zu haben. Sichtbar sind dagegen Reste des Eingangsportals und der spätgotischen kreuzrippengewölbten Kirche aus dem 15. Jh., die weiß überputzt und mit einer zarten Bemalung in Schwarz dekoriert wurde, sowie einige Gebäudeabschnitte, deren Funktion nicht mehr ermittelbar ist.

Der kleine Ort LEDIGOS (II/III J) wird auch von dem historischen Weg *Cañada Real Leonesa* tangiert. Er gehörte zu den Besitzungen von Doña Urraca, der Mutter von König Bermudo III., die ihn im Jahr 1028 der Kathedrale in Santiago überschrieb. Diese Schenkung wurde von Alfonso VII. bestätigt. Die dem hl. Jakobus geweihte **Kirche Santiago** wurde im 17. Jh. grundlegend renoviert. Der Haupteingang ist auf der Südseite zu finden. Die Westseite erhielt eine barocke Fassade aus Backstein. Der vergoldete Altar entstammt ebenfalls dem 17. Jh. In seinen Nischen sind u. a. Statuen des hl. Jakobus d. Ä. in verschiedenen Gewändern und des hl. Antonius von Padua zu sehen.

Wie der Name vermuten lässt, gehörte der Ort TERRADILLOS DE TEMPLARIOS (II I) einstmals in die Gerichtsbarkeit des Templerordens. Einer Legende zufolge begruben die letzten Angehörigen des Ordens hier das Huhn, das goldene Eier legte. Von der ehemaligen Kirche San Esteban haben sich keine Reste erhalten. Bei Ausgrabungen wurden vor nicht allzu langer Zeit die Reste einer mittelalterlichen **Nekropole** mit ungefähr 200 Gräbern sowie die Reste einer ehemaligen Siedlung gefunden.

In der **Pfarrkirche San Pedro** sind ein herausragender Altar aus dem 17. Jh. und ein Kruzifix aus dem 14. Jh. zu sehen.

Der kleine Ort Moratinos (II I) tritt quellenkundlich schon im Jahr 955 in Erscheinung. Der Berührungspunkt mit dem Jakobsweg erschließt sich durch den Namen seiner einzigen Straße, die *Real* oder *Calzada francesa* heißt. Die **Pfarrkirche** ist dem hl. Thomas geweiht.

Der letzte Ort am Jakobsweg in der Provinz Palencia, San Nicolás del Real Camino (II I), gehört zur Gemarkung von Moratinos. Historischer Überlieferung zufolge bestand im 13. Jh. ein Hospital speziell für Leprakranke, das den Kanonikern des Ordens San Augustin unterstand. Es war unter dem Namen *Petit Cavalier* bekannt, als Gegenpol zum Hospital *Grand Cavalier* von → Santa María de las Tiendas. Im Altar der **Kirche San Nicolás** ist eine Skulptur des Kirchenpatrons aus dem 18. Jh. zu sehen.

Provinz León

Von Sahagún über León, Astorga, Rabanal-Pass, Ponferrada und Villafranca del Bierzo nach Laguna de Castilla

---

△ Vor Sahagún steht am Jakobsweg die **Ermita de la Virgen del Puente**, nahe beim Fluss Valderaduey, über den eine zweibogige in das Mittelalter datierte Brücke führt. Die Kapelle wurde nach 1188, dem Jahr der Anfrage der Bürger Sahagúns beim Abt des Klosters SS. Facundus y Primitivus um Erlaubnis für die Einrichtung einer Cofradía de la Virgen del Puente, begonnen. Ihr angeschlossen war ein Hospital. Das einschiffige Gotteshaus mit einer kleinen, außen dreiseitigen Apsis besteht aus Backstein und zeichnet sich durch seine Gestaltung mittels Blendbögen, Schlüssellochfenstern und gemauerten Friesen aus, die dem mudéjaren Baustil zuzurechnen sind. Der Innenraum zeigt im unteren Bereich das unverputzte Mauerwerk; den Übergang zur Apsis bildet ein mächtiger, aus Backsteinen gemauerter leicht spitzbogiger Triumphbogen. Die Apsis umgibt eine Blendarkatur. Im Gewölbe sind die Reste von Wandmalereien zu sehen.

△△△ Der Pilgerführer des *Codex Calixtinus* erwähnt SAHAGÚN (II I) viermal, u. a. als Ende der siebten Etappe Frómista-Sahagún, als Ort, an dem es Brot, Wein und Fleisch gibt, und schließlich als Station, an der die Reliquien der hll. Facundus und Primitivus zu verehren seien. Der frühere Name war *Camala*; der heutige Name ist eine abgewandelte Form des in Sahagún verehrten hl. Facundus, der zusammen mit seinem römischen Legionärskollegen Primitivus im 3. Jh. an diesem Ort das Martyrium erlitten hat. Die für sie schon in spätantiker/frühromanischer Zeit errichtete Memorialstätte wurde schließlich zum Ausgangspunkt für eines der mächtigsten Klöster auf der Iberischen Halbinsel, das mit großzugigen königlichen Schenkungen bedacht wurde. Im 11. Jh. erfolgten mit der Ernennung des Abtes Bernhard von Sedirac eine Hinwendung zu den Ordensregeln von Cluny und die allmähliche Einführung der römischen Liturgie auf Iberischem Boden. Das Kloster, das später **San Benito** hieß, wurde zum wichtigsten Ableger Clunys auf der iberischen Halbinsel, dem über 50 Klöster und Abteien unterstanden, die dem Kloster reiche Einkommen bescherten. Daraus wurde u.a. im 12. Jh. ein Hospiz mit 70 Betten finanziert, in dem anscheinend vorwiegend deutsche und französische Pilger versorgt wurden. Aus dem Skriptorium des Klosters ging unter anderem der *Beatus-Codex* von Burgo de Osma hervor. 1347 wurde die klostereigene Universität gegründet, in der im 15. Jh. Theologie, Jura und die Artes Liberales gelehrt wurden.

Die um das Kloster entstandene Stadt erhielt von Alfonso VI. im Jahr 1085 ein vorteilhaftes *fuero*, in dem ihr unter anderem die eigene Gerichtsbarkeit zugesprochen wurde; im Jahr 1116 kam das Münzrecht hinzu. Angelockt durch die ökonomischen Vorteile, die das *fuero* für die Stadt brachte, siedelten sich im 11. Jh. verschiedene Volksgruppen an, unter ihnen viele Pilger, die ihre Heimreise abbrachen: Franken, Kastilier, Mauren, Deutsche, Engländer. Sehr früh ließen sich hier auch Juden außerhalb der Stadtmauern nahe einer Mühle nieder. Ihnen war eine freie Ausübung ihres Glaubens in einer Synagoge gestattet. Ihre Toten wurden auf einem eigenen Friedhof bestattet. Dieses friedvolle Miteinander, im Spanischen *convivencia* bezeichnet, hielt bis zur Vertreibung der Juden von der Iberischen Halbinsel in den 1490er Jahren durch die Katholischen Könige an.

Mit der Förderung des Klosters San Benito in Valladolid durch die Katholischen Könige kündigte sich auch der Verlust an Einfluss und Macht des Klosters in Sahagún an, das an Bedeutung und Privilegien verlor. Schließlich kam mit der Säkularisation des Jahres 1835 das endgültige Aus. Die Überreste der Anlage wurden an einen Privatmann verkauft, der die Steine veräußerte. Bis auf wenige Ruinen und einige qualitätvolle Kapitelle mit Akanthusdekor in den Museen von León und Sahagún (Santa Cruz) hat sich von dem Kloster nichts erhalten. Auch von der mächtigen Stadtmauer, die in den *Cronicas Anónimas* des Klosters beschrieben werden, ist nichts geblieben. Bewahrt haben sich in Sahagún einige bedeutende Beispiele der mudéjaren Baukunst, u. a. in den Kirchen San Tirso und San Lorenzo.

○○ Der **Arco San Benito**, der heute eine Straße überspannt, gehört zu den wenigen Resten des ehemaligen Klosters SS. Facundus und Primitivus / San Benito. Er ist nicht, wie häufig angenommen, der Eingang zum ehemaligen Kloster, sondern vielmehr der Südeingang zur Kirche gewesen, der 1662 von Philipp IV. in Auftrag gegeben und 1678 fertiggestellt wurde. Beteiligte Künstler waren Pedro Ezquerra de Rozas, Andrés del Hoyo und Juan del Campo y Peña. Es handelt sich um eine barocke Portalanlage mit einer Balustrade über dem Gesims der Portalzone, hinter der ein Giebel aufragt. In Figurennischen und über der Balustrade sind Statuen der hll. Facundus und Primitivus und der Könige Alfonso III. und Alfonso IV. zu sehen; Inschrifttafeln und das Wappenschild Philipps IV. zieren das Portal. Die Integration in das öffentliche Straßennetz im 19. Jh. geht auf Eduardo Saavedra zurück, der den Bogen als Triumphbogen einsetzte.

Die **Capilla de San Mancio**, die 1184 zunächst dem hl. Benedikt geweiht wurde, gehört zu den wenigen restaurierten Überresten des Klosters SS. Facundus und Primitivus. Sie schloss sich nördlich der Apsis der Klosterkirche an. Vom Originalbestand haben sich zwei Gewölbebögen erhalten; der obere Teil des Südportals stammt aus dem 17. Jh. Wann die Umwidmung an den hl. Mancio, einen portugiesischen Missionar, dessen Haupt hier bestattet wurde, erfolgte, ist unklar.

Die **Torre del Reloj** (span., ›Uhrenturm‹) gehörte ebenfalls zum Bestand des im 17. Jh. nochmals restaurierten

Klosters SS. Facundus und Primitivus, zu dem es ein Gegenstück gab. Beide Türme flankierten ehemals den Eingang zum Kloster. Das Pendant des existenten Turmes wurde durch einen Brand zerstört; der heutige Turm mit einer achteckigen Laterne über einer dreigeschossigen quadratischen Unterkonstruktion, der sein Aussehen wohl 1828 nach Plänen des Benediktinermönches Miguel Echano erhielt, verdankt seine Rettung der Stadtuhr. Das heutige Uhrwerk wurde 1886 eingebaut.

Die dreischiffige Basilika **San Tirso** stand ehemals in unmittelbarer Nachbarschaft zum Kloster SS. Facundus und Primitivus. Die frühesten dokumentarischen Erwähnungen stammen von 1123 und 1126, als die Bauarbeiten bereits beendet waren. Umfangreiche Restaurierungsarbeiten im 17. Jh. betrafen die Nord- und Westwand; der Vierungsturm wurde nach dem Einsturz im Jahr 1949 rekonstruiert. Zum Originalbestand der Kirche, die zu den frühesten Back-

Sahagún, Kirche San Tirso

steinbauten in der Region zählt, gehören das Querhaus und die Apsiden, deren mittlere zunächst mit Hausteinblöcken ganz im Stil romanischer Bauwerke begonnen wurde, um dann wie auch der übrige Bau mit Backsteinen vollendet zu werden. Die Gliederung der Fassaden wird durch gestufte Blendarkaden, Blendbögen und gemauerte Friese erreicht, die nicht nur statische Aufgaben haben, sondern zugleich als Dekoration dienen. Anstelle der vorgestellten Säulen treten Lisenen aus dem Mauerwerk hervor. Die Baumeister verstanden es, nicht nur die konstruktiven Vorteile des Backsteins auszunutzen, sondern auch gestalterisch geschickt einzusetzen. Die Frage bleibt allerdings, ob der Materialwechsel, wie meist angegeben, allein mit dem Mangel an geeignetem Steinmaterial zu begründen ist oder ob nicht auch andere Motive dahinter stehen, die beispielsweise in der friedlichen *convivencia* (dem friedlichen Miteinander) der verschiedenen Ethnien zu suchen sind.

△△△ Die **Kirche San Lorenzo** steht im Areal zwischen den ehemaligen maurischen und jüdischen Wohngebieten. Eine Kirche gleichen Namens wird in einem Dokument des Jahres 1110 erwähnt; die bestehende dreischiffige Kirche mit Vorhalle und mächtigem durchfenstertem Vierungsturm wurde im 13./14. Jh. in mudéjarem Baustil aus Backstein errichtet. Die Materialqualität tritt vor allem außen an den Apsiden zutage, die wie schon bei der Kirche San Tirso durch übereinandergestaffelte Blendarkaden aus Hufeisenbögen gegliedert sind. Der Hauptaltar mit Darstellungen des hl. Lorenz stammt von Gregorio Hernández. Weitere Ausstattungsstücke sind u. a. die Figur des hl. Sebastian aus dem 16. Jh. in natürlicher Größe, ebenso eine den hl. Johannes den Täufer darstellende von Gregorio Hernández.

○ Das heutige **Kloster Benedictinas de Santa Cruz** geht auf eine Gründung des Jahres 1546 unter der Obhut des Klosters San Benito (vormals SS. Facundus und Primitivus) zurück. Bereits um das Jahr 1000 existierte eine Kirche Santa Cruz, deren Patrozinium auf das neue Kloster samt Kirche überging. Der heutige nüchterne und blockhafte Bau ist den zahlreichen kriegerischen Auseinandersetzungen und der Säkularisation geschuldet, so dass sich von den ursprünglichen romanischen und gotischen Bauten kaum etwas erhalten hat. Der Komplex dient heute als Konvent, Altenwohnheim, Gästehaus, Kirche und Museum. Von dem reichen Schatz an Ausstattungsstücken der Kirche seien der Altar mit einer Darstellung der Apotheose Mariä von Joaquín Benito de Churriguera genannt, der ursprünglich zum Dominikanerkonvent in Trianos gehörte, und die Grabstätten von Alfonso VI. und seiner vier Ehefrauen Alberta, Constanza, Inés und Zaida (oder Isabel). Im Museum sind u. a. eine Virgen Peregrina von Luisa Roldán und eine Monstranz von Enrique de Arfe sowie Kapitelle aus dem Kloster SS. Facundus und Primitivus zu sehen.

Die **Kirche La Trinidad** wurde im 16. Jh. gemäß der örtlichen Bautradition in Backstein errichtet. Das Gotteshaus mit sprödem, blockhaftem Äußeren dient heute als Pilgerherberge. Sein Altar findet sich heute in der Kirche Santa Cruz der Benediktinerinnen.

Die **Kirche San Juan**, ein im Kolonialstil errichteter einschiffiger Bau, geht im Ursprung auf eine Kapelle zurück, die zu Ehren des hl. Juan de Sahagún (1430–1479) auf dem Grundstück seines Elternhauses errichtet worden war. Der Titularheilige, Schutzpatron von Sahagún, war im 15. Jh. einer der populärsten Prediger auf der Iberischen Halbinsel, der in Salamanca tätig war und dem viele Wundertaten zugesprochen werden. Seine Figur schuf Gregorio Hernández. Der Hauptaltar mit Szenen aus dem Leben des Heiligen ist ein Werk von Matías de Arriba. In dieser Kirche werden die Reliquien der hll. Facundus und Primitivus aufbewahrt.

Außerhalb Sahagúns steht auf der Anhöhe Alto de San Bartolomé das 1245 gegründete **Franziskanerkloster La Peregrina** (die Pilgerin), das 1835 im Zuge der Säkularisation aufgegeben wurde. Die ehemaligen Ausstattungsstücke sind heute im Museum des Klosters Santa Cruz zu sehen. Das Gotteshaus mit fünfjochigem Langhaus und Querhaus, das in geräumigen Kapellen endet, ist ein weiteres Beispiel für die mudéjare Bauweise aus Backstein. Im Inneren sind reiche *yesería*-Arbeiten zu bewundern. Der Hauptaltar aus dem 16. Jh. von Juan de Nates, Santiago de Remesál und Cosme de Azcutia ist heute ebenso wie die Figur der Virgen Peregrina im Museum des Konvents Santa Cruz zu sehen.

Die **Puente Canto** über den Fluss Cea soll bereits römische Vorgängerbauten haben. Sie tritt in Geschäftsurkunden des Mittelalters quellenkundlich in Verbindung mit dem Camino de Santiago zutage. Die heutige fünfbogige Brücke wurde 1584/85 grundlegend durch den Baumeister Francisco Aguilar renoviert. Bei weiteren Reparaturen in den nachfolgenden Jahrhunderten sollen auch Steine einer Kapelle des Klosters SS. Facundus y Primitivus verwendet worden sein, was einige Autoren zu der Bemerkung veranlasst hat, jeder Stein sei eine Unze Gold wert.

Bei CALZADA DEL COTO (II I), das schon in den ältesten Urkunden des Klosters SS. Facundus und Primitivus in Sahagún erwähnt wird, gabelt sich der Weg: Die Strecke des Camino Francés führt über Bercianos del Real Camino, El Burgo Ranero und Reliegos nach Mansilla de Mulas, die andere, die der römischen Wegführung folgt, führt über Calzadilla de los Hermanos nach Mansilla de Mulas, wo beide Wege zusammenführen.

In der vor BERCIANOS DEL REAL (II I) gelegenen **Ermita Virgen de Perales** wird die Perales-Jungfrau, die in der Gegend auch La Perala heißt, verehrt. Bereits im 12. Jh. wurde die Memorie quellenkundlich durch die Übergabe an das → Kloster O Cebreiro erwähnt. Bercianos del Real liegt an der schon im Mittelalter erwähnten Strecke nach Santiago. Unter Carlos III. wurde sie zum Camino Real erhoben, als

Straße ersten Ranges. Davon zeugt der zweite Teil des Namens. Der erste Teil leitet sich von den aus dem Bierzo (los Bercianos) stammenden Siedlern ab, die sich nach der Rückeroberung an dieser Stelle niederließen.

Die **Kirche Salvador** stand auf einem von vielen Vorratskellern unterminierten Hügel, ehe der Turm im Jahr 1998 einstürzte und die gesamte Kirche zerstörte. Sie enthielt ehemals einen Barockaltar, eine Statue Johannes des Täufers aus der Zeit der Renaissance und das Grabmal der ehemaligen Grundherrin, Doña Leonor de Quiñones, aus dem 16./17. Jh.

Das **Monument für Manfred Kress Friedrich** erinnert an den am 9. Juni 1998 an dieser Stelle verstorbenen Pilger.

El Burgo Ranero (II I) war möglicherweise früher einmal ein Marktflecken von Sahagún, worauf der Namensbestandteil *burgo* verweist. *Ranero* soll sich auf die Frösche beziehen, die in den im Frühjahr durch die Schneeschmelze sich bildenden temporären Seen (sogenannte *lagunas*) zu finden sind. Hier treffen sich einige der ältesten Viehtriften der Iberischen Halbinsel, die in den letzten Jahren eine Wiederbelebung erfuhren. Quellenkundlich wird der Ort erstmals 1126 erwähnt, ein weiteres Mal 1138 durch die Verleihung von Sonderrechten durch die Äbtissin von Gradefes. Erwähnung findet der Ort auch in den Reisebeschreibungen des Domenico Laffi von 1673, der auch die heute noch am O-Cebreiro-Pass zu findenden *pallozas* erwähnt, die traditionellen Rundhäuser. Die **Pfarrkirche** ist dem hl. Petrus geweiht und war früher Standort einer romanischen Holzfigur der Jungfrau Maria, die heute im Kathedralmuseum von León zu sehen ist. An diesem Ort wurde der am 3. Januar 1467 verstorbene Bildhauer, Architekt und Abt des Klosters Sahagún, Fray Pedro del Burgo, geboren.

Die Ursprünge des Ortes Reliegos (II I) reichen bis in Jungsteinzeit und Bronzezeit zurück. In römischer Zeit soll hier der Ort Palatina am Zusammenfluss von drei Militärstraßen bestanden haben, die unter anderem bei Ptolomäus erwähnt sind bzw. im Itinerarium Antonini. Ab dem 5. Jh. ist die Geschichte des Ortes von wiederholter Zerstörung und Wiederbesiedlung geprägt. Erst ab dem 10. Jh. stabilisierte sich die Lage, als sich mozarabische Siedler aus dem Süden der Iberischen Halbinsel hier niederließen. Eine der frühesten quellenkundlichen Erwähnungen findet sich im Testament des Königs Ordoño II. vom 16. April 916, in dem er die Übergabe des Ortes an die Kirche Santa María in León verfügte. In den nachfolgenden Jahrhunderten wechselte der Ort häufig den Besitzer, wie Schenkungsurkunden der Monarchen Doña Urraca, Fernando I. von Kastilien und León oder Fernando IV. von Kastilien bezeugen. Im Mittelalter führte durch Reliegos mit der Cañada Real Leonesa Occidental von der Estremadura in den Norden einer der Wanderweidewege, die die Iberische Halbinsel überzogen und die seit einiger Zeit wiederbelebt werden.

1947 sorgte der Einschlag eines Meteoriten, eines Chondriten, für die überregionale Bekanntheit der Ortschaft. Er ist heute in Madrid im Museo Nacional de Ciencias Naturales ausgestellt. Zu den Hauptsehenswürdigkeiten zählen die *bodegas*, die ehemals als Keltereien und Lagerstätten dienten, die in den letzten Jahren durch heftige Regenfälle stark beschädigt wurden ebenso wie die auf dem Hügel stehenden Reste einer Einsiedelei, deren Turm, das Wahrzeichen von Reliegos, im November 2000 nach starken Regenfällen einstürzte.

Alternativ ab Calzada del Coto: Die Ansiedlung Calzadilla de los Hermanos (II I), die zur Gemeinde von El Burgo Ranero gehört, liegt an der ehemaligen römischen Via Trajana, die bis Mansilla de Mulas mit dem Pilgerweg identisch ist. Kurz vor dem Ort liegt das berüchtigte Dickicht von Valdelocajos, das im Mittelalter als Hort von Ungeziefer gefürchtet war. Der Ort wartet mit der **Ermita** der **Virgen de los Dolores** und einer Kreuzigungsgruppe aus dem 15. Jh. in der Pfarrkirche auf.

In MANSILLA DE LAS MULAS (II H) vereinigen sich die Via Trajana und der Real Camino Francés wieder. Quellenkundlich tritt der Ort im 10. Jh. als *Mansilla de illa ponte* in Erscheinung. Er wird bereits im Pilgerführer des *Liber Sancti Jacobi* erwähnt. Im Jahr 1181 ordnete König Fernando II. von León im Zuge der Grenzsicherung am Río Esla die Wiederbesiedlung an; 1188 erhielt der Ort die *fueros* durch Alfonso IX. Der heutige Pilger auf dem Camino Francés wird durch das ehemalige Burgtor, in dessen Nähe ein modernes Pilgerkreuz steht, in die Stadt geführt.

Bis in das Jahr 1220 war die **Kirche Santa María** das einzige Gotteshaus in der Stadt. Der heutige Bau wurde im 18. Jh. über einem wahrscheinlich einschiffigen Vorgängerbau mit *artesonado*-Decke errichtet. Die Datierung des Hauptaltars ist nicht eindeutig. Einerseits wird er Domingo Llamazares zugeschrieben und in das Jahr 1636 datiert; andererseits in die Zeit um 1750. Die farbige Fassung und Vergoldung erfolgte 1793.

Die Ursprünge der **Kirche San Martín** reichen bis in das Jahr 1220 zurück. Der rechteckige Bau erfuhr im 16. und 17. Jh. Veränderungen, die sich an den beiden Gurt- und Rundbögen ablesen lassen. Wie sich aus Überresten rekonstruieren ließ, hatte die Kirche ehemals eine *artesonado*-Decke. Aus frühgotischer Zeit stammt auch das Hauptportal, dessen Umfassungsbogen auf figürlich dekorierten Konsolen ruht. Die Kirche wurde 1911 geschlossen, 1953 an die Gemeindeverwaltung verkauft, 1990 restauriert und als Casa de Cultura umgenutzt.

Das **Kloster San Agustín** wurde durch Don Fadrique Enríquez, Admiral von Kastilien, im Jahr 1491 gegründet und im Jahr 1500 dem Augustinerorden als Schenkung übergeben. Der Konvent entwickelte sich mit Bibliothek und Archiv zu einem bedeutenden kulturellen Zentrum, an dem Grammatik und Latein gelehrt wurde. 1808 wurde es durch die französischen Truppen Napoleons geplündert und zerstört. Nach dem teilweisen Wiederaufbau fiel der Komplex der Säkularisierung des Jahres 1835 zum Opfer. Erhalten hat sich die *Capilla de los Villafrañe* von Juan de Badajóz, wahrscheinlich die letzte Ruhestätte von Don Fernando de Acuña. In der Klostermauerruine zeigt über einem Stufenportal ein Fries die Wappenschilde der Admirale von Kastilien und heraldische Löwen. Heute beherbergt die Anlage das **Museo Etnográfico Provincial** de la Diputación de León mit rund 3000 Stücken aus dem Bestand des Instituto Leonés de Cultura.

Die **Stadtmauer** wird in die Zeit der Wiederbevölkerung im Jahr 1181 durch Fernando II. datiert. Die Reste der Mauer deuten auf einen halb ovalen Grundriss hin mit der geraden Seite im Norden und der Kurve im Süden. Von den ursprünglich vier Toren hat sich nur der Arco de Concepción mit einem spitzen Bogen erhalten. Ein schmaler Durchgang, El Postigo genannt, verbindet die Stadt mit dem Río Esla. Ferner sind sechs Türme erhalten. Die Brustwehre aus Lehm über einem Fundament aus Stein und Mörtel erreichen eine Dicke von 2,90 m am Grund und eine Höhe von 10 m.

Die achtbogige **Brücke** über den Río Esla wird ursprünglich in das 12. Jh. datiert. Im Jahr 1573 wurde sie grundlegend saniert. Auch die Reparaturen der nachfolgenden Jahrhunderte haben Spuren hinterlassen. Ruinen am Ufer oberhalb der heutigen Brücke wurden als Reste einer ehemals römischen Brücke gedeutet, doch handelt es sich hierbei wohl um Bestandteile der mittelalterlichen Stadtmauer.

⇨ Römische Ruinen von Lancia (II H): Die Ausgrabungsstätte einer alten Siedlung der Asturer zwischen den beiden Flüssen Porma und Esla ist auch unter den Namen »El Pico de Castro«, »Valdealbura«, »Socesáreo« oder »El Talacón« bekannt. Hier werden bereits seit dem 19. Jh. Ausgrabungen durchgeführt, die von zahlreichen namhaften spanischen Archäologen dokumentiert wurden. Kenntnis dieser bronzezeitlichen Siedlung gaben römische Autoren wie beispielsweise Flores, Ptolomäus oder Plinius d. Ä., die alle im Zusammenhang mit der Eroberung des Nordwestens der Iberischen Halbinsel darüber berichteten. Neben den asturischen Siedlungsspuren wurden hier bislang die Reste römischer Thermen und des Marktes ergraben, die auf eine Besiedlung durch die Römer bis um 500 n. Chr. schließen lassen. Dass die Römer die frühere Siedlung nicht zerstört haben, wird als Zeichen der Überlegenheit des römischen Weltreiches über andere Völker interpretiert.

San Miguel de Escalada (II H/I): Die **Kirche San Miguel** auf dem ehemaligen Klostergelände von Escalada steht heute isoliert in freier Landschaft, etwa 30 km östlich von León auf einer planierten Terrasse mit ungehindertem Blick auf das Esla-Tal. Sie zählt zu den besterhaltenen Beispielen frühester mozarabischer Architektur. Der verlorengegangenen, jedoch in Abschrift 1786 publizierten Weihschrift zufolge fand der Cordobeser Abt Alfonso die Kirche wohl im Jahr 911 als verlassene Ruine vor, als er mit einigen Mönchen in das Gebiet kam. Die Inschrift berichtet ferner, dass die dem Erzengel Michael geweihte Kirche innerhalb eines Jahres restauriert und während der Regierungszeit des Königs García I. (910–914) im Jahre 913 von Bischof Gennadius von Astorga geweiht wurde.

Die Kirche besteht aus einem dreischiffigen Baukörper mit einer an der Südseite vorgelagerten Bogengalerie mit maurischen Hufeisenbögen, die die Zugänge auf dieser Seite schützt. In der Westseite des Portikus öffnet sich ein Zwillingsfenster mit zweifachem Hufeisenbogen, der von einem *alfiz*, einer rechteckigen Schmuckform, umrahmt wird. Dieses *ajimez* genannte Fenster ist ein für die islamische Baukunst charakteristisches Detail. Die Hufeisenform wird auch in den Grundrissen der drei Apsiden aufgegriffen. In das Innere gelangt man über zwei Eingänge vom

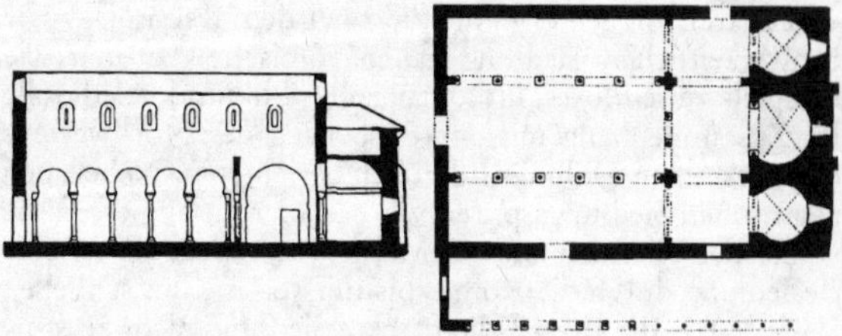

Schnitt/Grundriss San Miguel de Escalada

Südportikus aus. Der westliche führt in das Schiff der Laien mit einer doppelten Reihe Hufeisenbögen, der östliche in das der Geistlichkeit vorbehaltene Querhaus. Der Eingang im Osten ist eine spätere Hinzufügung – wahrscheinlich als Ersatz für eine ursprünglich angelegte, aber geschlossene Nordtür. Auch ein ehemaliges Westportal wurde zugemauert. – Die Nordtür war innerhalb eines Klosters einst von besonderer Bedeutung, denn durch sie konnten die Kleriker von außen den ihnen vorbehaltenen Bereich betreten, ohne in Kontakt mit den Laien zu treten, wie es die mozarabische Liturgie vorschrieb. Das Dach wird von Konsolen getragen, die mit für die mozarabischen Bauten charakteristischen Röllchenfriesen verziert sind.

Die Seitenschiffe werden vom Chor durch reich verzierte Schrankenplatten abgetrennt. Das Dekorum dieser Platten, u. a. Trauben, Vögel und Palmblätter, lässt ähnlich wie in → Quintanilla de las Viñas eine Visualisierung des Eucharistie-Gedankens und des Himmlischen Jerusalems vermuten. Chor und Hauptschiff trennt hingegen ein Triumphbogen. Die beiden äußeren Apsiden sind durch reich ornamentierte Chorschranken zum Querschiff hin abgeschlossen; die etwas größere, zentrale Apsis öffnet sich mit einer Hufeisenarkade. Von den Säulen wird vermutet, dass sie als Spolien hier eine Wiederverwendung fanden. Die ausgewogene

Gliederung der Raumaufteilung spiegelt zum einen die lange architektonische Tradition maurischer Baumeister, zum anderen die Charakteristika asturischer Bauten, welche die Einwanderer aus dem Süden aufnahmen. Die Kombination dieser unterschiedlichen Erfahrungen mit Architektur schafft völlig neue, komplexe Raumkonstellationen. Die unauffällige Eleganz des Baus wird beispielsweise im Wechsel der schmalen und weiteren Fensteröffnungen des Obergadens deutlich. Von besonderer Qualität sind die korinthisch anmutenden Marmorkapitelle im Kirchenschiff und der Südgalerie.

Der Wehrturm in der Südostecke, der wie ein grober Klotz im Vergleich zur eleganten Architektur der Kirche wirkt, wurde im 11./12. Jh. angebaut.

Die Skriptorien mozarabischer Klöster waren die Wiege der frühen spanischen Buchmalerei. In San Miguel de Escalada entstand in der Mitte des 10. Jh.s durch den Mönch

San Miguel de Escalada, Vorhalle

Maius eine berühmte – heute in der Pierpont Morgan Library in New York befindliche – illuminierte Handschrift des *Apokalypse*-Kommentars des Beatus.

Villarente (II H) ist durch die 20bogige Brücke über den Río Porma bekannt, die im Pilgerführer des *Codex Calixtinus* und im Pilgerbericht des Hermann Künig von Vach erwähnt wird. Mit der Brücke verbunden ist die Legende des Pilgers Pedro aus Navarra, der schwerkrank im Hospital von Villarente über Wochen von einem Mädchen namens Isabel gepflegt wurde, das mit seinen Eltern in den Ort gekommen war. Dieses Mädchen war mit dem Sohn des Conde Ansúrez verlobt und sollte an seiner Seite im Auftrag von König Heinrich einige Gebiete in Andalusien besiedeln. Während der langen Rekonvaleszenzzeit verliebten sich der Kranke und seine Pflegerin ineinander. Am Vorabend der Abreise des Pilgers trafen sich beide an einem der Brückenbögen; sie ritzte ein Kreuz in einen der Pfeiler und schwor ihrem Angebeteten, dass, wenn er innerhalb von 35 Tagen aus Santiago zurückkehre, noch bevor ihre Eltern die Vorbereitungen für ihre Abreise getroffen hätten, und er am eingeritzten Kreuz *Isabel, ven!* (»Isabel, komm«) rufen würde, sie die Seine werden würde. Pedro kehrte am Tag vor dem vereinbarten Termin zurück, aber das gesamte Flusstal war nach tagelangen Regenfällen überschwemmt und die Brücke in den Wassermassen kaum mehr sichtbar, auch nicht das Kreuz. In seiner Not rief Pedro in der Nacht den hl. Jakobus um Hilfe, dass ein Wunder geschehe und das Wasser zurückgehe – tatsächlich standen die Brückenpfeiler, wenn auch schwer beschädigt, am nächsten Morgen frei von Wasser im Flusstal. Zwischen den aufgestauten Geröllmassen hatte sich ein Durchgang gebildet, der den Weg zum Kreuz am Fuß des Brückenpfeilers freigab. Pedro lief dorthin, legte seine Hand auf das Kreuz und rief die Worte *Isabel, ven!* Als er seine Augen wieder öffnete, sah er das Mädchen von weitem über den Weg, der nun gänzlich vom

Wasser befreit war, auf ihn zukommen und nahm sie schließlich in die Arme. Diese Legende entstand im Zusammenhang mit dem großen Hochwasser des Jahres 1396.

In der Nähe der Brücke befand sich das **Hospiz Nuestra Señora la Blanca.**

ARCAHUEJA (II H) kurz vor León wird quellenkundlich erstmals in einer Urkunde vom November 1017 erwähnt. Die **Pfarrkirche** ist der Jungfrau Maria geweiht; sie wird bereits im 13. Jh. mit angeschlossenem Kreuzgang erwähnt. Die Brunnenanlage, die schon in früheren Jahrhunderten den Ort mit Wasser versorgte, wurde in den letzten Jahren zu einem überdachten Rastplatz für Pilger umgebaut.

Von dem bei VALDELAFUENTE (II H) sich erhebenden Hügel Alto del Portillo wird berichtet, dass hier früher ein **Steinkreuz** stand, das heute in León auf der Plaza San Marcos mit der hinzugefügten Figur eines erschöpften Pilgers steht.

LEÓN (II H) liegt an der Mündung des Flusses Torio in den Río Bernesga. Die Stadt wird im Pilgerführer des *Codex Calixtinus* mehrfach erwähnt, u. a. als Endstation der achten Etappe Sahagún – León (Kap. II), als »Königs- und Hofstadt, die reichhaltige Kostbarkeiten aufweist« (Kap. III), als Ort, an dem die Reliquien des hl. Isidoro zu besuchen seien (Kap. VIII).

León wurde im Jahr 68 n. Chr. durch den römischen Kaiser Galba gegründet, der hier die VII. Legion stationierte. Ob sich der Name der Stadt aus einer Verschleifung des Wortes *Legion* herleitete oder auf den Namen des Wappentieres Bezug nimmt, bleibt unklar. Die Römer siedelten in dem Geviert, das heute durch die Plaza de San Isidoro, Avenida de los Cubos, Plaza Mayor und Plaza San Marcelo gebildet wird. Die heutige Calle Ancha war die Hauptverkehrsstraße. Aus dieser Zeit haben sich zahlreiche, inzwischen archäologisch untersuchte Reste erhalten, die am deutlichsten in der spätrömischen Stadtmauer in der Avenida de los Cubos zutage treten, aber auch unter der Puerta de Obispo oder bei der Puerta Castillo, wo Reste der ehemaligen Wasserleitungen heute in die Gestaltung des Jardín del Cid integriert wurden. Wie von Astorga aus wurde auch von León aus der Goldabbau in den Medulas organisiert und überwacht. Im Jahr 910 konstituierte sich das Königreich León, zu dessen Königssitz mit entsprechenden Bauwerken die Stadt wurde. Der Zerstörung durch die Mauren im Jahr 988 folgte der Wiederaufbau. Die Erweiterung des *fueros* von 1090 förderte auch den Zuzug jüdischer Mitbürger, die in dem Gebiet zwischen der Plaza Santa Ana, Plaza Mayor und del Grano wohnten und arbeiteten und in der Synagoge, der heutigen Ermita del Santo Cristo, beteten.

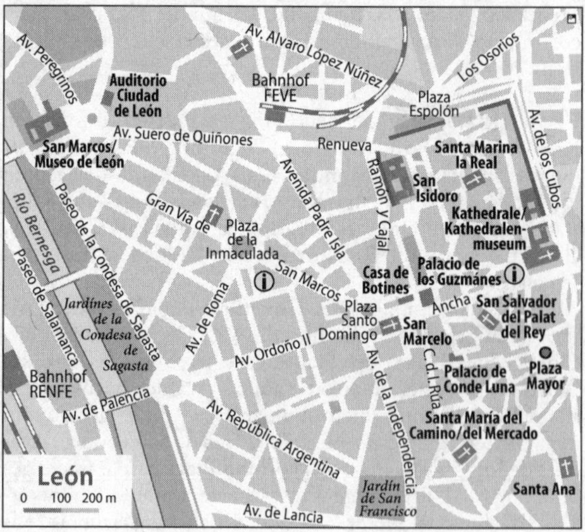

Ihre Toten wurden in dem Portillo del Prado de los Judíos bestattet.

Auch nach dem Zusammenschluss der beiden Königreiche von Kastilien und León im Jahr 1230 unter Fernando III. von Kastilien, die den Verlust des Hauptstadtstatus für León mit sich brachte, – diesen Status hatte inzwischen das 1085 rückeroberte Toledo wieder an sich genommen –, blieb die Stadt dank der Lage am Jakobsweg wirtschaftliches und kulturelles Zentrum.

Der Pilgerweg führte ehemals an der Kirche Santa Ana, der Puerta Moneda, der Kirche Santa María del Mercado, dem Konvent las Concepcionistas durch die Calle Ancha zur Kathedrale und von dort weiter zur Kirche San Isidoro und San Marcos. Zentrum der Stadt ist die Kathedrale. Im Gebiet zwischen San Isidoro, Kathedrale, Plaza Mayor und Plaza Santo Domingo sind auch die meisten der nachfolgend beschriebenen Sehenswürdigkeiten zu sehen, aber auch die zahlreichen Brunnen, die zunächst in römischer Zeit und wiederum im 18. Jh. zur Zeit des aufgeklärten Monarchen Carlos III. eingerichtet wurden (z. B. Fuente de Puerta Castillo im Jahr 1785, Fuente del Mercado 1789, Fu ente San Marcelo 1787, Fuente San Isidoro 1787, Fuente de Neptuno, 1789 auf dem Platz vor der Kathedrale errichtet und seit 1943 im Jardín de San Francisco zu sehen), oder die öffentlichen Denkmale (z. B. Denkmal zum 2000jährigen Bestehen der Stadt Plaza San Marcelo 2000, Denkmal zu Ehren der Baumeister der Kathedrale Plaza de la Regla 1998, Säule zum 1900jährigen Gedenken der Einrichtung der Legio VII. Plaza de San Isidoro 1968, Estatua de Guzmán el Bueno, Plaza Guzmán el Bueno 1900, El Peregrino, Plaza San Marcos 1998).

Die **Kathedrale Santa María de la Regla** wurde ab 1205 über einem romanischen Vorgängerbau errichtet. Sie ist das früheste gotische Gotteshaus, das sich an den großen zeitgenössischen französischen Kathedralen orientiert: Ihr Baumeister, der Franzose Enrique, ließ sich von Reims, aber auch von Saint-Denis und Sainte-Chapelle in Paris inspirieren, wie die in Glasflächen aufgelösten Wände mit ihrer großen Lichtfülle zeigen. Der Bau zog sich über mehrere Jahrhunderte hin, was vor allem am Einsturz des Vierungsgewölbes im Jahr 1631 und der notwendigen, statisch jedoch völlig ungeeigneten Neugestaltung durch die Baumeister Navedo und Joaquín Churriguera lag. Erst 1868 konnte durch Juan de Madrazo eine befriedigende Lösung gefunden werden, da er es verstand, die vormalige gotische Vierung wiederherzustellen, die heute kaum sichtbar ist.

Die Westfassade öffnet ihre drei Portale zwischen zwei Türmen und tiefen Vorhallen. Im Tympanon des mittleren Portals De la Virgen Blanca ist das *Jüngste Gericht* dargestellt; auf dem Trumeaupfeiler steht eine Kopie der Nuestra Señora la Blanca (das Original heute im Inneren der Kirche); die Puerta de San Juan links zeigt Szenen aus dem Marienleben sowie Statuen der hll. Petrus, Johannes, David, Salomon und eine Figur der Justitia, die nahe an die Gerichtssäule zwischen die beiden die Portale trennenden Pfeiler gerückt ist. Diese Gerichtssäule trägt die Aufschrift Locus Appellationis (der Ort, an dem der König Recht sprach). Im rechten Portal San Francisco setzen sich die Erzählungen des Marienlebens fort mit dem Tod der Jungfrau und ihrer Krönung durch den Ewigen Vater. Das mittlere Portal in der Südfassade, die Puerta de San Froilán (auch Puerta de la Apocalipsis) mit der Trumeaufigur des Heiligen, ist von der → Puerta de Sarmental der Kathedrale in Burgos inspiriert und zeigt Jesus Christus umgeben von den vier Evangelisten und den zwölf Aposteln. San Froilán ist der Patron der Diözese León. Das Portal der Nordfassade, die Puerta de la Virgen del Dado, präsentiert in polychromem Originalzustand Bildnisse des Christus Pantokrator und des Tetramorphs sowie die Heimsuchung.

Das Innere des dreischiffigen, im Querhaus fünfschiffigen Gotteshauses mit Kapellenkranz hinter dem Chor erstaunt durch seine Lichtfülle, die auf die hohen, bunten

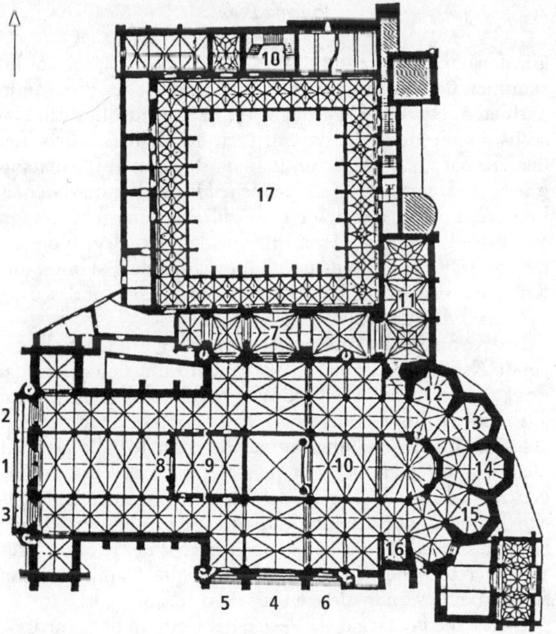

Grundriss León, Kathedrale

1 Pórtico de Nuestra Señora La Blanca
2 Pórtico de San Juan de Regla
3 Pórtico de San Francisco
4 Puerta de San Froilán
5 Puerta de la Muerte
6 Puerta de la Reina
7 Puerta de la Virgen Del Dado
8 Trascoro
9 Coro
10 Altar Mayor
11 Capilla de Santiago
12 Capilla del Nacimiento
13 Capilla de la Virgen de la Esperanza/Rosario
14 Capilla de la Virgen Blanca / del Salvador
15 Capilla de San Antonio / de la Consolacíon
16 Capilla del Cristo
17 Kreuzgang
18 Treppe von Juan de Badajóz

Glasfenster zurückzuführen ist, die aus dem 13. bis 20. Jh. stammen und ein ausgefeiltes ikonographisches Programm darbieten. Der Chor wurde im 15. Jh. von Jusquin van Utrecht, Copin de Holanda und Juan de Malinas gearbeitet; der Trascoro, ein Werk von Juan de Badajóz d. J., entstand im 16. Jh. Der um 1425 entstandene Hauptaltar des Nicolás Francés, in dem der Schrein des hl. Froilán steht, ist ein Werk des Enrique de Arfe. Enrique de Arfe, Begründer einer Dynastie von Gold- und Silberschmieden, stammt aus Köln, hieß ursprünglich Heinrich von Harff und wurde 1501 nach León gerufen.

Im Kapellenkranz hinter dem Chor finden sich folgende Kapellen: Capilla de Nacimiento mit dem Grabmal des 1253 verstorbenen Bischofs Arnaldo und Glasfenstern aus dem 13. Jh.; Capilla de la Virgen de la Esperanza mit einer Steinfigur der Jungfrau aus dem 13. Jh., die erst seit wenigen Jahren an dieser Stelle steht; die Capilla de la Virgen Blanca, früher Capilla del Salvador, mit der ehemaligen Trumeaufigur der Jungfrau und den Gräbern der Doña Sancha, Gründerin des Klosters Cabreros del Río, und des 1377 verstorbenen Infanten Alfonso; die Capilla de San Antonio mit Wandmalereien aus dem 16. Jh.

Durch die Portada de la Virgen del Dado in der Nordfassade erreicht man den Kreuzgang, dessen Bau 1540 von Juan de Badajóz d. J. begonnen und der im 17. Jh. vollendet wurde. Er wird dem plateresken Stil zugerechnet. Von hier aus ist über die platereske Treppe von Juan de Badajóz auch das **Kathedralmuseum** zu erreichen, in dem u.a. romanische Sitzmadonnen und die Gemälde *Asunción de la Virgen* von Alonso Rozas und *Anbetung der Heiligen Drei Könige* von Pedro de Campaña zu sehen sind.

Der **Kirchenkomplex San Isidoro** mit dem **Panteón de los Reyes** ist eines der wichtigsten Etappenziele des Pilgerwegs. Zum einen liegen hier die Gebeine eines des bedeutendsten spanischen Nationalheiligen, des hl. Isidor von Sevilla, zum anderen stellt der Komplex kunsthistorisch neben der → Kathedrale von Jaca, der Burg San Pedro de Loarre und der → Kirche San Martín de Frómista eines der Schlüsselwerke für die Entwicklung der romanischen Kunst auf der Iberischen Halbinsel dar. Der hl. Isidor (um 560–636), Erzbischof von Sevilla, war einer der bedeutendsten Kirchenlehrer seiner Zeit, der das gesamte Wissen der Spätantike in seinem 20bändigen Werk *Etymologiae* zusammenfasste, das die Grundlage für das Studium im Mittelalter darstellte. Isidor führte u. a. das Wort *Messe* für einen Gottesdienst mit Eucharistiefeier ein. Seine Heiligsprechung erfolgte 1598, seit 2001 ist er auch Patron des Internets.

Isidors Gebeine wurden unter der Regentschaft Fernandos I. des Großen (1035–65) und seiner Frau Doña Sancha (gestorben 1067) 1063 aus Sevilla, das kurz zuvor dem Königreich León tributpflichtig geworden war, nach León gebracht. Sevillas Herrscher Abbad al-Mutadid soll bei dem feierlichen Auszug der Reliquien des Heiligen gesagt haben: *Siehe, du gehst von hier, Isidor, verehrungswürdiger Mann. Wisse, dass deine Sache auch die meine ist. So sei als Fürsprecher auch meiner eingedenk.* In einer aufwendigen Zeremonie wurde der bis dahin fertiggestellte Neubau der Kirche San Isidoro beim Eintreffen der Gebeine am 21. Dezember 1063 geweiht.

Der Komplex steht in seiner heutigen Form an der Stelle eines seit dem 9. Jh. bestehenden Nonnenklosters, das Johannes dem Täufer geweiht war und in dem die Reliquien des hl. Pelagius (San Pelayo) von Córdoba aufbewahrt wurden. Das Kloster wurde während der Razzia Al-Mansurs im Jahr 983 schwer beschädigt und unter Alfonso V. el Noble (999–1028) renoviert. Fernando I. und seine Frau Doña Sancha förderten den Neubau der Anlage, die neben einer Kirche vor allem durch die Einrichtung der Grablege der Könige von Kastilien und León hervorsticht. Dieser zweite Kirchenbau wurde im 12. Jh. durch einen dritten Bau ersetzt, die heutige dreischiffige Kirche San Isidoro mit

Querhaus, zwei Seitenapsiden aus dem 12. Jh. und dem Chorraum, der auf die im 16. Jh. durchgeführten Umbauten unter Juan de Badajóz zurückgeht.

Die Eingänge zur Kirche finden sich auf der Südseite der Kirche: Die Puerta del Cordero zeigt im Tympanon das Agnus Dei, die symbolische Darstellung von Christus als (Opfer-)Lamm, das von den Engeln verehrt wird. Darunter ist in szenischer Abfolge von rechts nach links die Opferung Isaaks zu sehen. Rechts außen steht Sara, das Weib Abrahams, das gerade das Haus verlassen hat; es folgt der Jüngling Isaak, der auf einem Esel zum Berg Moriah reitet, wo das Opfer stattfinden soll; Isaak die Schuhe ausziehend; Abraham im Augenblick der Opferung Isaaks; die Hand Gottes, darunter der Engel mit dem Widder, links außen ein Kentaur. In den Portalzwickeln sind die sitzenden, fast im Vollrelief gearbeiteten Figuren des hl. Pelayo, des hl. Isidor und weitere Reliefs zu sehen. Darüber hinaus zeigt ein Fries u. a. die Tierkreiszeichen sowie in der Zone darunter David mit seinen Musikern. Inhaltlich ergibt sich ein Zusammenhang mit Abraham: Während Abraham als Patriarch Israels galt, war David der bedeutendste König der Israeliten. Beiden gemeinsam ist die Verheißung, *Stammvater des Messias* zu sein, der in der symbolischen Form des Lammes auf dem Tympanon zu sehen ist. Der Aufsatz über dem Portal mit der Skulptur des hl. Isidoro als *matamoros* stammt aus dem 18. Jh. Auf dem Tympanon der Puerta del Perdón im südlichen Querschiff sind Kreuzabnahme, Auferstehung und Himmelfahrt Christi dargestellt. In dem von einem Würfelfries umgebenen Bogenfeld erscheinen die Statuen der Apostel Paulus und Petrus als traditionelle Türwächter. Auch die Säulenkapitelle zeigen außen wie innen ein sehr komplexes ikonographisches Programm, das sich aus vegetabilen, zoomorphen und szenischen Darstellungen zusammensetzt.

Links an die Kirche schließt der monumentale Baukörper des **Panteón de los Reyes** an, der vor 1063 errichtet wurde

León, San Isidoro

und die Grablege der kastilischen Könige enthält. Dieser Abschnitt stellt heute den ältesten Teil der Anlage dar; seine Errichtung ist im Zusammenhang mit den Vorgängerbau-

Schema der Darstellungen León, San Isidoro, Panteón de los Reyes

ten der Kirche zu sehen, der er zunächst als Vorhalle diente. Das sechsjochige Panteón überstrahlt alles bisher Gesehene durch seine lückenlosen Malereien der Gewölbe und Gurtbögen und die qualitätvollen Kapitelle. Dargestellt sind Szenen aus dem Leben Christi beginnend mit der Verkündigung und endend mit der Apokalypse. Im Zentrum steht Christus Pantokrator. In den Gurtbögen sind Monatsbilder zu sehen. Die Datierung der Malereien, die in Ocker-, Gelb-, Rot- und Grautönen auf weißem Grund ausgeführt sind, ist umstritten: Während die ältere Literatur ihre Entstehung aufgrund der Inschrift »FREDENANDO REX« unter Fernando II. in die zweite Hälfte des 12. Jh.s ansetzt, sieht die jüngere Literatur einen Zusammenhang mit den dynastischen Bestrebungen von Fernando I. und seiner Frau Doña Sancha und datiert die Malereien in die Zeit um 1050, als beide den Bau des Kloster- und Palastkomplexes forcierten. Für diese frühe Datierung spricht die Tatsache, dass der Titularheilige San Isidoro in dem Bildprogramm nicht auftritt, dessen Gebeine ja erst 1063 nach León kamen. Die Kapitelle zeigen vegetabiles und zoomorphes Dekorum und zwei Szenen aus dem Leben Christi, die Erweckung des Lazarus und die Heilung des Leprakranken. In den Sarkophagen ruhen Fernando I. sowie weitere Könige, Königinnen, Infanten und Angehörige des Königshauses.

In der **Schatzkammer** über dem Panteón sticht vor allem der kostbare Reliquienschrein des hl. Isidor (um 1065 entstanden) hervor, der trotz zahlreicher Plünderungen weitgehend erhalten ist. Die acht Reliefplatten, Treibarbeiten aus Silber, zeigen die Erschaffung Adams, den Sündenfall und die Vertreibung aus dem Paradies. Stilistisch sind die Platten mit ottonischen Arbeiten, z. B. den Bronzetüren Bischof Bernwards in Hildesheim, in Beziehung gesetzt worden. Ferner sind hier u. a. der achatene Kelch der Doña Urraca und ein Emailreliquiar aus Limoges (11. Jh.) zu sehen. Die Bibliothek, die 1545 von Juan de Badajóz anstelle des Königspalastes errichtet wurde, bewahrt eine mozarabische Bibelhandschrift aus der Zeit um 960.

Ergänzt wird der Komplex durch den Kreuzgang auf der Nordseite der Kirche aus dem frühen 16. Jh. und den Glockenturm über der ehemaligen Stadtmauer.

Die **Kirche Santa Ana** liegt im ehemaligen jüdischen Wohnviertel. Unklar ist, ob hier eine Synagoge umgeweiht wurde. Gegründet wurde die Kirche von Angehörigen des Johanniterordens. Das niedrige, weiß getünchte Gotteshaus mit einer Vorhalle vor dem Südeingang wird von einem mächtigen Glockenaufsatz fast erdrückt. Im Inneren sind auf der Nordwand mudéjare Wandmalereien erhalten. Der klassizistische Altar enthält barocke Bildwerke.

Die Ursprünge der **Kirche San Salvador del Palat del Rey** reichen in das 10. Jh. zurück, als Ramiro II. (reg. 931–951) das Kloster San Salvador im Zentrum der Stadt in der

Nähe seines Palastes errichten ließ, in dem seine Tochter Geloira/Elvira als Nonne aufgenommen wurde. Sie diente ihm ferner als Grablege, bevor seine Überreste nach San Isidoro überführt wurden. Während der Razzien Al-Mansurs im Jahr 988 wurde sie stark beschädigt. Hier haben sich Reste des mozarabischen Kirchenbaus erhalten, vor allem die Vierungskuppel in zwölf Segmenten, die in der Kuppel der → Kirche San Salvador de Peñalba ein ebenso wichtiges Vergleichsbeispiel findet.

Die heutige **Kirche San Marcelo**, die dem hl. Marcelo, dem Schutzpatron der Stadt, geweiht ist, wurde im 17. Jh. über einem lateinischen Kreuz errichtet. Wahrscheinlich ersetzt sie einen gotischen Vorgängerbau, von dem sich ein Tympanon erhalten hat. Die Altäre schmücken ausdrucksstarke Skulpturen u.a. von Gregorio Fernández.

Der Weg zwischen Kathedrale und Kirche San Isidoro führt an der **Kirche Santa Marina la Real** vorbei, die 1571 von den Jesuiten zunächst unter dem Patrozinium des hl. Michael errichtet wurde. Nach Auflösung des Ordens 1773 wurde das Gotteshaus als Pfarrkirche Santa Marina la Real fortgeführt. Zu den Ausstattungsstücken gehört die Virgen del Rosario von Juan de Juni (1545), im Volksmund auch Virgen de las Candelas genannt. Der Hauptaltar ist dem hl. Francisco Javier geweiht und stammt aus dem 17. Jh.

Mit dem Bau der Kirche **Santa María del Camino / del Mercado** an der gleichnamigen Plaza, auch Plaza del Grano (Kornmarkt) genannt, wurde im 12. Jh. begonnen. In den nachfolgenden drei Jahrhunderten wurde sie mehrfach überformt. Vom ursprünglichen romanischen Bau des dreischiffigen Gotteshauses mit drei Apsiden haben sich die beiden äußeren in ihrer originalen Gestalt erhalten, die mit romanischen Figurenkapitellen, Schachbrettfriesen, Fenstergittern und Dachkonsolen aufwarten. Das Hauptportal sowie das Portal in der Nordwand stammen ebenfalls aus romanischer Zeit. Die Hauptapsis wurde im 18. Jh. nach

Plänen von Manuel de Lastra für die Anbetung der Virgen del Camino erweitert. Der Turm wurde 1598 nach Plänen von Felipe de Cajiga errichtet. – An dieser Kirche endete die achte Etappe des Camino Francés. In dem benachbarten Benediktinerinnenkonvent de las Carbajalas ist heute eine Pilgerherberge untergebracht.

Das **Hostal de San Marcos**, der Stammsitz des bedeutenden Ordens der Santiago-Ritter, die sich dem Schutz der Pilger verschrieben haben, stand seit 1168 ursprünglich an der Stelle des heutigen Paradores und der benachbarten Kirche am Übergang des Flusses Bernesga. Es war gleichzeitig eine Pilgerherberge. Der heutige Bau, über den der britische Marinehauptmann Samuel Edward Cook Widdrington sagte: »Nichts übertrifft an Schönheit die Arabesken und weiteren Ornamente der Fassade von San Marcos« (*Sketches in Spain*, 1829), geht auf eine Stiftung von Fernando II. des Katholischen zurück, doch erst unter Karl V. konnte die Anlage 1545 weitgehend fertiggestellt werden. Die beteiligten Architekten waren Juan de Orozco (Kirche), Martín de Villarreal (Fassade) und Juan de Badajóz (Kreuzgang und Sakristei). Die Arbeiten an der rund 100 m langen, in plateresken Stil gehaltenen Fassade, die links von einem Turm und rechts von der Kirche flankiert wird, zogen sich bis in das 18. Jh. hinein. Die zweigeschossige Fassade ist üppig verziert mit Kandelabern und Medaillons mit den Porträts griechisch-römischer und hispanischer Persönlichkeiten sowie dem Santiago-Kreuz. Die Portalzone mit dem Santiago *matamoros* über dem Eingang schließt mit einem prunkvollen, wappenverzierten Aufsatz. Der große Saal des heute als Luxushotel genutzten Konvents ist von einer *artesonado*-Decke eingewölbt. Der Turm auf der linken Seite wurde zwischen 1711 und 1714 errichtet. Ihn ziert das Santiago-Kreuz und ein Löwe. Die Bauarbeiten des Kreuzgangs begannen unter Juan de Badajóz im 16. Jh. und wurden im 17. und 18. Jh. fortgeführt.

Die Fassade der Kirchenvorhalle ist mit steinernen Jakobsmuscheln verziert. Das Chorgestühl schufen um 1541 Guillermo de Doncel und Juan de Juni. Nachdem der Komplex nach 1836 eine Umnutzung u. a. als Missionshaus, Schule der Veterinärmedizin, Hospital, Gefängnis und Kavalleriekaserne erfuhr, beherbergt er neben dem schon erwähnten Parador auch die Dependance des **Museo de León,** dessen Hauptsitz seit kurzem im Gebäude *Pallarés* an der Plaza Santo Domingo angesiedelt ist. Hier sind u. a. das Kreuz aus → Santiago de Peñalba (erste Hälfte 10. Jh.), die Figur des *Christus von Carrizo* aus Elfenbein (11. Jh.) und eine westgotische Kanne für den liturgischen Gebrauch aus dem 8. Jh. zu sehen.

○ Dem Hostal San Marcos gegenüber steht seit 2002 das neue **Konzerthaus** (Auditorio) von León, das von dem Madrider Architektenbüro Mansilla + Tuñon Architects entworfen wurde. Die weiße Fassade des Baus antwortet mit ihren tiefen Rücksprüngen und unterschiedlichen Fensterformaten auf die durchgliederte Fassade des Hostals. Anleihen an die Wallfahrtskirche von Ronchamp von Le Corbusier sind unübersehbar. Die relativ schmal wirkende Schaufassade verdeckt das große Auditorium, das durch ein Foyer erschlossen wird.

○○○ Die **Plaza Mayor** wurde in ihrer heutigen Form nach einem Brand im Altstadtzentrum in zwei Phasen, bis 1672 nach Plänen von Antonio Ambrosio und bis 1677 nach Entwürfen von Francisco de Piñal angelegt. Auf dem weiten, auf drei Seiten von Arkaden gesäumten Platz, der zu den repräsentativsten in Spanien zu zählen ist, wurde Markt gehalten; er diente als Stierkampfarena, Exekutionsplatz und Ort der prunkvollen Festlichkeiten des isabellinischen Hofes. Die Westseite wird vom alten Rathaus eingenommen, das zwischen 1674 und 1677 unter Beteiligung der Architekten und Künstler Simón de Vayas, Francisco de Piñal und Pedro del Hoyo in barockem Stil errichtet wurde. Das dreigeschossige Gebäude mit Mittel- und

Eckrisaliten wird horizontal durch Balkone gegliedert. Es entspricht den zeitgenössischen Rathausbauten z.B. in → Astorga.

Der **Palast De Conde Luna** an der Plaza del Conde, die Alfonso XI. zu Beginn des 14. Jh.s anlegen ließ, schließt am südöstlichen Ende der ehemaligen Stadtmauer an. Von dem ursprünglichen Bau aus dem 14. Jh. hat sich der Mittelteil der Fassade erhalten, der sich durch ein gotisches Portal und Triforienfenster auszeichnet. Im Zentrum des Portaltympanons ist noch das Wappen der Familie Quiñones erkennbar. △△

Den **Palast De los Guzmánes** ließ der Bischof Juan Quiñones y Guzmán zwischen 1559 und 1566 in charakteristischen Renaissanceformen von Rodrigo Gil de Hontañón errichten; der Vierflügelbau umsäumt einen Arkadenhof. 1882 wurde er von der Provinzregierung Leóns angekauft und zwischen 1973 und 1976 durch den Architekten Felipe Moreno erweitert. ○○○

Die **Casa de Botines**, ein sechsgeschossiges, trapezförmiges Gebäude, wurde zwischen 1891 und 1893 nach Plänen des katalanischen Architekten Antoní Gaudí in neugotischen Formen errichtet. Den Bau aus hellem Kalkstein akzentuieren Erkertürme in den Ecken. Die Fenster nehmen zum Teil die Form gotischer Lanzettfenster auf. Im Dachgeschoss treten einzelne Gaubenfenster hervor. Wie ein Graben umzieht ein Schacht das Gebäude, in dem Beleuchtungskörper eingesetzt sind, die den Bau nachts illuminieren. Auch das Eisengitter, das den Graben umgibt, gehört zur ursprünglichen Konzeption. ○○○

Trobajo del Camino (II H) hatte zu Hochzeiten der Pilgerreisen im Mittelalter eine größere Bedeutung als heute ersichtlich. Archäologische Funde belegen eine lange Besiedlungszeit, die bis in das Paläolithikum zurückreicht. In römischer Zeit führte hier die Verbindungsstraße zwischen León und Astorga hindurch. Erste Erwähnung findet er in einer Urkunde aus dem Jahr 978. Bereits für das 11. Jh. sind drei Kirchen überliefert: San Juan Bautista, San Pedro und San Pablo sowie eine Mühle. Bis zum 16. Jh. erhielt die Ortschaft verschiedene Verfassungen. Im Jahr 1525 schlossen sich vier Dörfer zu einer größeren Gemeinde mit einer gemeinsamen Verfassung zusammen. Die französische Besatzungszeit während der Unabhängigkeitskriege brachte zahlreiche Plünderungen mit sich. Die Anbindung an das Eisenbahnnetz in den 1840er Jahren förderte die Ansiedlung von Industriebetrieben. Der heutige Pilgerweg führt durch die Avenida Párroco Pablo Diaz y Azorín vorbei an zwei Wegekreuzen. Zu den Sehenswürdigkeiten zählen die in den Boden eingegrabenen Bodegas mit einer konstanten Temperatur von 8 bis 12 °C, die um 1900 für die private Weinkelterei und -lagerung entstanden. Während der Bürgerkriegszeit versteckten sich hier zuweilen republikanische Kämpfer, doch auch die Franquisten benutzten die Räume als Waffenlager. Die **Kirche San Juan Bautista** hat als einzige der im Mittelalter erwähnten drei Kirchen überdauert. Ihr Ursprung reicht bis in das 10. Jh. zurück, die heutige Kirche wurde jedoch zwischen 1794 und 1801 errichtet.

Die **Ermita de Santiago** an der Straße nach ASTORGA wurde 1777 über den Resten einer Kapelle errichtet. Auf der Fassade sind die Zeichen der Jakobspilgerschaft zu sehen: Pilgerstab und Jakobsmuschel sowie die alte Straßenbezeichnung »Calle Real«. Die Figur des Jakobus *matamoros* im Inneren des Heiligtums wurde 1777/78 im Auftrag der örtlichen Jakobusbruderschaft geschaffen. Der Ermita angeschlossen war ehemals das Pilgerhospiz, das von der Bruderschaft unterhalten wurde und zwei Betten bereithielt. Die Bruderschaft hatte auch die Verpflichtung übernommen, kranke Pilger in die nächstgelegenen Hospitale nach León oder Virgen del Camino zu tragen.

Der Komplex **Virgen del Camino** entstand um eine Einsiedelei herum, die zu Beginn des 16. Jh.s zu Ehren der Jungfrau errichtet wurde, nachdem der Hirte Alvar Simón Fernández am 2. Juli 1505 an dieser Stelle eine Marienerscheinung gehabt hatte. Im Jahr 1914 wurde die Virgen del Camino zur Patronin der Region erklärt; dem folgte am 7. Juni 1917 durch Papst Benedikt XI. die Kanonisierung der Marienkrönung. Der Memorialbau wurde im 20. Jh. durch einen Neubau nach Plänen des portugiesischen Dominikaners Francisco de Coello ersetzt. Die Finanzierung ermöglichten vermögende Auswanderer, die Grundsteinlegung fand im Jahr 1957 statt; zwei Jahre später wurde die Kirche geweiht. Der weiße Kubus der Wallfahrtskirche erhebt sich über einer dunkleren Sockelzone. Herausragende Elemente sind 13 Bronzefiguren auf der Portalfront des katalanischen Bildhauers Josep María Subirach (geb. 1927 in Barcelona), der auch die Darstellungen des Passionsweges an der Sagrada Familia in Barcelona schuf. Die 6 m hohen überschlanken Figuren stellen Maria und die Jünger dar. Sie werden als Erwiderung auf die Gotik der → Kathedrale von León angesehen. Das Thema des »Apostolado« ist ein wiederkehrendes Motiv am Pilgerweg (→ Sangüesa, → Carrión de los Condes), allerdings ist hier in dieser Pfingstszene Maria anstelle Christi dargestellt. Die Portale wurden ebenfalls von Subirach entworfen: Das Hauptportal trägt Verse aus den *Misterios Gozosos del Rosario*, die Puerta del Pastor auf der rechten Seite zeigt den Hirten inmitten seiner Schafe und die Erscheinung Mariens; die Puerta de San Froilán ist dem Patron der Diözese León gewidmet; sie reflektiert Begebenheiten aus seinem Leben vor der Silhouette der Kathedrale von León. Das Portal auf der linken Seite ist als Pendant zur Puerta de Froilán dem hl. Paulus gewidmet. Der seitliche Glockenturm wurde in Form eines Kreuzes gestaltet. Das Altarretabel stammt aus dem Vorgängerbau. Es ist ein Werk der Leoneser Bildhauer Pedro und Antonio de Valladolid und wurde 1730 fertiggestellt.

Die Ursprünge des Ortes Valverde de la Virgen (II H) können bis in das 10. Jh. zurückverfolgt werden, als der Ort noch unter dem Namen *Valverde del Camino* genannt wurde. Im Jahr 2008 wurde hier eine von drei Skulpturen aufgestellt, die an die Opfer des Bürgerkriegs erinnern. Die Arbeiten des Zyklus stammen von den Bildhauern Pombo de los Arcos (in Cabreros del Río), Amancio González Andrés (»Hito de la memoria«, in Carrocera) und von Juan Carlos Uriarte (»71 Años«, in Valverde).

San Miguel del Camino (II H) hat die für die am Jakobsweg gelegenen Ansiedlungen charakteristische Form eines Straßendorfes. Quellenkundlich ist für das Jahr 1177 ein Hospiz belegt, das heute zerstört ist.

Für die Herkunft des Ortsnamens von Villadangos del Páramo (II H) finden sich zwei Varianten: zum einen *Villa de Eneco* (*Stadt des Eneco*) – *Eneco* ist ein baskischer Vorname und könnte sich auf einen Grundherrn aus der Zeit der Rückeroberung beziehen, zum anderen *Villa de Angos* (oder *Ancos*), der mit einem fränkischen Pilger dieses Namens in Zusammenhang gebracht wird (*Stadt des Angos/Ancos*). Der Zusatz *Páramo* bezieht sich auf den Namen des Landstrichs. Im Jahr 1111 war der Ort Schauplatz eines kriegerischen Konfliktes zwischen der kastilischen Königin Urraca und Alfonso I. von Aragón. Von 1112 bis 1580 unterstand er kirchlicher Obhut, im Jahr 1788 wurde das Gebiet durch Carlos III. in eine Markgrafschaft erhoben. Der Titel Marqués de Villadangos existierte bis 1837. Die Lebensgrundlage der Bevölkerung war vornehmlich die Landwirtschaft, was sich auch in der Struktur der Häuser bemerkbar macht, die als Gehöftanlagen um einen Innenhof errichtet wurden. Auch hier gibt es die Bodegas genannten Höhlen als kühle Lagerräume. Ähnlich wie → Trobajo del Camino, erfuhr der Ort mit dem Anschluss an das Eisenbahnnetz und der Ansiedlung von Industriebetrieben ab der Mitte des 19. Jh.s einen wirtschaftlichen Aufschwung. Die Errichtung von Feriensiedlungen, die Erweiterung von Gewerbegebieten und der Ausbau der landwirtschaftlichen Infrastruktur in der zweiten Hälfte des 20. Jh.s förderten weiterhin die Prosperität.

Die **Kirche Santiago** wurde Ende des 17., Anfang des 18. Jh.s über einem lateinischen Kreuz errichtet. Auf dem Eingangsportal sind zwei farblich gefasste Reliefdarstellungen aus dem 16. Jh. zu sehen, die Jakobus als Maurentöter und das Opfer der 100 Jungfrauen zeigen. Im Zentrum des Hauptaltars aus dem 18. Jh. ist die Figur des Jakobus *matamoros* zu sehen, der in der rechten Hand das Schwert schwingt, links eine Fahne hält und über einen maurischen Krieger hinwegreitet. Während die Kampfszenen des Jakobus *matamoros* ansonsten überwiegend als Profilansichten gegeben sind, handelt es sich hier um eine sehr martialisch wirkende Frontaldarstellung. Die übrigen Bildtafeln des Altars zeigen im oberen Register von links den hl. Jakobus als Pilger, die Kreuzigung Christi und rechts den hl. Claudius. Im mittleren Register mit Szenen aus dem Leben Jakobi ist links des Jakobus *matamoros* die Marienerscheinung und rechts die Schlacht von Clavijo zu sehen. Die Predella ist mit dem Kreuz Jakobi und Akanthusblättern bemalt. Die beiden barocken Seitenaltäre sind rechts dem hl. Claudius (mit einem Reliquiar aus Glas und einer Darstellung von Jesus und vier Aposteln) und links der Jungfrau gewidmet.

Hospital de Órbigo (II G) am Fluss Órbigo entstand an der Kreuzung wichtiger Wege nach León, Astorga, La Bañeza und Carrizo. Vor allem die Brücke, die schon in römischer Zeit über den Fluss geführt haben soll, ist für den Ort von Bedeutung gewesen. Das heutige Bauwerk, das mit 20 Bögen und einer Länge von 205 m über den Fluss führt, lässt sich bis in das 13. Jh. zurückverfolgen. Sie wurde in den 1950er Jahren restauriert. Im Mittelalter bildete sich am linken Ufer zunächst ein Weiler mit einer der Jungfrau Maria geweihten **Kirche**, der Puente genannt wurde. Eine weitere Ansiedlung gruppierte sich um das namengebende Hospital der Johanniter auf der rechten Uferseite, von dem sich keine Reste erhalten haben. In der örtlichen Überlieferung werden heute vor allem die Truppen der verschiedenen Kriege, die über die Brücke hinwegzogen, in den Mittelpunkt gerückt, angefangen bei den römischen Legionen über Sweben und Goten bis zu den französischen und englischen Truppen im 19. Jh. In aller Munde sind nach wie vor jene Turniere, die sich Don Suero de Quiñones aus Langeweile und im angeblichen Liebesdienst um ein Edelfräulein sowie neun weitere Ritter zwischen dem 9. Juli und 10. August im Heiligen Jahr 1434 mit anderen Rittern aus ganz Europa lieferten, die sich auf dem Camino de Santiago in der Nähe des Übergangs befanden. Die Turniere wurden mit königlicher Erlaubnis durchgeführt. Am Ende zogen die zehn Streiter weiter nach Santiago, wo Don Suero ein goldenes Halsband, das er als sichtbares Zeichen seiner Liebesqualen getragen hatte, für Jakobus den Jüngeren stiftete. Zur Erinnerung an das Ereignis, das in die spanische Literatur als *Passo Honroso* einging, wurden auf der Brücke zwei Säulen mit den Namen der zehn Ritter aufgestellt. Die dem hl. Johannes dem Täufer geweihte **Pfarrkirche** wurde im 18. Jh. errichtet. Sie unterstand ehemals dem Johanniterorden. Im Ortsteil Puente auf der anderen Uferseite steht als Pendant die **Kirche del Puente**.

Das **Crucero de Santo Toribio** hinter VALDEIGLESIAS (II G) erinnert an die Legende aus dem 8. Jh. über den hl. Toribius, Bischof von Astorga im 5. Jh., der nach der Vertreibung aus dem Amt durch Verleumdung an dieser Stelle erstmals auf der Flucht angehalten haben soll.

Die Ursprünge des Ortes SAN JUSTO DE LA VEGA (II G), durch den eine römische Straße von Astorga kommend führte, sollen im 6. und 7. Jh. liegen. Dafür spricht der Name *San Justo*, der sich auf die Märtyrer Justo und Pastor bezieht, zwei Kinder, die zu Beginn des 4. Jh.s den Märtyrertod fanden, weil sie der christlichen Religion nicht abschwören wollten. In westgotischer Zeit (7. Jh.) wurde diese Geschichte wiederbelebt. Auch der zweite Teil *de la Vega* soll noch vor der Entwicklung des Pilgerweges entstanden sein: Viele der in diesem Zusammenhang gegründeten Ortschaften tragen den Zusatz *del Camino* oder *de la Calzada*. Die Bezeichnung *de la Vega* verweist vielmehr auf das fruchtbare Umland, das landwirtschaftlich genutzt wurde. Der Ort besaß ehemals ein Pilgerhospiz, das später als Casa de los Pobres, als Armenhaus, in der Calle de Hospital weitergeführt wurde und an dessen Existenz sich noch ältere Bewohner erinnern sollen. Die Pfarrkirche Santos Justo y Pastor wurde im 16. Jh. errichtet. Von diesem Bau hat sich lediglich der Turm mit Glockenaufsatz erhalten. Das Kirchenschiff wurde im 20. Jh. neu errichtet. Im Inneren ist das Bildnis des Patronatsheiligen von Gregorio Español (1560 bis nach 1630) und der Altar des lokalen Künstlers Sendo zu sehen. Von besonderer Bedeutung sind die Prozessionen in der Karwoche, bei denen Efigies aus den Jahren 1838 und 1848 durch die Straßen getragen werden. Nicht nur der Pilgerweg geht durch den Ort hindurch, sondern auch eine Viehtriebroute, die *Cañada Real*.

Astorga (II G) wird im Pilgerführer des *Codex Calixtinus* zweimal kurz erwähnt. Plinius beschrieb die römische Stadt *Asturica Augusta* als »großartige Stadt«. Sie war 17 v. Chr. mit der Unterwerfung der Keltiberer dem römischen Reich angegliedert worden. Die Stadt wurde Verwaltungszentrum, Legionsstandort und Zentrum des Goldabbaus in den Montes de León und im Bierzo (Las Medulas). In der Zeit der Völkerwanderung ließen sich hier Westgoten nieder. Die Stadt wurde zwar zu Beginn des 8. Jh.s durch die Mauren erobert, aber schon unter Alfonso I. im

Jahr 753 zurückerobert. Einhundert Jahre später folgte die Einrichtung des Bischofssitzes. Die mittelalterliche Stadt stand am Kreuzungspunkt zweier wichtiger Handelswege: der Vía de la Plata, die aus Andalusien kam, und der von Bordeaux kommenden Vía Burdigala Asturica, die weitgehend mit dem späteren Camino Francés identisch ist. Vor allem von der Anbindung an den Pilgerweg profitierte die Stadt. Die Montes de León wurden im Winter unpassierbar, so dass spät im Jahr ankommende Pilger hier »überwintern« mussten. Astorga ist reich an Sehenswürdigkeiten, sowohl aus römischer Zeit als auch aus der jüngeren Vergangenheit: Aus römischer Zeit haben sich Teile des Abwassersystems (Las Cloacas), einer Villa mit Mosaikböden (La Domus del Mosaico), des Forums (an der Stelle der heutigen Plaza Mayor), des Tempels Aedes Augusti, der Thermen, des Wasserleitungssystems und der Stadtmauer erhalten. Weitere Funde sind im **Museo Romano** in dem *La Ergástula* bezeichneten Haus römischen Ursprungs zu sehen. Die Reste der römischen Stadtmauer wurden in späteren Jahrhunderten, vor allem im 13. Jh., in die immer wieder neu errichtete Einfriedung integriert. Aus der Zeit um 1900 haben sich, wohl in Folge des Neubaus des **Bischofspalastes** durch Antoní Gaudí, einige Bauten im Stil der Gründerzeit und des beginnenden Jugendstils erhalten, z. B. der **Stadtpalast** des Schokoladenfabrikanten José Granell, der nach Plänen des Architekten Antonio Palacios Ramilo (Madrid, Palacio de Comunicaciones) errichtet wurde oder die **Pfarrkirche San Andrés**, nach Plänen von Fernández Reyero, ein Backsteinbau, der die neugotischen Formen Gaudís reflektiert und der einen großen Altar des 18. Jh.s beherbergt.

Mit dem Bau der heutigen **Kathedrale Santa María**, die den bis in das Jahr 1069 zurückzuverfolgenden Vorgängerbau erweitern sollte, wurde 1471 begonnen. Die Arbeiten zogen sich bis in das 20. Jh. hinein, weshalb sich hier die verschiedensten Stilrichtungen finden, angefangen bei der

Astorga, Kathedrale (rechts) und Bischofspalast (links), davor rekonstruierte römische Stadtmauer

Spätgotik (Kirchenschiffe und Kapellen) über plateresske Elemente (Portale der Westfassade) und Renaissanceformen (Südportal) bis hin zu barocken Formen (Westfassade). 1703 war der Bau weitgehend abgeschlossen. Der Urheber des Planes ist nicht eindeutig bekannt: Genannt werden einerseits Simón de Colonia, der Sohn des an der → Kathedrale von Burgos beschäftigten Juan de Colonia, andererseits Juan Gil de Hontañón in Zusammenarbeit mit Francisco de Colonia. Die Kathedrale wurde mit ihren spätgotischen Formen zum Prototyp für andere zeitgenössische Kathedralbauten auf der Iberischen Halbinsel, z. B. in Salamanca, Plasencia, Palencia und Segovia. Erweiterungen erfuhr der Bau im 16. Jh. unter dem Architekten Rodrigo Gil de Hontañón; die Hauptfassade gestaltete Pablo Antonio Ruiz nach 1708 und ersetzte die romanische Fassade durch eine durchgliederte Barockfassade zwischen den beiden Türmen, die zwischen 1678 und 1704 entstanden. Der linke Turm wurde während des großen Erdbebens 1755 beschädigt und erst 1965 beendet. Im Zentrum der weiten Eingangsnische steht die Kreuzabnahme, dazu Allegorien der Frömmigkeit und Unschuld, die mahnenden Exempel der Anklage der Ehebrecherin und der Vertreibung der Händler aus dem Tempel. Auf der südlichen Apsis ist außen die Figur des Lokalhelden Pero Mato aus dem 16. Jh. zu sehen, der einer Legende zufolge einer der Teilnehmer an der sagenumwobenen Schlacht bei → Clavijo gewesen sein soll.

Spätgotische Elemente haben sich vor allem im Inneren erhalten. Das dreischiffige Gotteshaus schließt ohne Querschiff direkt mit drei Apsiden. Zwei seitlich an das erste Längsschiffjoch angebaute Kapellen vermitteln zwar den Eindruck eines Querschiffs, sind aber erst in der Renaissance (1553) und im Barock (1757) angebaut worden. Variantenreiche spätgotische Sterngewölbe schließen den Bau. Die Glasfenster im Chor wurden zwischen 1524 und 1527 vollendet. Den großen Altar, in dessen Zentrum die Himmelfahrt Mariä und Szenen aus dem Marienleben stehen, schuf Gaspar de Becerra im Jahr 1558. In der nördlichen Apsis ist eine Figur der Virgen de la Majestad aus dem 12. Jh. zu bewundern. Das Chorgestühl stammt von Juan de Colonia, der mit den Arbeiten im Jahr 1515 begann. Am Eingang der Kathedrale steht ein dem hl. Michael geweihter Altar der hispano-flämischen Schule aus dem Jahr 1530.

Der klassizistische Kreuzgang wurde 1755 durch den Architekten Gaspar López über dem Vorgängerbau aus dem 13. Jh. errichtet; in das Jahr 1772 datiert die Sakristei von José Francisco Terán.

In den Räumen der ehemaligen Kathedralschule neben der Kathedrale, die auch Bibliothek und Archiv enthielten, ist heute das **Diözesanmuseum** untergebracht, in dem u. a. die Arqueta des San Gennadius ausgestellt ist, ein silberner, teils vergoldeter Reliquienkasten, den Alfonso III. im frühen 10. Jh. stiftete.

Der erste Bau des Bischofspalastes **Palacio Episcopal / Museo de los Caminos** unmittelbar neben der Kathedrale erfolgte um 1120 unter dem damaligen Bischof Don Pelayo. Im Laufe der nachfolgenden Jahrhunderte wurde er mehrfach umgebaut. Ein Brand zwei Monate nach Amtsantritt des Bischofs Juan Bautista Grau y Vallespinós (1886–1893) erforderte schließlich einen Neubau, für den der katalanische Architekt Antoní Gaudí verpflichtet werden konnte. Als Bischof Grau verstarb, waren die Arbeiten an den ersten beiden Geschossen beendet. In der Folgezeit kam es jedoch zu Zerwürfnissen zwischen Gaudí und dem neuen Kathedralkapitel, die zunächst zur Einstellung der Bauarbeiten führten. Erst nach 1904 wurden die Arbeiten durch Ricardo García de Guereta fortgeführt; die Gestaltung des Inneren des Palastes wurde dem Freskisten Fernando Villodas, dem französischen Glaskünstler José Maumejean und dem Bildhauer Enrique Marín übertragen. Die Keramiken schuf Jiménez de Jamuz. 1913 wurde die Kapelle geweiht, 1914 verließ Guerete die Baustelle. Endgültig beendet wurden die Arbeiten erst 1961. Gaudí verwendete neugotische Formen, die er mit paraboloiden Bögen verband. Die Materialqualität des verwendeten Hausteines verleiht dem Palast eine archaische Aura. Drei Engelsfiguren aus Zink stehen heute im Garten, die eigentlich als Skulpturenschmuck in den Bau integriert werden sollten. Das Innere überrascht durch seine Leuchtkraft. Der Palast zählt nicht zu den besten Bauwerken Gaudís – er hält sich sehr eng an die von Viollet-le-Duc vorformulierten neugotischen Elemente –, doch überrascht er an dieser Stelle durch seine Originalität. In dem Gebäude ist das der Geschichte des Jakobswegs gewidmete **Museo de los Caminos** untergebracht.

Das **Rathaus** an der Südseite der Plaza Mayor, auf dem seit 1471 jeden Dienstag ein Markt abgehalten wird, wurde um 1675 nach Plänen von Manuel de la Lastra im Stil Herreras errichtet. Der fünfachsige Bau wird vertikal durch zwei seitliche Turmaufsätze und einen mächtigen Mittelrisalit gegliedert, die auf den Untergeschossen lasten. Im Mittelrisalit ist die Stadtuhr des Uhrmachermeisters Bartolomé Fernandez aus dem 18. Jh. untergebracht. Im 19. Jh. wurde das Gebäude unter Leitung des Architekten Del Campo erweitert und 1994 durch Andrés Lozano renoviert.

Im **Museo del Chocolate** kann seit 1994 die Geschichte der Schokoladenherstellung, im 19. Jh. eine Spezialität Astorgas, nachvollzogen werden, angefangen vom Rohstoff über die Verarbeitung bei verschiedenen Herstellern bis hin zu spezialisierten Maschinenbaubetrieben, Druckereien oder Speditionen, die von der Massenherstellung dieses ehemaligen Luxusgutes profitierten.

Castrillo de los Polvazares (II G) am Aufstieg zum Rabanal-Pass gehört zum Kreis Maragatería. Ursprünglich an anderer Stelle gelegen, wurde er durch Überschwemmungen zerstört und im 16. Jh. an der heutigen Stelle wiedererrichtet und seither nicht verändert. 1980 wurde der Ort als kulturhistorisch bedeutsames Ensemble eingestuft. Der Name Castrillo soll sich von der Nähe des Ortes zu zwei Burgen abgeleitet haben: dem Castro de San Martino und dem Castro de Teso de la Mesa. Die Einwohner waren früher als Fuhrleute und Händler tätig. Zwischen dem 16. und dem 19. Jh. spielten sie eine große Rolle für den Warenverkehr zwischen Galizien (von dort kam eingesalzener Fisch) und dem Inneren der Iberischen Halbinsel (von dort wurden in umgekehrter Richtung Wurst- und Dörrwaren transportiert). Die Struktur der Steinhäuser am Rand der gepflasterten Straßen und die Anordnung der Räume reflektieren diesen Erwerbszweig: Hohe, breite Tore bieten Einlass für die Karren und Wagen in einen Innenhof, um den herum alle Räume und Kellergewölbe, die sogenannten »Bodegas«, angeordnet wurden. Castrillo wurde Vorbild für den Ort Valdecruzes aus dem Roman *Die Sphinx der Maragatos* der großen cantabrischen Autorin Concha Espina (1869–1955), der 1914 erschien und mit dem Premio Fastenrath ausgezeichnet wurde.

Santa Catalina de Somoza (II G) hat sich mit den Steinhäusern seinen mittelalterlichen Charme bewahrt. Spuren eines ehemaligen angeblichen Pilgerhospitals, das im Gegensatz zu dem Hospital in → El Ganso *Hospital de Abajo* hieß, sind nicht erhalten. Der heutige Ortsname bezieht sich auf die hl. Katharina als Patronin und auf *Somoza* als sprachliche Verschleifung von *sub montia* (»unterhalb des Berges«, hier der Monte Irago), die ehemalige Bezeichnung für Maragatería. Die Bewohner waren vorwiegend als Fuhrleute und Händler zwischen Galizien und Madrid tätig. Hier werden Hochzeiten nach traditionellen Riten gefeiert.

In El Ganso (II G) sieht man erstmalig am Jakobsweg mit Stroh gedeckte Häuser. In der schlichten **Pfarrkirche** ist eine Figur des hl. Jakobus als Pilger aus dem 16. Jh. zu sehen. Eine mit einem lateinischen Kreuz versehene Stele, die in das 12./13. Jh. datiert wird, erinnert heute an die Existenz eines Hospitals im 12. Jahrhundert.

Rabanal del Camino (II G) wird im Pilgerführer als Halteplatz nach dem neunten Reisetag, auf dem Weg zum Monte Irago, erwähnt. Der Ort hatte verschiedene **Kulträume** (u. a. Ermita Santo Cristo de la Vera Cruz am Ortseingang, Ermita San José in der Calle Mayor) und **Hospize** (Hospiz San Gregorio in der Calle Mayor). Nach langen Jahren der Stagnation wurde der Ort in den letzten Jahren durch die Einrichtung verschiedener Pilgerhospize und durch die Renovierung wieder belebt. Dazu zählt die Herberge San Gaucelmo der englischen Jakobsbruderschaft Cofraternity of Saint James.

Das **Benediktinerkloster San Salvador de Monte Irago** wurde im Jahr 2001 gegründet. Auf der Fassade des modernen Haupthauses, das aus Bruchsteinen besteht, ist im Schlussstein über dem Portal die Reproduktion eines mozarabischen Kreuzes mit angehängtem Alpha- und Omega-Zeichen aus der Ermita des San Frutuoso zu sehen (Original im alten Kloster von San Pedro de los Montes). Die ebenfalls dort angebrachte Epitaphplatte trägt folgende Inschrift: »*Sancti estis, dicit Dominus, et multiplicabo numerum vestrum ut oretis pro populo meo in loco isto*« (›Ihr seid Heilige, sagt der Herr, und ich werde eure Zahl vermehren, indem ihr an diesem Ort von meinem Volk hört‹). Darüber steht in einer Nische die Figur des San Benito, der ebenfalls in dem Kloster verehrt wird. Der moderne Gebäudekomplex besteht aus Bibliothek, Kapitelsaal (mit den Altarfiguren des San Benito und der hl. Scholastika sowie einem Kruzifix), Kreuzgang, Refektorium, Büros und Werkstätten, Klostergarten und -laden und bietet Unterkünfte für vier Besucher. Im Kreuzgang sind Skulpturen der Santa María de Monte Irago und des hl. Jakobus als Pilger aufgestellt.

Die **Templerkirche Santa María de la Asunción** wurde im 12. und 13. Jh. über einem rechteckigen Grundriss mit halbkreisförmiger Apsis errichtet und in den nachfolgenden Jahrhunderten umgebaut. Vom Ursprungsbau haben sich außen am Übergang zwischen Langhaus und Apsis Reste von Säulen und Zierleisten und innen ein romanisches Portal in der Sakristei erhalten. In der Kirche sind zwei Statuen des hl. Jakobus in polychromer Fassung zu sehen, die beide nach 1500 entstanden sind; die eine ist in das barocke Altarretabel integriert.

FONCEBADÓN (II F) ist wegen seiner Lage direkt vor dem Übergang über den Monte Irago mit dem Cruz de Hierro eine sehr wichtige Station, die bereits im 10. Jh. erwähnt wurde. Um 1103 errichtete der Einsiedler Gaucelmo ein Hospital und eine Herberge für Pilger, die Alfonso VI. ebenso wie die Kirche San Salvador de Irago mit einer Immunität belehnte. Der brasilianische Schriftsteller Paulo Coelho plaziert vor dieser Kulisse den Kampf des Ich-Erzählers seines Romans *Auf dem Jakobsweg* gegen einen schwarzen Hund, der das Dämonische symbolisiert.

Erst mit der Wiederbelebung der Jakobuswallfahrt wurde Foncebadón vor dem totalen Verfall gerettet. Neben einigen Privathäusern und der **Pfarrkirche Santa María Magdalena** wurden eine kleine Pilgerherberge und zwei Pensionen renoviert. Beim Verlassen des Dorfes in Richtung Cruz de Hierro trifft man auf die Ruinen der **Salvador-Kirche.**

Der MONTE IRAGO (II F) mit dem **Cruz del Ferro** ist eine der im Pilgerführer des *Codex Calixtinus* erwähnten Stationen. Er ist mit 1500 m der höchste Punkt des spanischen Jakobsweges. Im 10. Jh. rief Ramiro II. hier ein Konzil zusammen; dies lässt auf die Existenz eines Klosters oder einer Stadt schließen, obwohl keine spezifische Nennung überliefert ist. Auf dem Berg steht in einem Steinhaufen ein auf einem Baumstamm montiertes Eisenkreuz. Der Steinhaufen wird ständig erhöht durch den Pilgerbrauch, einen von zu Hause mitgebrachten Stein als Zeichen für die hinter sich gelassenen Sünden bzw. die erfahrene Läuterung abzulegen. Dieser Brauch ist nicht christlich motiviert, hat sich aber in den religiös motivierten Pilgerfahrten etabliert. Schon zu Zeiten der Römer soll hier der römische Gott Merkur, der als Patron auch für Reisende und Kaufleute galt, durch das Ablegen eines Steines geehrt worden sein. Einer weiteren Überlieferung folgend sollte das Steinablegen Schutz vor den Gefahren der Reise gewähren.

Cruz del Ferro auf dem Monte Irago

MANJARÍN (II F) tritt quellenkundlich erstmals im Jahr 1180 in Erscheinung. Es handelt sich hierbei um Privilegien, die König Fernando II. von León Doña María Joanez als Betreiberin eines Pilgerhospizes zwischen Manjarín und El Acebo gewährte. Später wurde dieses Hospiz nach Manjarín verlegt und letztmalig im 17. Jh. erwähnt. Zu Beginn des 19. Jh.s verließen auch die letzten der wenigen Bewohner den Ort. Seit den 1990er Jahren erfolgt eine Wiederbelebung.

Der Name des kleinen Straßendorfes EL ACEBO (II F) leitet sich von span. *acebo* ›Stechpalme‹ ab. Bereits in vorrömischer Zeit stand hier ein Castro – eine befestigte Siedlung, deren Mauerreste heute noch zu sehen sind. Die **Pfarrkirche San Miguel**, deren Ursprünge in das 12./13. Jh. datiert werden, beherbergt die gestauchte Figur eines Heiligen in polychromer Fassung. Allgemein wird sie als Darstellung des hl. Jakobus interpretiert, doch fehlen seine traditionellen Attribute. Das Buch im linken Arm der Figur lässt vielmehr den Schluss zu, dass es sich hierbei um eine Darstellung Christi oder des hl. Johannes des Evangelisten handelt. Für das Jahr 1489 ist die Einrichtung eines Pilgerhospizes dokumentiert; in dem gleichen Dokument werden die Bewohner von königlichen Tributzahlungen befreit, indem sie im Winter die Wegstrecke zwischen Foncebadón und El Acebo durch die Aufstellung von 800 Pfählen sicherten. Wirtschaftlich profitiert der Ort heute von der Wiederbelebung der Pilgerfahrten.

Die Straße nach COMPLUDO (II F) zweigt hinter El Acebo ab. Der Legende zufolge hat der hl. Fructuosus hier im 7. Jh. sein erstes Kloster gegründet, das er den hll. Justo und Pastor weihte. Erhalten hat sich die **Schmiede** aus der Zeit des Mittelalters, die mit dem Kloster in Zusammenhang gebracht wurde. Sie arbeitet immer noch; die Hämmer werden nach wie vor mit dem gleichen mittelalterlichen Wasserantrieb bewegt. Angeblich ließ sich Pelayo, der die Schlacht bei Covadonga gegen die Mauren erfolgreich geschlagen hatte, hier sein Schwert schmieden.

In dem kleinen Straßendorf RIEGO DE AMBROS (II F) gab es im 12. Jh. ein Pilgerhospiz. 1990 wurde ein neues eröffnet. Die **Pfarrkirche** des für die Region Bierzo charakteristischen Dorfes ist der hl. Magdalena geweiht, eine Kapelle dem hl. Sebastian. Heute ist der Ort ein beliebtes Wochenendziel für Ausflügler aus Ponferrada.

MOLINASECA (II F) wird im Pilgerführer des *Codex Calixtinus* als erste Station nach dem schwierigen Übergang über den Monte Irago erwähnt. Er ist auch unter dem Namen *Molina* bekannt. Schon zu Zeiten der Römer soll hier an der Fernstraße Braga-Astorga ein Rasthaus namens *Mansio* mit einer Pferdewechselstelle gestanden haben. Für das 4.

und 5. Jh., die Zeit der Anakoreten und Zenobiten, wird auf dem Gebiet von Molinaseca die Existenz des Klosters Santa María Tabladillo angenommen, das im Jahr 649 erwähnt wird. Als Hinweis auf die frühe Besiedlung wird auch die schriftlich erstmals 1166 genannte Brücke über den Fluss Meruela gedeutet, deren Ursprünge bis in römische Zeiten zurückgehen sollen. Auch Urkunden, z. B. über den Verkauf von Weinbergen, und die Erwähnung verschiedener Mühlen bezeugen seine Existenz. Noch heute verströmen die Straßen mittelalterliches Flair. Die Hauptstraße hieß früher *Calle de los Peregrinos.* Das erstmals 1188 erwähnte Pilgerhospiz *Casa de Molina* ist in Überresten vorhanden. Ein Wegekreuz erinnert an seine Existenz. Die Steinhäuser mit Wappenschilden verweisen auf eine bedeutende Vergangenheit. In der Mitte der heute *Calle Real* bezeichneten Hauptstraße steht ein Haus, in dem Königin Urraca I. von Kastilien (um 1080–1126) logiert haben soll. Darauf verweisen u. a. die Schießscharten und die Steinmetzzeichen. Außerhalb des Ortes ist die ehemalige dem hl. Rochus geweihte Einsiedelei zu finden, die heute als Pilgerherberge dient.

Die **Kirche Nuestra Señora de la Quinta Angustia** (oder **La Preciosa**) steht auf einem Hügel außerhalb der Stadt. Sie war eine wichtige Station auf der Route Astorga – → Santo Tomás de las Ollas, die über Foncebadón führte. Die ersten Nachrichten gehen bis in das 11. Jh. zurück im Zusammenhang mit dem Hospital San Lázaro für Leprakranke (bestätigt durch eine Erwähnung im Jahr 1173). Der heutige Bau der Kirche wurde 1705 geweiht, der Turm 1931 aufgesetzt. Der Pilgersitte, Splitter der Holztür als Souvenir zu entwenden, wurde durch Eisenbänder Einhalt geboten.

○ Die **Pfarrkirche San Nicolás de Bari** aus dem 17. Jh. geht auf einen Vorgängerbau aus dem 11. Jh. zurück. Der Baubeginn unter dem Baumeister Pedro Gutiérrez wird in die 1660er Jahre datiert; erst 1714 war die Kirche vollendet.

Das Hauptportal ist ein Werk von Francisco de los Ríos aus dem Jahr 1779. In einer Nische des quadratischen Glockenturms aus Hausteinen, der auf den Fundamenten des mittelalterlichen Vorgängerbaus ruht, steht die Figur des Titularheiligen Nikolaus von Bari. An den Arbeiten waren Maurer aus dem Trasmiera-Gebiet beteiligt, die im 16. und 17. Jh. gesuchte Handwerker waren. Im Zentrum des churriguesken Hauptaltars von Pedro Núñez de Losada, der in den Jahren von 1672 bis 1674 entstanden ist, stehen die Figur des hl. Nikolaus und eine Darstellung des auferstandenen Christus. In den Seitennischen sind rechts die Statuen der hll. José und Francisco und links die Jungfrau mit Kind und hl. Antonius zu sehen. Der Altar des rechten Seitenschiffs (von Pedro de Lerén, 1680) ist der Virgen del Rosario geweiht. In einem Medaillon ist der Apostel Petrus zu sehen, der hier nicht mit einem Schlüssel als Attribut erscheint, sondern mit einem Hahn als Betonung der Passion. Der Altar des linken Seitenschiffs (von Andrés de Benavente, 1692) ragt mit einer zwischen 1300 und 1340 datierten Figur des gekreuzigten Christus hervor, der hier den linken Fuß über den rechten gekreuzt hat.

Ponferrada (II F) am Zusammenfluss der Flüsse Boeza und Sil wird im Pilgerführer des *Codex Calixtinus* als Station erwähnt. Die Stadt, deren ursprünglicher Name Puebla de San Pedro war, erhielt den gegenwärtigen Namen durch eine Brücke, die auf Anordnung des Bischofs Osmundo im Jahr 1082 über den Sil zum Wohle der Pilger auf dem Weg von Rabanal nach Santiago errichtet worden war. Dieser Ortsteil vereinigte sich mit dem auf der anderen Uferseite liegenden Ort mit dem Burghügel, der durch König Fernando II. gegründet worden war. Der Name *Ponferrada* erscheint erstmals 1124. Im Jahr 1178 kamen die Tempelritter in die Stadt, die von Alfonso IX. den Auftrag erhalten hatten, die Pilger nach Santiago zu schützen. 1180 erhielten die Einwohner ein *fuero* von Fernando II.; 1188 wurde eine zweite Brücke über den Fluss Boeza errichtet, die *pontem de Buyeza*. Nach dem Niedergang des Ordens der Tempelritter zu Beginn des 14. Jh.s ging der Ort, der zu einer bedeutenden Station am Pilgerweg angewachsen war, an die Familien Castro und Osorio über, deren wichtigste Persönlichkeit Pedro Álvarez Osorio, Conde de Lemos, gewesen ist. Ponferradas wirtschaftliche Grundlage liegt seit 1949 im Erzabbau und den angeschlossenen Industrien (Metallverarbeitung, Glasereien, Zementherstellung), die den Landbau, abgesehen vom Weinanbau, ablösten. Hier hat sich die in Europa größte Fabrik für die Säulen von Windenergieanlagen angesiedelt.

○ Mit dem Bau der **Basilica de la Encina** über einem lateinischen Kreuz wurde um 1573 nach Plänen von Juan Alvear begonnen. Die Errichtung des Turmes erfolgte ab 1614 und zog sich bis in das nachfolgende Jahrhundert hinein. Der farbig gefasste Altar stammt aus der Werkstatt des Gregorio Fernández aus der Zeit zwischen 1630 und 1640. Im Zentrum steht die Figur der Virgen de la Encina *la Morenica*. Einer Legende zufolge wurde das Bildnis der Jungfrau von dem hl. Toribius, Bischof von Astorga, vor der Invasion der Mauren gerettet. Dabei ging allerdings das Gesicht verloren, das Jahrhunderte später die Tempelritter im Inneren einer Steineiche fanden, während sie sich mit Holz eindeckten. Daraufhin erhielt das Bildnis den Beinamen *de la Encina* (»aus der Steineiche«).

Die **Kirche San Andrés** am Fuß der Burg wurde Ende des 17. Jh.s über einem Vorgängerbau aus dem Mittelalter gebaut. Im Inneren des über einem lateinischen Kreuz errichteten Bauwerks befindet sich ein barocker Altar und ein Kruzifix aus dem 14. Jh., der Cristo de la Fortaleza.

Die **Kirche San Antonio de Campo** wurde Mitte des 18. Jh.s von dem Orden Tercera de San Francisco errichtet. Der Hauptaltar stammt aus dem 17. Jh. Das Gotteshaus wurde von der Stadt Ponferrada gekauft und beherbergt heute das **Museo de las Cofradías**.

Burg: Die Besiedlung des Burgbergs auf der rechten Seite des Río Sil lässt sich bis in keltiberische Zeit in Form eines *castros* zurückverfolgen. Die Römer nutzten die vorhandenen Strukturen als Festung. Die Tempelritter renovierten bis 1282 die Überreste und führten bescheidene Ausbauten durch. Der weitaus größte Teil der Erweiterungen der Burg, die sich ähnlich den Jahresringen eines Baumes ringförmig um den Hügel legen, wurde in mehreren Bauphasen von den nachfolgenden Territorialherren durchgeführt. Die umfangreichsten Baumaßnahmen sind zwischen 1440 und 1483 auf Pedro Álvarez Osorio, erster Conde de Lemos, und seine erste Frau Beatriz de Castro zurückzuführen. Die Ehegatten verbindet eine skandalträchtige Liebesgeschichte, derzufolge Don Pedro seine

Ponferrada, Burg

geliebte Beatriz, die dem vornehmen Adelshaus der Castro und damit dem Haus Trastámara entstammte, aus dem Kloster Santa Clara in Toledo entführt haben soll. Nachdem Beatriz durch den Papst von ihrem Nonnengelübde befreit wurde, konnten beide heiraten. Andere Versionen der Geschichte ranken sich letztendlich auch um die Erbfolge des Königstitels von Kastilien und León. Don Pedro und seine Frau ließen den größten Teil des äußeren Mauerrings, der Toranlagen und des Palastes mit Innenhof errichten, von dem heute nur noch Ruinen existieren. Die letzten Erweiterungen wurden zwischen 1483 und 1507 unter den Katholischen Königen durchgeführt. An vielen Stellen finden sich Wappen und Siegel der Häuser Castro und Osorio sowie der Katholischen Könige. Mit der Ernennung zum ersten Conde de Lemos im Jahr 1456 führte Don Pedro ein neues Siegel ein, das Tau *T*, das fälschlicherweise immer wieder als Zeichen der Tempelritter angesehen wird.

○ Das **Museo del Bierzo** ist seit 1996 im ehemaligen Rathaus in der Calle del Reloj angesiedelt. Das Haus nach Plänen von Francisco Samper stammt aus der Zeit zwischen 1565 und 1572. Es diente dem Bürgermeister ehemals als Wohnung und war zugleich Kerker. Nach Modifizierungen im Jahr 1799 wurde es durch den Architekten Andrés Lozano im Jahr 1995 als Museumsbau hergerichtet. Die Ausstellung des Museums dokumentiert die Geschichte Ponferradas und des Bierzo.

Das **Museo del Ferrocarril** ist in dem alten Bahnhofsgebäude untergebracht, dessen Ausstellungsstücke (Lokomotiven, Pläne, Bibliographien u.a.) die große Bedeutung des Anschlusses der Stadt an das nationale Eisenbahnnetz dokumentieren. Das Projekt der Anbindung datiert zurück in das Jahr 1918 mit der Verbindung Villablino und Ponferrada für den Transport von Kohle. Von diesem Moment an wurde diese Eisenbahnachse zum Motor für die Industrialisierung der Region neben dem Personentransport, der bis in das Jahr 1980 hinein noch mit Dampflokomotiven im regelmäßigen Verkehr betrieben wurde.

Das als **Casa de los Escudos** bekannte spätbarocke Haus ○ wurde im 18. Jh. durch den Ratsherrn und Hauptmann Manuel Francisco García de las Llanas errichtet. In den Fassaden ist das Wappen der Familie zu sehen, was dem Haus den Namen gab. Gegenwärtig wird das Gebäude als **Radio-Museum** genutzt. Zu sehen ist die umfangreiche Sammlung von Radioempfängern aus dem Besitz von Luis de Olmo von den Anfängen bis in die heutige Zeit.

Der Uhrturm (**Torre del Reloj**) wurde vor 1567 über ○ dem Arco de la Eras, einem der Stadttore in der mittelalterlichen Stadtmauer, errichtet. Das untere Geschoss trug ehemals das Wappen des spanischen Königs Philipp II., am Obergeschoss war die Uhr angebracht. Im Jahr 1693 wurde ein drittes Geschoss als Glockenturm aufgesetzt, das durch eine Außentreppe von der Calle Carnicerías erschlossen wird.

Die Gründungsumstände der **Kirche Santo Tomás de las** ⇨ **Ollas** (II F) liegen im dunkeln. Anhaltspunkte für eine Datierung in das 10. Jh. liefern Aufbau und Proportion der Hufeisenbögen, die der geläufigen zeitgenössischen mozarabischen Sakralarchitektur entsprechen und die Konstruktionsweisen aus der spanisch-islamischen Architektur übernehmen. Aufgrund der topographischen Nähe zu den Klöstern von → San Pedro de Montes und → Santiago de Peñalba geht man von einer engen Beziehung zu diesen Anlagen aus. Im Jahre 1311 ging die Kirche durch den Bischof von Astorga an das Kloster Montes über. Das schlichte rechteckige Langhaus wird im Inneren durch einen Hufeisenbogen von der ungewöhnlich großen Apsis getrennt, die von einer Blendbogenarkade aus neun Hufeisenbögen über Pilastern umgeben wird. Diese Blendbogenarkade ist hier kein reines Dekorationselement, sondern hat die Funktion eines Bindegliedes zwischen der ellipsenförmigen Sockelzone und dem in elf Sektoren unterteilten ellipsenförmigen Klostergewölbe. Der Bau erfuhr in den nachfolgenden Jahrhunderten zahlreiche Umformungen. Dazu zählt der Umbau des die Apsis und das Langhaus verbindenden ursprünglichen Hufeisenbogens in einen gestelzten Rundbogen. Das Südportal wurde in romanischer Zeit erneuert.

⇨ Südöstlich von Ponferrada liegt das Dorf Santiago de Peñalba (II F) in abgeschiedener Lage am Ende einer kurvenreichen Stichstraße. Mit seinen restaurierten urtümlichen Steinhäusern ist es inzwischen ein beliebter Ausflugsort für Wochenendwanderer in den Montes Aquilianos geworden. Der Name *Peñalba* bezieht sich auf ein in der Nähe gelegenes Bergmassiv aus Kalkstein (*peñas albas* ›weiße Steine‹). Das bedeutendste Bauwerk des Ortes ist die **Klosterkirche Santiago** als Überrest eines ehemaligen Klosters, die sich in fast originalem Zustand erhalten hat. Die Gründung des Klosters wird dem Mönch und späteren Bischof von Astorga, Gennadius, zugeschrieben, der hier mit seinen Gefährten das zurückgezogene Leben früherer Eremiten wiederbelebte. Das Kloster tritt quellenkundlich im Jahr 937 im Rahmen einer Schenkung in Erscheinung sowie in der als Testament bezeichneten Autobiographie des Gennadius. An das fast quadratische tonnengewölbte Kirchenschiff schließt im Osten eine etwa gleich große Vierung und eine

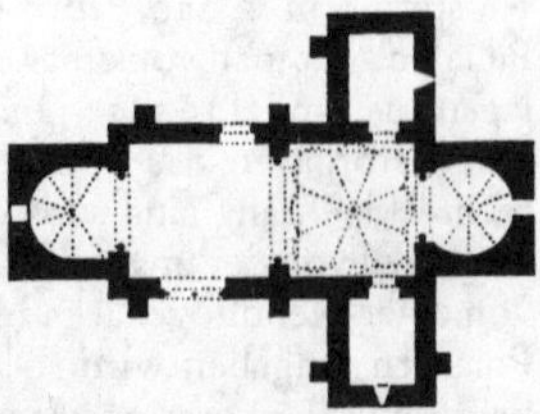

Schnitt/Grundriss Santiago de Peñalba

Apsis an. Zwei weitere Kompartimente folgen im Norden und Süden der Vierung. Eine zweite Apsis im Westen stellt eine Besonderheit dieses Baues dar. Die Vierung ist mit einer achtteiligen Schirmkuppel überwölbt, die die übrigen Bauteile an Höhe überragt. (Eine ähnliche Kuppel hat sich in der unter Ramiro II. entstandenen Palastkirche → San Salvador de Palat del Rey in León erhalten, die auch als königliche Grablege diente.) Weitere Besonderheiten, die die ausführenden Handwerker im Kreis mozarabischer Bauhütten belegen, sind das Eingangsportal in Form eines doppelten Hufeisenbogens mit *alfiz*-Rahmen, Dachkonsolen mit Röllchenfries, vegetabil ornamentierte Marmorkapitelle sowie Reste der Wandmalereien und Hufeisenbögen im Innenraum.

Im Nachbartal westlich von Santiago de Peñalba liegt das Dorf MONTES DE VALDUEZA (II F), das gegen Ende des 9. Jh.s durch den charismatischen Mönch Gennadius und zwölf Gefährten wiederbelebt wurde. Sie bezogen das **Kloster San Pedro de Montes,** das im 7. Jh. von den Mönchen Fructuosus und Valerius gegründet worden und das durch die Invasion der Umayyaden zunächst entvölkert war. Quellenkundlich tritt das Kloster 896 in einer Urkunde des Bischofs Ranulf von Astorga in Erscheinung, in der Gennadius zum Abt des Klosters ernannt wird. 909 wurde Gennadius Bischof von Astorga. Die Kirche wurde 919 geweiht, in Anwesenheit der Bischöfe von Astorga, Gennadius, Sabaricus von Mondoñedo, Fruminius von León und Dulcidius von Salamanca, wie aus der in der romanischen Südwand eingemauerten Inschrifttafel hervorgeht. Der heutige Bau stammt aus dem 12. Jh.; die Fassade wurde 1756 verändert. Im Jahr der Säkularisation wurde das Kloster aufgelöst und die Kirche in eine Pfarrkirche umgewidmet. Von dem Ursprungsbau haben sich einige Reste der Bauplastik erhalten. Da Gennadius auch an den Bauten von San Miguel de Escalada und Santiago de Peñalba maßgeblich beteiligt war, deren Architektur mozarabischen Bauhütten zugeschrieben wird, wird auch hier ein entsprechender Bau vermutet. In dem romanischen Turm sind Säulen älteren Datums verbaut; ebenso wird ein Kapitell als Spolie der Westgotenzeit angesehen. In der am Dorfende stehenden **Ermita Santa Cruz** aus dem Jahr 1732 sind Fensterplatten, Inschrifttafeln und ornamentierte Reliefplatten eingebaut, die in das 7. Jh. datiert werden. Die Inschrift der Epitaphtafel bezieht sich auf die Erweiterung der Weihe des Gotteshauses auf Maria, Johannes den Täufer, Jakobus, Matthäus und Clemens.

⇨ In dem zerklüfteten Gebiet um LAS MÉDULAS DE CARUCEDO (II F) in den *Montes Aquilianos* schürften die Römer zwischen dem ersten und dem dritten nachchristlichen Jahrhundert ungeheure Mengen Gold. In dem archäologischen Park ist die Abbauweise ausführlich dokumentiert: Demzufolge wurde das in Nuggetform vorliegende Edelmetall in tieferen Schichten mit Hilfe eines komplizierten Wasserstau- und -leitungssystems an die Oberfläche gespült. Waschkanäle trennten danach Wasser und Gestein, bis nur noch das Gold übrigblieb. In den Minen waren bis zu 100 000 Sklaven tätig. Auf dem Gebiet wurden auch die Reste keltiberischer *castros* ausgegraben.

COLUMBRIANOS (II F) gehört zu den ältesten Ansiedlungen in der Gegend mit einer weitaus größeren territorialen Ausdehnung als heute. Noch vor der Gründung von Ponferrado wird es quellenkundlich bereits im 10. Jh. unter den Namen Columbrianos und Conimbrianos erwähnt. Im Mittelalter soll an der Puente de Hierro, die auf dem heutigen Gemeindegebiet von Ponferrada stand, ein Pilgerhospiz existiert haben, das viele Pilger von Santo Tomás de las Ollas kommend ansteuerten. Die Pfarrkirche, die dem hl. Stefan geweiht ist, wurde ab 1778 errichtet, der Glockenaufsatz nach Blitzeinschlag 1948 rekonstruiert. Die Capilla

Landschaft bei den römischen Goldminen Las Medulas

de San Blas etwas außerhalb des Ortes beherbergt ein barockes Relief der Virgen de la Encina. An einer der äußeren Schmalwände ist ein Werk des zeitgenössischen Künstlers Amador Diéguez Ayerbe zu Ehren der vorbeiziehenden Pilger zu sehen. Weitere Skulpturen im öffentlichen Raum sind zwei Arbeiten aus Ulmenholz: Die *Bäuerin* des Bildhauers Rixo auf der Plaza del Concejo, und auf der Plaza de la Eras die Figur eines Kindes, das das Wort »Columbrianos« schreibt, zusammen mit einem Storchennest, die in dieser Gegend zahlreich vorkommen. Außerhalb des Ortes führt der Pilgerweg an der Wallfahrtskirche San Roque vorbei.

Fuentes Nuevas (II F) entwickelte sich im Zuge der Pilgerfahrten nach Santiago de Compostela. Eine archäologische Ausgrabungsstätte verweist auf eine mittelalterliche Nekropole in Zusammenhang mit einem nicht mehr existenten Sakralbau. Im 15. Jh. unterstand der Ort den Grafen von Lerma. Er teilt sich heute in einen alten und einen neuen Teil. In der Altstadt sind die repräsentativen Stadthäuser der Familien Villarino und Cartujo mit ausladenden Balkonen erhalten. In der einschiffigen **Pfarrkirche Nuestra Señora** sind der Hauptaltar aus dem 18. Jh. mit einer Darstellung der Himmelfahrt Mariä und den hll. Franziskus von Assisi und Stefan als Gebälkträger zu sehen.

Die Ursprünge des heutigen Ortes CAMPONARAYA (II F), der eine sehr wechselvolle Geschichte hat, werden auf eine zwischen dem 9. und 12. Jh. entstandene Siedlung zurückgeführt; archäologische Spuren bestätigen sogar eine frühere Besiedlung. Quellenkundlich tritt das Gemeindegebiet erstmals im Jahr 853 im Zusammenhang mit zwei Kirchen des Klosters San Julián de Samos in Erscheinung. Eine Zeitlang gehörte der Ort zu den Lehen des Zisterzienserklosters in → Carracedo. Aus Mangel an Arbeitskräften wurden später Teile der Güter verpachtet. Dagegen revoltierten die Belehnten und die Untertanen, z.B. 1497 und 1512. Diese Spannungen hielten bis in das 19. Jh. an und kulminierten 1813 in der Erstürmung und Brandschatzung des Klosters in Carracedo. Gegen Ende des 19. Jh.s zerstörte die Reblausplage die Existenzgrundlage vieler Landarbeiter. Wirtschaftliche Prosperität kam nach dem Staatsstreich unter Miguel Primo de Rivera mit der Ansiedlung von Bauunternehmen auf. Zu Beginn der 1930er Jahre setzten sich die republikanischen Kräfte innerhalb der Gemeinde durch, was zu Spannungen innerhalb der Bürgerschaft führte. Dennoch konnten die notwendigen Verbesserungen an der Infrastruktur weiter fortgesetzt werden. Die Wirtschaft konzentrierte sich allein auf den Weinanbau. Während der frühen Jahre des Franco-Regimes setzten Bürgerkrieg, Erschießungen, Repressionen und Hunger der Bevölkerung zu. Erst nach dem Tod Francos und mit der Wiederbelebung der Pilgerfahrten zu Beginn der 1980er Jahre gewann auch das wirtschaftliche Leben der Bewohner langsam wieder an Dynamik. Zu den Sehenswürdigkeiten des Ortes gehören die repräsentativen **Wohnhäuser** der Marqueses de Quiñones und der Familie Ucieda sowie das Haus des Abtes von Carracedo, der **Uhrturm** und die **Ermita de la Virgen de la Soledad**. Die moderne **Pfarrkirche** ist dem hl. Ildefonso geweiht. Seit 2005 findet alljährlich ein Bildhauersymposium statt.

Das Gemeindegebiet von CACABELOS (II F) ist schon seit dem Paläolithikum besiedelt. Auch *castros* aus vorrömischer Zeit sind nachweisbar: das *castro Vizcaíno* und das *castro Ventosa*. In den Jahren 25–19 v. Chr. fanden hier Kämpfe zwischen den Römern und den Asturern statt, die mit der Einnahme von Bergida durch die Römer endeten. Die Römer gründeten die Stadt Bergidum Flavium, die sich ehemals an der Stelle des heutigen Friedhofes befand und die bei Ptolemäus und im Itinerario de Antonino erwähnt wird. Nach der Invasion der Umayyaden lebte der Ort unter dem Namen Ventosa zunächst fort. Später wurde er verlassen und verfiel. Im 10. Jh. wird Cacabelos erstmals in einer Schenkungsurkunde, ausgestellt von Bermudo II., an das Kloster Carracedo erwähnt. Im Jahr 1108 veranlasste der Erzbischof von Santiago, Diego Gelmírez, den Wiederaufbau des zu diesem Zeitpunkt weitgehend zerstörten Ortes. Die Gemeinde entwickelte sich zu einer bedeutenden Station am Pilgerweg, wie die zahlreichen Kirchen (quellenkundlich belegt: Santa María de la Plaza, Santa María de la Edrada und Santa María »circa pontem«, San Bartolomé, San Esteban und San Lázaro) und Hospitäler (quellenkundlich nachweisbar: San Lázaro, Santiago, Santa Catalina, Alfonso Cabirto und Inés Domínguez) bezeugen. Wirtschaftliche Prosperität stellte sich durch die Landwirtschaft, die zahlreichen Pilger und die seit dem 13. Jh. abgehaltenen Verkaufsmessen ein. Im Jahr 1809 wurde Cacabelos im Zuge der Unabhängigkeitskriege zum Schauplatz einer Schlacht zwischen englischen und französischen Truppen, in deren Verlauf der französische General Colbert fiel. Im 19. Jh. war die Stadt einer der wirtschaftlich dynamischsten Orte der Region, der seine dramatischsten Einbußen am Ende des Jahrhunderts erlebte, als die Reblaus den Weinanbau vernichtete. Nach 1900 begann mit Hilfe amerikanischer Rebsorten ein wirtschaftlicher Neuanfang.

Zu den schönsten Straßen von Cacabelos zählt zweifellos die **Calle de Santa María**, durch die seit Jahrhunderten die Pilger gehen. Hier sind Häuser aus der Barockzeit zu finden, repräsentative Paläste mit Wappen der ehemaligen Besitzer an den Fassaden – Ausdruck des Stolzes auf die erhaltenen Privilegien. Der Markgraf von Villafranca fasste dies 1667 in folgende Worte: »In dieser Stadt fürchtet man nicht die Justiz, und ein jeder macht das, was ihm gefällt«. Anstelle der heutigen **Plaza de San Lázaro** stand ehemals, ursprünglich außerhalb der mittelalterlichen Stadtmauer, das Hospital San Lázaro, das seit seiner Gründung im Mittelalter bis in das 18. Jh. hinein betrieben wurde. Das Grundstück wurde in eine Platzanlage umgewandelt. Schon in römischer Zeit gab es eine **Brücke** über den Río Cúa, die im Mittelalter noch funktionstüchtig war. Die heutige alte Brücke stammt aus dem 16. Jh. In ihrer Nachbarschaft fand am 3. Januar 1809 die erwähnte Schlacht zwischen den Engländern und den Franzosen statt. Bei Niedrigwasser lädt der Fluss mit einem natürlichen Becken zum Baden ein.

Die **Pfarrkirche Santa María de la Plaza** wurde auf Anordnung des Erzbischofs von Santiago, Diego II. Gelmírez, errichtet und im Jahr 1108 durch ihn geweiht. Ab dem 16. Jh. erfuhr der Bau zahlreiche Überformungen, die im Bau des Turmes im Jahr 1904 gipfelten. Von dem romanischen Bauwerk hat sich der Chor mit Apsis erhalten sowie der Hauptbogen; die Apsis dient der heute wesentlich größeren Kirche als Seitenkapelle. Das Dach lastete ehemals auf figürlich gestalteten Konsolen (z. B. Fratzen und Monster), die jedoch im Zuge der Renovierungsarbeiten ersetzt wurden.

Die **Kirche Nuestra Señora de la Quinta Angustia** am Ortsausgang am Westufer des Flusses Cúa wird erst im 18. Jh. unter dem heute geläufigen Namen genannt. Zuvor erscheint sie mit verschiedenen Namen, dessen frühester durch die Benennung *nahe der Brücke* in einem Dokument von 1199 den Standort der Kirche charakterisiert. Der gegenwärtige Bau stammt aus dem 18. Jh. Die Pietà in der Altarkapelle wurde 1764 geschaffen, der vergoldete Hauptaltar von 1758 ist ein Werk von Miguel Nuñez und Juan de Solorzano. Die Orgel stammt aus dem Kloster von → Carracedo. Um die Kirche herum wurde an der Stelle des ehemaligen Hospitals Santiago im Jahr 2000 nach den Plänen des Architekten Don José María Aparicio Alonso eine neue Pilgerherberge in Form von aneinandergereihten Einzelzellen für 74 Pilger errichtet.

Das **M.AR.CA, das Museo Arqueológico de Cacabelos,** ist in einem Gebäude aus dem Jahr 1892 untergebracht, das in der ersten Hälfte des 20. Jh.s als *bodega* diente. Nach Plänen des Architekten Don Samuel Folgueral Arias wurde es der neuen Funktion als Museum angepasst. Hier sind die Fundstücke der archäologischen Ausgrabungen auf dem Gemeindegebiet zu sehen, die bis in das Paläolithikum zurückreichen, sowie weitere Räume, die die Geschichte der Stadt bis zur berühmten Schlacht des Jahres 1809 nachstellen.

In Carracedo (II F) sind die Überreste des ehemals bedeutenden **Zisterzienserklosters San Salvador (heute Santa María)** zu sehen, dessen Ursprünge bis in das 10. Jh. zurückreichen. Seine große bauhistorische Bedeutung erklärt sich aus den erhaltenen Wohnräumen im Ostflügel des *claustro regular* genannten Kreuzgangs. Im Jahr 990 wurde es durch Bermudo II. als Benediktinerkloster gegründet, an einem Ort, der seinem Vater König Ordoño III. als Rückzug gedient hatte. Anlass für die Gründung waren wohl die Kriegszüge des Al-Mansur in den Nordwesten Spaniens, der viele Mönche, Nonnen und weite Bevölkerungsgruppen aus Kastilien und León zur Flucht in das Bierzo zwang. Im Jahr 997 erreichte Al-Mansur mit seinen Truppen den Bierzo, was zur Zerstörung auch des Klosters führte. Als Bermudo II. zwei Jahre später verstarb, hinterließ er seine Einkünfte dem Kloster, das eine doppelte Funktion erfüllen sollte: Zum einen als Zuflucht für die vor den Mauren fliehenden Mönche, zum anderen als königlicher Palast und als Panteón, an dem seine sterblichen Überreste begraben werden sollten – letzteres wurde ihm nicht erfüllt. Großzügige Schenkungen und Privilegien des Königs Alfonso VII. el Emperador und seiner Schwester Infanta Doña Sancha ermöglichten ab 1138 die Wiederbelebung unter der Obhut des Zisterzienserordens. Von Doña Sancha wird berichtet, dass sie über lange Zeiträume als Regentin im Bierzo lebte. Auch unter den nachfolgenden Königen von Kastilien und León konnte sich das Kloster der Gunst der Monarchen sicher sein, so dass es sich zu einem religiösen Zentrum entwickeln konnte, dem in der Gegend kleinere Klöster unterstanden. Im Jahr 1203 erfolgte die endgültige Übergabe an die Zisterzienser, mit der auch ein Wechsel des Patroziniums und damit die Umbenennung in Monasterio de Santa María einherging. Die Farbe der Mönchskutten wechselte von Schwarz zu Weiß. Im Gegensatz zu der Ordensgemeinschaft der Cluniazenser bezogen die Zisterzienser ihre Einkünfte aus der Landwirtschaft und dem Handwerk. Persönliche Interessen und wirtschaftliches Missmanagement begründeten den Niedergang im 15. Jh. Im 16. Jh. verlor das Kloster seine unabhängige Stellung innerhalb des Zisterzienserordens, konnte sie in den folgenden Jahrhunderten im Zuge der eingeleiteten Reformen jedoch erneut erlangen, die bis zur Säkularisierung im Jahr 1835 unter der Regierung von Mendizábal anhielt. Der größte Teil der Anlage ging danach in private Hände über, die Ausstattungsstücke gelangten in die umliegenden Kirchen. 1929 wurde der Komplex unter Denkmalschutz gestellt und 1988 restauriert.

Der Komplex wurde gemäß der Ordensregeln der Zisterzienser ab dem 12. Jh. errichtet und in den nachfolgenden Jahrhunderten erweitert, so dass sich hier romanische, gotische, renaissancezeitliche, barocke und klassizistische Stilelemente finden. Die Gebäudeteile des Kernbaus gruppierten sich um einen großen Kreuzgang, den *claustro regular*, dem im Westen ein zweiter Kreuzgang mit einer Herberge angegliedert wurde (im 17./18. Jh. umgestaltet, heute nur noch wenige Reste erhalten). Ein dritter Hof im Osten der Anlage wurde auf zwei Seiten von Werkstätten und Lagerräumen umschlossen (in das 17./18. Jh. datiert, heute nur noch Grundmauern erhalten). Die gesamte Anlage war von einer Mauer umgeben, die den Komplex von der Außenwelt abschirmte.

Die heutige Kirche **Santa María** entstand unter Einbeziehung der Reste des romanischen Vorgängerbaus ab 1796 über einem lateinischen Kreuz. Von der romanischen Kirche aus dem 12. Jh. hat sich u. a. in der Westwand ein romanisches Stufenportal mit zwei Archivolten erhalten, die außen mit Rosetten verziert sind. In seinem Tympanon, das von Kragsteinen in Form von Rinderköpfen getragen wird, sind die Wappenschilde von Kastilien und León des 14. Jh.s zu sehen. Das Okulus darüber wird von drei Friesen mit Rosetten, Schuppenfries und Flechtbändern umrahmt. In die Nordseite wurden Teile des ehemaligen Portals vermauert: Ein halbrundes Tympanon mit der Maiestas Domini, umgeben von den Evangelistensymbolen, flankiert von den Säulenfiguren des Abtes Florencio links und König Alfonsos VII. rechts, die die Neugründung zu Beginn des 12. Jh.s betrieben. Ferner sind hier Reste der Grabkapelle des García Rodríguez de Calcarce zu finden. Auch der in der Südseite eingelassene Übergang von der Kirche zum

Kreuzgang ist romanischen Ursprungs. Seine Archivolten tragen geometrisches Dekor.

Im Ostflügel des claustro regular wird der ins 12. Jh. datierte Kapitelsaal mit quadratischem Grundriss durch ein Stufenportal erschlossen, das von drei Archivolten über vegetabil dekorierten Kapitellen umrahmt wird. Rechts und links des Portals belichten zwei Fenster den Saal, das linke ein einfaches Fenster, das rechte ein Zwillingsfenster. Auf der gegenüberliegenden Ostseite finden sich Maueröffnungen in gleicher Anordnung. Der Raum wird durch vier Säulen in neun Joche unterteilt und von Kreuzgewölben überdacht, deren Rippen an den Wänden auf Konsolen ruhen. Die fein skulptierten Kapitelle, Konsolen und Schlusssteine sind, ungewöhnlich für die schlichte Kunst der Zisterzienser, als Vierfüßler und Monster ausgebildet bzw. stellen einen Engel und eine betende Person dar. In den Seitenwänden öffnen sich sechs Wandnischen, die als Begräbnisstätten der Äbte des Klosters genutzt wurden. An den Kapitelsaal schließen sich zwei schmale, tonnengewölbte Räume an; der eine diente als Sprechzimmer, während der andere als Durchgang zwischen Mönchbereich und dem dritten Hof fungierte. Es folgt eine Treppe aus dem 16. Jh., die in das Obergeschoss und in drei Räume aus dem 13. Jh. führt, die Bestandteil des integrierten königlichen Palastes waren, Archiv, Archivvorraum und die sogenannte Küche der Königin. Das Archiv ist ein quadratischer Raum mit Kreuzgratgewölbe, dessen Schlussstein eine Maiestas Domini im Tetramorph darstellt. In der Ostwand öffnet sich ein Rundfenster, das außen von Blütendekor, Wellenband und Schachbrettfries umrahmt wird. Ein Durchgang in der Westwand verbindet den Raum mit einem kleineren tonnengewölbten Raum. Ein weiterer Durchgang in der Nordwand führt in die sogenannte »Cocina de la Reina« (Küche der Königin). Auf dem Tympanon des Durchgangs ist im Zentrum eine liegende Gestalt zu sehen, die von weiteren zehn Personen umgeben ist, sowie hinter dem Liegenden eine weibliche Gestalt mit Krone, die ein Kind in den Armen hält. Das Relief wurde in verschiedener Weise interpretiert, u. a. als die Aufnahme der Seele eines verstorbenen Abtes oder Königs (die Seele in Gestalt eines Kindes dargestellt) im Himmel. Auf der umrahmenden Archivolte sind Engel mit Saiteninstrumenten zu sehen. Der quadratische Raum ist wie der darunterliegende Kapitelsaal durch vier Säulen in neun Joche unterteilt. Über den korinthischen Kapitellen erheben sich leicht angespitzte Bögen, die an den Wänden auf floral dekorierten Konsolen ruhen. Heute wird der Raum von einer Holzkonstruktion überdacht. Fundresten (heute im Museo Arqueológico de San Marcos in León aufbewahrt) aus dem 13. und 14. Jh. zufolge überspannte den Raum ehemals eine farbig gefasste mudéjare Holzdecke, deren Konstruktion ein Achteck ergab. Dieser Raum wurde durch einen Kamin beheizt. Nach Osten öffnet sich der Raum zum Mirador de la Reina, einer Loggia. Alle Fenster- und Türöffnungen sowie die Arkaden des Miradors sind von fein gearbeiteten Schmuckfriesen umrahmt, die Kugeln und Rosetten zeigen und dem höfischen Umfeld zuzurechnen sind.

Im Südflügel finden sich die Winterraume des Abtes und das Refektorium mit einem Sterngewölbe aus dem 16. Jh., über dem der ehemals als Bibliothek genutzte Saal liegt. Diese Bibliothek besaß 6000 Bände und war die bedeutendste im Bierzo. Sie wurde jedoch im 19. Jh. durch die Franzosen und nach der Säkularisierung weitgehend ihrer Bestände beraubt. Links des Refektoriums schließt sich die ehemalige Küche aus dem 17. Jh. an.

Eine Besonderheit stellen die Reste der ehemaligen Wasserleitungssysteme dar, die einen Einblick bis zurück in das mittelalterliche Ver- und Entsorgungssystem erlauben. Vom sogenannten Mirador de la Reina aus können die Reste eines aus dem 17. Jh. stammenden Aquäduktes verfolgt werden, der einstmals auch den Kapitelsaal – hier befand sich ein Sammelbecken – mit einem Kanal verband, der von einem Quellhaus außerhalb des Klosters den Komplex mit Wasser speiste. Innerhalb der Abtei sorgte ein unterirdisch verlegtes System aus Keramikrohren vom Sammelbecken aus für die Weiterleitung u.a. zu einem Brunnen im Ordenskreuzgang und in die Küche. (Die Brunnenfiguren sind heute im Jardín de la Alameda de Villafranca del Bierzo zu sehen.) Für die Ableitung des Schmutzwassers gab es in der Nähe des Frischwassersammelbeckens ein unterirdisches Sammelbecken, von wo aus das Abwasser in einem unterirdischen Kanal und an der Küche vorbei in Richtung Süden lief.

Die Kirche des kleinen Ortes Pieros (II F) wurde 1086 von dem Bischof Osmundo dem hl. Martin von Tours geweiht. Von dem romanischen Bauwerk mit dem Grundriss eines lateinischen Kreuzes haben sich der Mauerring, die Südfassade sowie der Grundstein erhalten; die übrigen Teile stammen aus dem 16. und 17. Jh., als die Kirche grundlegend renoviert wurde. Am Hügel rechts des Weges stehen die Ruinen des *Castro Bergidum*, von dem sich der Name »Bierzo« abgeleitet haben soll.

Die Stadt Villafranca del Bierzo (II F) liegt am Zusammenfluss der Flüsse Burbia und Valcarce am Fuße der Sierra de Ancares. Spuren einer Besiedlung können bis in das Neolithikum zurückverfolgt werden. Bis zum 12. Jh. hieß der Ort *Burbia*. Der Name *Villafranca* lässt auf die Ansiedlung von fränkischen Pilgern schließen, wie häufiger am Pilgerweg (Estella, Villafranca de Montes de Oca usw.). Im Jahr 1192 erhielt der Ort sein *fuero* durch Alfonso IX. Villafranca del Bierzo war eine der wichtigsten Stationen am Pilgerweg: Diejenigen Pilger, die aus gesundheitlichen Gründen den beschwerlichen Weg durch das enge Valcarce-Tal nach Santiago nicht fortsetzen konnten, erhielten hier ihre Absolution. Im Todesfall wurden sie auf dem Pilgerfriedhof der Santiago-Kirche beigesetzt. 1520 machte

Karl V. auf dem Weg nach Santiago hier Station. In Spitzenzeiten der Wallfahrt gab es sieben Pilgerherbergen und einige Hospitale, z. B.: Das Hospital San Lázaro war vom 12. bis zum 16. Jh. in Betrieb, wie die Quellen belegen, auch wenn sich von dem Gebäude keine Spuren erhalten haben; das Hospital San Rochus verschwand im 17. Jh., als der Konvent La Anunciada errichtet wurde; das Hospital de Santiago, dessen Ursprünge in das Mittelalter zurückgehen und das seinen Betrieb bis in das 20. Jh. hinein aufrechterhalten konnte, besaß im 15. Jh. eine große Apotheke. Die wehrhaft wirkende **Burg** aus Bruchstein wurde um 1500 als Palastfestung über einem quadratischen Grundriss mit runden Ecktürmen errichtet. Die **Calle del Agua** war kommerzielles Zentrum der Stadt, durch das gleichzeitig der Jakobsweg führte. Hier finden sich eine Reihe von Adelspalästen aus dem 15. bis 17. Jh., u. a. der Palast der Markgrafen von Villafranca und der Palast Torquemada (17. Jh.), Casa Torre und Casa Morisco (15. Jh.). Neben den unten aufgeführten Bauwerken sind auch die Kirchen La Anunciada (17. Jh.), die Stiftkirche Colegiata de Santa María (ab 16. Jh.), der ehemalige Jesuitenkonvent San Nicolás (17. Jh.), das Los Tejedores benannte Viertel der ehemaligen Textilarbeiter und die Plaza Mayor eine Erwähnung wert. Der **Park La Alameda** wurde im Jahr 1882 angelegt. Er ist alljährlich Schauplatz der Fiesta de la Poesía. In seinem Zentrum steht der Brunnen namens *La Chata*, der ursprünglich im Kreuzgang des Klosters Santa María de → Carracedo stand.

Als Gründungsdatum für die romanische **Kirche Santiago** wird das Jahr 1186 genannt, in dem sie das Privileg zur Absolution erhielt. Der schlichten Kirche wurde im 17. Jh. eine barocke Kapelle angebaut. Bemerkenswert ist das Stufenportal in der Nordwand aus dem 12. Jh., die sogenannte Puerta del Perdón, die mit qualitätvoller skulpturaler Bauplastik bestricht: Die Kapitelle über den eingestellten Säulen zeigen neben Akanthusblättern und Monstern die Heiligen

Drei Könige, die Kreuzigung Christi und die Himmelfahrt Christi. Auf den beiden äußeren Archivolten sind vegetabile Motive und die zwölf Apostel mit Christus Pantokrator im Zentrum zu sehen. Das Kruzifix in der Apsis stammt aus dem 14. Jh. Der Altar in der Barockkapelle ist der Passion Christi gewidmet. Im Zentrum steht das Bildnis der Virgen de las Angustias aus dem 16. Jh., das in den Prozessionen der Karwoche mitgeführt wird.

Die Gründung des **Klosters San Francisco** im Jahr 1213 wird auf die Königin Urraca zurückgeführt. Ursprünglich an der Stelle des heutigen Convento de la Anunciada errichtet, wurde es 1285 an seinen heutigen Platz transferiert. Von dem Komplex hat sich nur die Kirche erhalten, deren ältester Bauteil in der spätromanischen Portalanlage zu sehen ist. Das erste Geschoss der Fassade darüber und die Glockentürme wurden im 17. Jh. in barockem Stil errichtet. Der ursprünglich spätromanische Bau wurde in der zweiten Hälfte des 15. Jh. unter der Patronage der Condes de Lemos erweitert, die hier in einer der Seitenkapellen zusammen mit ihrem Sohn die letzte Ruhestätte fanden. In den Schlusssteinen des Chorhauptes sind die Wappen der Familien Osorio, Enríquez und Valcárcel (Wappen von Pedro Álvarez Osorio) und der Familie de Castro (Wappen seiner Frau Beatriz de Castro) sowie das Tau der Condes de Lemos zu sehen. Neben dem vergoldeten Altar aus der Barockzeit ist vor allem die mudéjare *artesonado*-Decke aus dem 15. Jh. über dem Langhaus zu erwähnen, die zu den schönsten auf der Iberischen Halbinsel zählt.

Das Pilgerhospiz des kleinen Ortes Pereje (II E) am Fluss Valcarce war im 11. und 12. Jh. Ursache für Streitigkeiten zwischen den Cluniazensermönchen des Klosters Santa María de Cruñego in Villafranca und den Mönchen des Klosters von O Cebreiro, die der französischen Abtei Saint Girald d'Aurillac unterstanden. Letztere hatten sowohl die umstrittene Pilgerherberge, die den Pilgern im Winter

Schutz bot, als auch eine Kirche errichten lassen, obwohl der Ort den Cluniazensern von Villafranca unterstand. In dem Streit mussten Papst Urban II., Königin Urraca und König Alfonso IX. von León vermitteln. Im Jahr 1118 ging der Ort als Schenkung der Königin Urraca an die Mönche von Cebreiro, denen er bis in das 19. Jh. unterstand. Einer Legende zufolge soll Isabella die Katholische bei einem Besuch in O Cebreiro die Reliquien des Santo Milagro entwendet haben. Bei der Ankunft in Pereje bockten die Pferde, was Isabella als unheilvolle Weissagung deutete und die Reliquien an O Cebreiro zurückgab. Das Dorf hat mit einem alten Pilgerhospiz und dem ehemaligen Gefängnis seinen mittelalterlichen Charme teilweise bewahren können. Die Pfarrkirche ist der hl. Maria Magdalena geweiht.

Aufstieg zum Cebreiro-Pass: In TRABADELO (I/II E) beginnt der Aufstieg zum Pass von O Cebreiro. Die Pfarrkirche aus dem 18. Jh. ist dem hl. Nikolaus von Bari geweiht. Auf dem Hügel Adáres ganz in der Nähe sind die Ruinen der Burg von Autares zu finden, des **Castro de Veiga**. Von hier aus beherrschte der Lehensherr den Pilgerweg und forderte Mautgebühren. Unter Alfonso VI. wurde dieser Wegezoll im Jahr 1072 abgeschafft. Der Weg führt nun durch folgende kleine Dörfer bis zur Passhöhe: LA PORTELA unterstand in früheren Jahrhunderten dem Kloster von Carracedo. Sein ursprünglicher Name war *Portella de Vallecarceris* – Tor zum Valcarce-Tal. AMBASMESTAS liegt am Zusammenfluss der beiden Flüsse Balboa und Valcarce, worauf sich auch der Name bezieht. Überreste einer römischen Straße und einer aus drei Bögen bestehenden Brücke verweisen auf eine lang zurückreichende überregionale Verkehrsanbindung. VEGA DE VALCARCE ist der letzte Hauptort einer größeren Gemeinde in León. Für das Jahr 1472 ist die Existenz einer jüdischen Siedlung bezeugt. Die **Burg von Sarracín** beherrscht den Ort. Die **Pfarrkirche** ist Maria Magdalena geweiht und wurde im 16. Jh. errichtet.

Die Ursprünge von RUITELÁN scheinen bis in römische Zeit zurückzureichen, der ursprüngliche Name war Uttaris. Die **Pfarrkirche** aus dem 15. Jh. ist dem hl. Johannes dem Täufer geweiht. In der **Capilla San Esteban** soll San Froilán, der Eremit von Lugo und spätere Bischof von León, gelebt haben. LAS HERRERIAS (auch las Ferrerias genannt) nimmt mit seinem Namen Bezug auf die Eisenverhüttung und Stahlindustrie, die seit dem 12. Jh. bis zu Beginn des 20. Jh.s in der Region betrieben wurde. Von hier stammt Don Suero, der mit der Brücke von → Órbigo verbunden ist. Am Ortsausgang verweisen Spuren auf die ehemalige Existenz eines Hospital Inglés, eines Hospitals für englische Pilger, dessen Gründung mit dem englischen König Heinrich II. und seinem Wunsch nach einer Pilgerreise nach Santiago in Verbindung gebracht wird. Die Pfarrkirche von LA FABA ist dem hl. Andreas geweiht. Auf der Fassade ist das Symbol der Pilgermuschel zu sehen; im Inneren finden sich Altarbilder aus der Barockzeit. LAGUNA DE CASTILLA (I/II E) ist der letzte Ort der Provinz León. Die Herkunft des Namens ist ungeklärt. Von hier aus ist die Passhöhe von O Cebreiro noch einen Kilometer entfernt.

Provinz Lugo

Von O Cebreiro über Triacastela, Samos, Portomarín und Palas de Rey nach San Xulián do Camino

Der Pass von O CEBREIRO (I/II E) ist eine der schwierigsten Passagen des Pilgerwegs, 1293 m über dem Meeresspiegel. Besonders im Winter, aber auch im Sommer ist es kalt, feucht, windig und neblig. Bereits für das Jahr 835 ist ein Hospital überliefert, dem ab 1072 durch die Ansiedlung von Benediktinermönchen der Abtei Aurillac durch Alfonso VI. größere Bedeutung zukam. Um 1300 soll sich hier ein Hostienwunder ereignet haben: Ein Mönch des Priorats sollte an einem besonders stürmischen Tag die Messe lesen. Einziger Besucher war ein Bauer, der dem Wetter getrotzt hatte. Der Mönch dachte bei sich, dass der ein Esel sei, der für Wein und Brot diesen Weg zurückgelegt habe. Vor seinen Augen verwandelten sich Wein und Brot in Fleisch und Blut. – 1486 war der Cebreiro-Pass auch Station der Katholischen Könige auf der Pilgerfahrt nach Santiago. Einer Legende zufolge soll Königin Isabella die Reliquien des Wunders mitgenommen, jedoch, nachdem ihr Pferd in → Pereje gebockt hatte, diese wieder zurückgegeben haben. Die Katholischen Könige erkannten das Wunder von O Cebreiro offiziell an. 1809 wurde der Cebreiro von den Truppen des Generals Moore besetzt, die den französischen Statthalter von Lugo, Fournier, getötet hatten. Während die Geräte des Hostienwunders gerettet werden konnten, gingen wertvolle Bücher des Konvents verloren. 1965 wurden die Überreste des Klosters und des Hospitals in das gegenwärtige Hotel S. Giraldo de Aurillac umgebaut.

Die Kirche Santa María la Real stand unter dem Schutz der Könige und genoss daher zu allen Zeiten königliche Privilegien. Ihre Gründung wird in das 10. Jh. datiert. In diese Zeit werden die rechteckigen Apsiden und die schlichten Arkaden datiert. Die aus Bruchsteinmauerwerk bestehenden Seitenwände der heutigen Kirche und die Westfassade mit Kapelle, die ein Taufbecken aus dem 9. Jh. enthält, das zum Untertauchen konzipiert ist, sind späteren Datums. In der Kapelle des Heiligen Wunders rechts des Hauptaltars ist die polychrome Figur der Santa María de Remedios aus dem 12. Jh. sowie der romanische Kelch mit Patene des Hostienwunders und als Geschenk der Katholischen Könige ein Bergkristallfläschchen für »Fleisch und Blut« als Doppelreliquiar zu sehen. In der linken Kapelle, die den Benediktinern als Gründern der Kirche geweiht ist, ist am Fuß des Altars das Grab des Pfarrers Elías Valiña Sampedro zu finden, der zwischen 1959 und 1989 in der Kirche tätig war und der maßgeblich die Wiederbelebung des Jakobsweges unterstützte. Seine Porträtbüste steht neben der Kirche.

Die *pallazas* oder *pallozas* genannten traditionellen Scheunenhäuser aus mörtellosem Bruchsteinmauerwerk über einem ovalen oder rechteckigen Grundriss mit abgerundeten Ecken stammen aus keltiberischer Zeit. Mensch und Tier leben hier gemeinsam unter einem mit Stroh gedeckten Dach, nur durch einen hölzernen Raumteiler getrennt. Einer der heutigen Pallazas enthält ein ethnographisches Museum, weitere beherbergen heutige Pilger.

Abstieg von O Cebreiro nach Triacastela: Liñares (I E) gehörte früher zur Klostergemeinschaft von O Cebreiro. Im Pilgerführer des *Codex Calixtinus* wird er als *Linar de Rege* bezeichnet. Hier wurde Flachs angebaut, der im Kloster und im Hospital gebraucht wurde. Davon leitet sich auch der Name des Ortes ab. Die Gründung der **Kirche San Esteban** wird bereits Ende des 8. Jh.s angesetzt. Der Bau zeigt Ähnlichkeiten mit der Kirche Santa María do O Cebreiro und wurde zuletzt 1963 renoviert.

Auf dem Alto de San Roque (I E) stand ehemals eine Kapelle, die dem hl. Rochus geweiht war, von der sich aber keine Reste erhalten haben. 1993 wurde stattdessen eine Bronzestatue des Bildhauers Acuña errichtet. Sie stellt einen Pilger dar, der sich auf seinen Pilgerstab stützt, seinen Hut festhält und sich gegen das Unwetter stemmt. Das Bild dieser Statue wurde auf unzähligen Ehrenzeichen, Postkarten, Anhängern usw. reproduziert. Über den Alto Do Pedo, der Wasserscheide zwischen Cantabrien und dem Atlantik, führt der Weg nach Hospital da Condesa. Bereits im 9. Jh. wurde hier ein Pilgerhospiz gegründet. Die **Pfarrkirche San Xoán** aus Feldsteinen über einem lateinischen Kreuz wird in das 12. Jh. datiert. In Padornelo gab es im Mittelalter ein Pilgerhospiz sowie eine der hl. Magdalena geweihte Kirche, an deren Stelle heute der Friedhof angelegt wurde. Der Überlieferung zufolge unterhielt der Hospitaliterorden aus strategischen Gründen hier eine

Alto de San Roque, Pilgerdenkmal

Komturei. Die Pfarrkirche San Xoán datiert in das 15. Jh. Der Altar stammt aus dem 17. Jh. An der 1337 m hohen Passhöhe ALTO DO POIO steht heute eine der Jungfrau Maria geweihte **Kapelle**. In FONFRÍA waren in den 1940er Jahren noch Reste der alten Pflasterung des Pilgerweges zu sehen. Berichtet wird auch von der Existenz eines der hl. Katharina geweihten Hospitals, das der Gemeinschaft der Sancti Espiritus von → Mélide unterstand. Die **Pfarrkirche San Xoán** wurde im 16. Jh. errichtet und zuletzt 1964 renoviert. Sie bewahrt einen vergoldeten Messkelch aus Silber aus dem 18. Jh. Von VIDUEDO berichtet der Pilgerführer des *Codex Calixtinus*, dass die Pilger einen Stein von hier aus bis nach Castañeda mitnahmen, wo er zu Kalk für die Bauarbeiten der Kathedrale von Santiago verarbeitet wurde. Als heutige Pfarrkirche fungiert die kleine **Ermita de San Pedro** aus Feldsteinen mit der für diese Gegend charakteristischen Dacheindeckung aus Schiefergestein.

TRIACASTELA (I E) war als erste Station nach der Überquerung des Monte O Cebreiro ein wichtiger Haltepunkt. Die Gründung wurde im 9. Jh. durch den Grafen Gatón del Bierzo veranlasst, dessen Ehefrau als Gründerin eines Hospitals in Hospital da Condesa gilt. Erst im 13. Jh. erhielt der Ort im Zuge der Maßnahmen der Wiederbesiedlung unter Alfonso IX. größere Bedeutung. Seither wird er in den Dokumenten als *Triacastela nuova* benannt. Die Wichtigkeit der Region bezeugt u. a. die Anwesenheit der Katholischen Könige (15. September 1486), von Kaiser Karl V. (22. April 1520) und des Infanten Philipp (16. Mai 1554).

Auf der Plaza do Concello wurde 1965 ein Pilgerdenkmal aufgestellt. Ferner haben sich Reste des Hospitals San Pedro aus dem 17. Jh., des Pilgerhospizes aus dem 16. Jh. und einer Schmiedewerkstatt *da Ponte* erhalten.

Die heute bestehende **Pfarrkirche Santiago** wurde größtenteils Ende des 18. Jh.s errichtet. Von dem romanischen

Vorgängerbau hat sich die Apsis erhalten, die aus Schieferstein besteht und durch vier mächtige Strebepfeiler gestützt wird. Der dem hl. Jakobus geweihte Altar wurde 1695 polychrom gefasst und vergoldet. Im Zentrum steht eine Schnitzfigur des Titularheiligen als Pilger. Die Sakristei verwahrt das Bildnis des Jakobus als *matamoros*.

Von Triacastela gibt es zwei Möglichkeiten, um nach Sarria zu kommen, wo sich der Weg wieder vereint, zum einen abseits des traditionellen Camino Francés über Samos und zum anderen über San Xil, der alten Wegführung folgend. Die Pfade, die die Dörfer und Weiler verbinden, werden nun *Corredoiras* genannt. Hier sieht man auch die für den Nordwesten Spaniens charakteristischen freistehenden Getreidespeicher, die sogenannten *hórreos*. Diese Speicher stehen auf steinernen Pfeilern, auf denen große Steinscheiben aufliegen, worauf dann die Holzkonstruktion errichtet wurde. Diese Holzkonstruktionen variieren in ihrer Form je nach Landstrich, alle sind aber so angelegt, dass die Luft zirkulieren kann, aber keine Schädlinge (Ratten, Mäuse oder Vögel) in den Speicher hineingelangen. Die waagerechten Steinplatten verhindern, dass am Boden lebende Tiere eindringen können. Die ältesten heute noch erhaltenen *hórreos* datieren in das 15. Jh. Oftmals sind die Gebäude reich verziert. Ähnliche Konstruktionsweisen findet man auch in der Schweiz.

Variante über Samos und Pascáis

Das **Kloster San Julián** in Samos (I E) ist eine der ältesten Klostergründungen in Spanien (bereits 665), wie einer westgotischen Inschrifttafel im großen Kreuzgang zu entnehmen ist. Im Jahr 714 wegen der islamischen Invasion aufgegeben, wurde es um 760 neu belebt. Der ursprünglich westgotische Name *Sámamos* wurde im Laufe der Jahrhunderte zu »Samos« verschliffen. Die Übernahme der Ordensregeln der Benediktiner wird im 11. Jh. vermutet. Ab dem 16. Jh. unterstand das Kloster der Congregación de la Observancia de Valladolid. Im 19. Jh. wurde es während der napoleonischen Kriege zum Hospital, in dem bis zu 800 Verwundete aufgenommen wurden. Die Säkularisierung führte zur Flucht der Mönche. 1880 wurde das monastische Leben wieder aufgenommen. Das gegenwärtige Kloster umfasst eine Grundfläche von fast einem Hektar und wurde etwa 100 m von dem Standort des alten Klosters errichtet, als dessen einziger Überrest sich die **Kirche San Salvador** erhalten hat. Der Komplex wurde zwischen dem 11. und dem 12. Jh. als Doppelkloster mit einer Mönchs- und Nonnenabteilung erbaut, nach einem Brand im 16. Jh. erneuert, im 17. und 18. Jh. erweitert und nach einem weiteren Brand 1951 grundlegend renoviert.

OO Die heutige **Kirche** wurde im 18. Jh. nach Plänen des Mönchs Juan Vázquez errichtet, der auch die vorgelagerte Treppe entwarf. Die Gesamtanlage der Kirche wirkt abgesehen von der Fassade wie eine klassizistische Kopie der Kathedrale von Santiago de Compostela. Die mächtige spätbarocke Fassade ist horizontal in zwei Teile und vertikal in drei Achsen geteilt. Die vielfach hintereinander gestaffelten Pilaster und Halbsäulen evozieren eine räumliche Tiefe, die die Fassade tatsächlich nicht hat. Im Obergeschoss, das von einem mächtigen Gesims abgeschlossen wird, akzentuiert ein Rundfenster die angedeutete mittlere Ädikula. In den Nischen über dem Eingang und seitlich des Rundfensters stehen die Figuren des hl. Benedikt, ein Werk des Bildhauers José Ferreiro (1738–1830), sowie die Figuren des Julián und der Basilisa als Titularheilige.

Das Innere der über einem lateinischen Kreuz errichteten Kirche überwölbt eine kassettierte Tonne, die Vierung eine Kuppel, die ebenfalls in Kassetten eingeteilt ist. Über den niedrigeren Seitenschiffen öffnen sich Emporen. In den Zwickelfeldern der Vierung sind Darstellungen von vier

Vertretern der Lehre der Benediktiner zu sehen: Anselmo, Bernardo, Ildefonso und Ruperto. Den Hauptaltar, in dessen Zentrum eine Figur des hl. Julián steht, schuf José Ferreiro. Ein dem italienischen Barockkünstler Giovanni Lorenzo Bernini nachempfundener Vorhang über dem Heiligen wird als Himmel interpretiert, auf den der ekstatische Blick des Titularheiligen gerichtet ist. Dem Werk Francisco de Moures (1577–1636) sind die Statuen der María Inmaculada, des hl. Johannes des Täufers und der Virgen Dolorosa zuzurechnen.

Der El Signo genannte Raum zwischen Kreuzgang und Kirche war ursprünglich ein Bestandteil des Nereiden-Kreuzganges, bevor er im 18. Jh. an seinen heutigen Standort verlegt wurde. Die Wandgemälde von Juan Parés zeigen Szenen aus dem Leben Christi.

Die Sakristei wurde im letzten Viertel des 18. Jh.s über einem Oktogon errichtet. Sie ist mit einer Halbkuppel überwölbt, die in Kassettenfelder eingeteilt ist. In den Zwickelfeldern sind polychrome Büsten von Christus und den Kardinaltugenden zu sehen. Im Zentrum steht ein achteckiger, polychromer Tisch aus dem 18. Jh., der wohl speziell für diesen Raum entworfen wurde.

Der Kreuzgang (Claustro de Feijoo) gehört mit seinem 54 × 54 m messenden Quadrat zu den größten Kreuzgängen auf der Iberischen Halbinsel. Sein Bau wurde gegen Ende des 17. Jh.s begonnen und um 1750 abgeschlossen. Seine Baustile oszillieren zwischen Renaissance und Barock. Im 1. Obergeschoss sind Wandmalereien mit der Vita des hl. Benedikt zu sehen, die ab 1957 die Maler José Luis Rodríguez, Enrique Navarro, Celia Rodríguez-Cortés und Juan Parés geschaffen haben. In dem Gemälde *La Apoteosis de la Regla Benedictina* sind neben dem Heiligen, der die Ordensregeln überbringt, auch der Abt Mauro Gómez Pereira dargestellt, dessen finanzielle Unterstützung die Renovierungsarbeiten nach dem Brand 1951 ermöglichte, Don Antonio Ona de Echave, Bischof von Lugo, und der

Mönch Juan Monleón, der Architekt des Wiederaufbaus. In der Mitte des Kreuzgangs steht die Statue des charismatischen Padre Benito Jerónimo Feijos (1676–1764), die 1947 von dem galizischen Bildhauer Francisco Asorey gefertigt wurde. In den Arkaden des Kreuzganges sind u. a. zu sehen: der Schlussstein eines Bogens mit dem asturischen Kreuz, ein Wappenfragment der Abtei, der Stein mit dem »Regium Cenobium« als Zeuge für die Restaurierungen 1541; die Wappen Karls V. und Philipps II., die aus anderen Gebäudezusammenhängen stammen; der Grabstein des 1684 verstorbenen Abtes Padre Alonso García la Losada.

○ Ein weiter Flachbogen verbindet den Claustro de Feijoo mit dem Claustro de las Nereidas. Dieser wurde über den Ruinen des romanischen Kreuzganges errichtet, der während eines Brandes Mitte des 16. Jh.s zerstört wurde. Wie dem Schlussstein im Gewölbefeld vor dem Refektori-

Samos, Kloster San Xulian y Basilisa, Kreuzgang mit Nereidenbrunnen um zu entnehmen ist, wurde sein Bau 1562 begonnen und im Jahr 1582 beendet. Diese Daten beziehen sich lediglich auf das Erdgeschoss des dreigeschossigen Kreuzganges. Der Architekt, der hier ebenfalls festgehalten ist, war Pedro Rodríguez aus Monforte. Die anderen Schlusssteine tragen unterschiedliches Dekor. Am Eingang des Refektoriums sind u. a. zu sehen: das Wappen der Abtei im Zentrum, der hl. Benedikt, seine Schwester, die hl. Scholastika, und die Titularheiligen des Klosters Julián und Basilisa. Das dritte Geschoss wurde im Zuge des Neubaus des Kreuzgangs de Feijoo zu Beginn des 18. Jh.s verändert. Im Zentrum des Hofes steht ein barocker Brunnen, die Fuente de las Nereidas, aus dem frühen 18. Jh.

In der nordöstlichen Ecke des Kreuzganges hat sich ein romanisches Portal aus dem 12. Jh. erhalten, das, als Überrest des ehemaligen romanischen Kreuzganges, einst in die romanische Klosterkirche führte. Das Tympanon trägt die Darstellung eines Prozessionskreuzes, das von einem Flechtband umgeben ist. Das kassettierte Tonnengewölbe, das den Übergang von Kreuzgang zu Portal überwölbt, stammt wohl aus dem 16. Jh.

In den romanischen Stützmauern ist ein Fresko des katalanischen Malers Juan Parés zu sehen, das das Gelübde des Klosters an die Jungfrau darstellt. Ein Renaissancebogen führt zu einer Treppe, die nach einem Brand im Jahr 1951 nach den Plänen des Mönchs Juan Monleón im gotischen Stil errichtet wurde. Die am Fuß der Treppe stehende Figur des galizischen Benediktiners Padre Rosendo Salvado, Missionar in Australien, stammt von Francisco Asorey.

Von dem ursprünglichen Klosterkomplex hat sich die kleine **Saalkirche San Salvador** aus dem 9./10. Jh. erhalten, deren Wände und Dach aus Schiefer bestehen. Sie hat einen rechteckigen Grundriss mit anschließender rechteckiger Apsis. Das Portal auf der Südseite hat die Form eines gestelzten Halbkreises, der Durchgang vom Kirchenschiff zur Apsis zeigt ebenfalls die Form eines Hufeisens, die von einem gemalten *alfiz*-Rahmen umgeben ist – einem Überrest der ursprünglichen Wandmalerei. Die Längswände des schlichten Kircheninnenraumes werden von Sitzbänken gesäumt. Neben dem Eingang steht eine Eibe, deren Pflanzung einem alten paganen Brauch in Nordspanien zufolge die Kirchengründung begleitete.

In Pascáis steht eine in das 12. Jh. datierte **Kirche**, die der hl. Eulalia geweiht ist.

Variante über San Xil, Montán, Lousada, Furela, Calvor

Vor San Xil führt der Weg an der großen, mit einer Jakobsmuschel verzierten **Brunnenanlage Fuente dos Lameiros** vorbei. Der schlichte Schieferbau der **Pfarrkirche** wird in die Zeit der Romanik datiert. Das große Vordach ist eine spätere Anfügung. Das Langhaus der **Pfarrkirche** von Montán wird in die Romanik datiert; der Brunnen *Fuente de Chafarico* bietet Erfrischung.

Hinter Lousada führt eine alte **Steinbrücke** über den Río de Navares de Barrelas, deren Errichtung im Zusammenhang mit dem Ausbau der Infrastruktur am Pilgerweg zu sehen ist.

In Calvor weisen die Überreste eines *castros* auf eine frühe Besiedlung hin. Im Jahr 785 wurde das **Kloster San Estevo** durch einen Kleriker namens Adrian gegründet. Aus der Zeit hat sich ein westgotisches Kapitel erhalten. Vor Sarria führen die Wege wieder zusammen.

Die Gegend um Sarria (I D) war schon seit neolithischer und römischer Zeit besiedelt. Gegründet wurde die *Vilanova de Sarria* gegen Ende des 12. Jh.s im Zusammenhang mit der Erschließung des Camino de Santiago durch Alfonso IX., der hier während seiner Pilgerreise im Jahr 1230 verstarb. In der ersten Hälfte des 19. Jh.s waren die Karlisten sehr aktiv; gegen Ende des Jahrhunderts begann mit der Anbindung an das Eisenbahnnetz (1880) der wirtschaftliche Aufschwung, der neue Stadtteile entstehen ließ. Die Stadt teilt sich in eine Unterstadt mit Bauten aus dem 19. und 20. Jh. und eine Oberstadt mit historischer Bausubstanz. Zu nennen sind die Ruinen einer bis in römische Zeit zurückdatierten Burg auf dem Altstadthügel, die Kirchen San Salvador und Santa Marina sowie das Kloster Magdalena. Die Altstadt ist von einem Wehrgang umgeben, der stellenweise den Pilgerweg kreuzt. Ein in der Nähe der Kirche San Salvador stehendes Gebäude wird als ein Hospital des Antoniterordens angesehen. Weitere Hospitale waren das Hospital San Lázaro und das Hospital Vello, auf dem Grundstück der Rúa Mayor Nr. 16.

Hinter Sarria folgt die Route teilweise alten Wegen aus der Römerzeit, u.a. über die Ponte da Aspera.

Der Vorgängerbau der heutigen **Kirche Santa Marina** (geweiht 1885) wurde um 1180 errichtet und nachfolgend immer wieder umgebaut. Zeichnungen aus dem 19. Jh. zeigen das ursprüngliche, rundbogige Stufenportal über je einem Säulenpaar. Die Archivolten waren u.a. mit einem Würfelfries und einem Zickzackmuster dekoriert. Die Verwendung des Zickzackmusters in diesem Teil Spaniens wird auf den Einfluss des Zisterzienserordens zurückgeführt.

Die **Pfarrkirche San Salvador** wurde urkundlich erstmals 1094 erwähnt. Das rechteckige Kirchenschiff besteht aus Granitgestein mit einem Tonnengewölbe aus Backstein und Schiefer. Die Apsis ist außen durch hohe Säulen in ungleiche Abschnitte mit je einem Fenster geteilt. Hauptelement des Dekorums ist der Schachbrett- oder Würfelfries, der an verschiedenen Stellen zu finden ist. Die beiden spitzbogigen Portale auf der Nord- und der Westseite stammen aus dem 14. Jh. Das Tympanon des Nordportals trägt die Figur des Christus Salvator mit aufgerichteten Armen, der in seiner Gesamthaltung demjenigen in → Barbadelo sehr ähnlich, jedoch detailreicher gestaltet ist. Datiert wird er entweder in das 11. oder in das 14. Jh. Nicht auszuschließen ist die Wiederverwendung der Figur aus dem 11. Jh. bei der Neuerrichtung des Portals im 14. Jh.

Das **Kloster Santa Magdalena** wurde im 13. Jh. von einer italienischen Bruderschaft der Augustiner errichtet und diente der Fürsorge für die Pilger, für die ein Hospiz und ein Hospital zur Verfügung standen. Das Kloster, das heute den Mercedariern untersteht, wurde im gotischen Stil errichtet, mit romanischen Elementen. Die Fassade der Kirche wird dem plateresken Stil zugerechnet.

Barbadelo (I D) wird bereits im *Liber Sancti Jacobi* erwähnt, als ein Ort, an dem der Pilger gerne von den Wirtsleuten mit überhöhten Preisen betrogen wurde. Der Ort war schon zu keltiberischer Zeit besiedelt, worauf die Reste eines *castros* im Gemeindegebiet hinweisen.

Die **Kirche Santiago** ist der Überrest eines seit 1009 bestehenden Nonnen- und Mönchsklosters, das dem Kloster Samos unterstand. Mit großer Wahrscheinlichkeit wurde hier ein Pilgerhospiz betrieben. Die Kirche stammt ursprünglich aus der zweiten Hälfte des 12. Jh.s. Aus romanischer Zeit haben sich das Nordportal und das Westportal, zwei Fenster in der Nordwand sowie ein Turm in der Nordwestecke des Kirchenschiffes erhalten, während das Sanktuarium und die Südwand rekonstruiert wurden. Aufgrund der Qualität des Dekorums (Würfelfries, eingestellte Säulen, zoomorphe Ornamente der Kapitelle) wird sie zu den bedeutendsten romanischen Kirchenbauten der Gegend gezählt. Das Westportal, ein Archivoltenportal mit vier eingestellten Säulen mit figürlich dekorierten Kapitellen an den Seiten, besitzt ein aus mehreren Steinen zusammengesetztes Tympanon, das sich waagerecht in zwei Teile teilt. Im unteren Teil, der als Türsturz fungiert, erscheint in der Mitte der Kopf eines Monsters, aus dessen Maul sich ineinandergreifende Ringe zu entwickeln scheinen, jeweils drei zu beiden Seiten. Darüber ist die Figur eines Segnenden oder Oranten zu sehen, dessen künstlerische Gestaltung auf einen sehr frühen Entstehungszeitpunkt verweist. Sie wird zuweilen als Christus Salvator interpretiert. Auf den flankierenden Steinen sind zwei Rosetten zu sehen. Auf der Kircheninnenseite ist an derselben Stelle eine ähnliche Dekoration zu sehen. Der Schlussstein trägt ein Kreuz. Der barocke Hauptaltar ist aufwendig bemalt und enthält die Figur des hl. Jakobus als Pilger.

In MERCADO DE SERRA (I D) tätigten die jüdischen Bürger von Portomarín ihre Geschäfte und unterstützten die Pilger. In BREA steht der Kilometerstein 100, der die letzten 100 km bis nach Santiago de Compostela anzeigt. Dies ist früher die Mindeststrecke gewesen, die ein Jakobuspilger zurückzulegen hatte. Die Etappe beginnt in dem verkehrsgünstig gelegenen Sarria in etwa 11 km Entfernung.

Der Name des Ortes FERREIROS (I D) leitet sich von der galizischen Variante des spanischen Wortes *herrero* ›Schmied‹ her, was vermuten lässt, dass hier in früheren Zeiten mehrere Schmieden angesiedelt waren. Die **Pfarrkirche Santa María de Ferreiros** stammt ursprünglich aus dem 12. Jh. Das Stufenportal umfängt ein zweilappiges Tympanon. Die Kirche wurde 1790 von ihrem ursprünglichen Standort an den heutigen Standort neben den Friedhof versetzt. Vor der Kirche ist ein Taufbecken mit figürlichen Darstellungen und Symbolen zu sehen.

In der Nähe des kleinen Ortes VILACHÁ (I D) sind die Ruinen des ehemaligen Klosters María de Loyo zu finden, in dem gegen Ende des 12. Jh.s die erste Satzung des Santiago-Ordens niedergeschrieben wurde. Die kleine **Kapelle von Santa María de Loyo** stammt aus westgotischer Zeit.

PORTOMARÍN (auch Puertomarín; I D) wird als einstmals wichtige Station im Pilgerführer als *Pons Minea* erwähnt, als *Brücke über den Miño*. Schon zu römischer Zeit bestand hier eine Siedlung. Seit dem 10. Jh. sind zwei Klöster in dem Gebiet bekannt, die Klöster Loyo und Santa Marina, die an den Orden San Juan übergeben wurden, der anschließend in der Gegend eine bedeutende Rolle spielte und am Pilgerweg weitere Hospitäler (z.B. in Itero del Castillo und Puente Obrigo) unterhielt. Die Siedlung nahe der Brücke hingegen, das *borgo*, wurde im 12. Jh. dem Santiago-Orden unterstellt. Im Laufe des Jahrhunderts ist es ebenfalls an den Johanniterorden übergegangen. Die alte Brücke wurde von Königin Doña Urraca errichtet und um das Jahr 1126 durch eine Person namens Peter renoviert, der den Beinamen *Pilger* führt und der einer italienischen Gemeinde angehört haben soll, die sich speziell dem Bau von Brücken widmete. Der Bau der Staustufe Belesar im Jahr 1962 führte zur Abtragung einiger wichtiger Gebäude des Ortes und zu deren Wiederaufbau auf höher gelegenem Terrain: Neben den Kirchen **San Juan (San Nicolás)** und **San Pedro** zählen dazu auch Adelssitze (galizisch *pazo* genannt) aus dem 16. und 17. Jh. sowie unterhalb des Dorfes ein Teil der romanischen Brücke als neuer Zugang. Bei Niedrigwasser des Stausees sind die Ruinen des ursprünglichen Ortes und der alten Brücke sichtbar.

Die spätromanische, in die Zeit um 1200 datierte **Wehrkirche San Juan**, heute **San Nicolás**, die einstmals dem Johanniterorden unterstand, beherrscht heute, Stein für Stein wieder aufgebaut, den von Arkadengängen umgebenen Platz der neuen Stadt. Den Wehrcharakter erhält die Kirche durch die Zinnen und die hochgezogenen Wachtürme auf dem Dach, die durch gedeckte Gänge miteinander verbunden sind. Der gesamte Bau wirkt geschlossen, doch die Gestaltung der Fenster mit eingestellten Säulen und Archivolten mit Würfelfries entsprechen dem bekannten romanischen Formenrepertoire. Die Westfassade wird durch einen hohen Blendbogen zwischen mächtigen Eckpfeilern beherrscht. Das Hauptportal wird von drei Archivolten umrahmt, deren innerste mit den Figuren der 24 Ältesten aus der Apokalypse der Werkstatt des Meister Mateo zugeschrieben wird. Sie umgibt ein Tympanon mit einer *Maiestas Domini*-Darstellung. Das Tympanon wird von zwei Konsolen getragen, deren eine einen Engel, die andere ein Ungeheuer zeigt – die Interpretation als St. Michael mit dem Drachen ist hier nicht ausgeschlossen. Das Rosenfenster der Westfassade ist wie sein Pendant in der Ostwand sehr grob gearbeitet – es sind sehr frühe Beispiele der gotischen Fensterrosen.

Die Tympana der weiteren Portale zeigen auf der Nordseite eine Verkündigungsszene in grobem Stil, der mit den fein skulptierten Kapitellen der den Eingang flankierenden Säulen kontrastiert. Die Darstellung auf dem Tympanon des Südportals wird als Bildnis eines Bischofs gedeutet. Sie stammt wahrscheinlich von dem gleichen Künstler, der auch die *Verkündigung* des Nordportals fertigte.

Die **Kirche San Pedro** ist dokumentarisch bereits im 10. Jh. belegt. Von dem romanischen Bau hat sich das Stufenportal erhalten. Es wird von drei Säulenpaaren flankiert, deren mittleres Kapitellpaar links einander zugewandte Vögel und rechts Greifen zeigt. Das Tympanon wird von Konsolen in Form von Bullenköpfen getragen. Seine Inschrift lautet: »Diese Kirche wurde zu Ehren von Maria und den hll. Peter, Cosmas und Damian geweiht. Don Diego Rodrigo II., Bischof von Lugo, in der Ära 1220 (d. h. im Jahr 1182) Fernando.«

Die schlichte, gut erhaltene **Kirche Santa María** von CASTROMAIOR (I D) entstammt dem 12. Jh. Hier sind eine romanische Madonnenfigur und ein Altar aus dem 16. Jh. zu sehen. Von der ehemaligen Burg, von der sich auch der Name herleitet, haben sich nur Ruinen erhalten.

Vendas de Narón (I D) hatte als wichtiger Handelsplatz in früheren Jahrhunderten eine große Bedeutung. Im Jahr 820 fand hier eine Schlacht zwischen Christen und Umayyaden statt. Am Ortsausgang verweist heute noch die **Capilla de la Magdalena** auf die Existenz eines Pilgerhospitals. Benito Viceto verlegte hierher den Anfang seines historischen Romans *Los Hidalgos de Monforte*, der von dem Aufstand gegen den Grafen von Lemos erzählt.

In Lameiros (I D) sind die **Ermita de San Marcos** sowie das 1670 errichtete **Crucero de Ligonde** (*Crucero de Lameiros*), eines der bekanntesten Wegekreuze am Jakobsweg, hervorzuheben. Auf seinem Sockel sind auf drei Seiten die Marterwerkzeuge Christi, die Dornenkrone und ein Totenkopf zu sehen, am Kreuz auf der einen Seite eine Pietà, auf der anderen Seite Christus am Kreuz.

Ligonde (I D) wird erstmals in einer Schenkungsurkunde vom 25. April 956 erwähnt. Hier gab es ein **Pilgerhospital** des Santiago-Ordens, das bis 1753 bestand. Ein schlichtes Kreuz erinnert an den angeschlossenen Friedhof. Einer Legende zufolge erreichte eines Tages ein verlobtes Pilgerpaar diesen Ort. Die junge Frau starb vor lauter Erschöpfung, woraufhin auch ihr Verlobter aus Kummer über den Verlust verstarb. Karl V. soll hier im Jahr 1520 Station gemacht haben, wie Jahre später sein Sohn Philipp II.

In die klassizistische **Pfarrkirche Santiago** führt noch heute das romanische Portal des Vorgängerbaus.

Die kleine **Kirche Santiago** in Eirexe (I D) wird in vorromanische Zeit datiert.

Die **Pfarrkirche San Salvador** in Vilar de Donas (I D), zwischen Cruces und Porto, ist der Überrest eines ehemaligen Nonnenklosters, das 1184 durch den Dekan der Kathedrale von Santiago mitsamt seinen Einkünften und Besitzungen dem Santiago-Orden unterstellt wurde. Bis in das 19. Jh. hinein wurde das Kloster als Priorat des Ordens genutzt. Das Stufenportal wird von drei Archivolten mit reicher Ornamentik umfangen; auf den seitlichen Säulenkapitellen sind Harpyien und Pflanzen zu sehen. Ein Tympanon gibt es nicht. Die Eisenbeschläge der Türen stammen noch aus romanischer Zeit. Die Wandfresken im Kircheninneren aus dem 15. Jh. lassen trotz ihrer verblassenden Farben zusammen mit dem Altar ein christologisches Programm erkennen: zu identifizieren ist noch die Auferstehung Christi. Der Hauptaltar aus Granit zeigt Szenen der Kreuzabnahme Christi und des Wunders von O Cebreiro. Ferner sind die Sarkophage verschiedener Santiago-Ritter aus dem 14. und 15. Jh. zu sehen.

In Palas de Rey (oder Palas do Rey; I C) endet im Pilgerführer des *Codex Calixtinus* die zwölfte Etappe. Der Name *Palatium Regis*, unter dem der Ort genannt wird, bezieht sich nicht, wie die wörtliche Übersetzung nahelegt, auf einen ehemaligen Königspalast, sondern wird als latinisierte Form des vorromanischen Stammwortes *palas* angesehen, das *cueva* (›Höhle‹) bedeutet. Quellenkundlich wird der Ort erstmals im *Caelicolae* des Alfonso III. erwähnt. Auf dem Campo dos Romeiros begannen die Pilger traditionell den neuen Pilgertag.

Die schmale, schlichte neoromanische **Kirche San Tirso** △ auf dem Burghügel ist wegen des in das 13. Jh. datierten Stufenportals bedeutend. Die beiden schlichten Archivolten werden von Säulen mit floral dekorierten Kapitellen (Akanthus-Blätter) getragen. Die übrige Kirche ist ein Neubau von 1955.

In San Xulián do Camino (I C) wird der hl. Julianus der Hospitaliter verehrt. Der von Jakobus de Voragine aufgezeichneten Legende zufolge soll der aus adeligem Haus stammende Julian seine Eltern aus Versehen getötet haben, als diese während seiner Abwesenheit seine Frau Adela besuchten, die ihnen ihre Ehebetten überlassen hatte und die Julian bei seiner Rückkehr des Ehebruchs überführt sah. Zur Buße des Verbrechens unterhielten Julian und seine Frau anschließend eine Herberge, die so lange währen sollte, bis ihnen ein Engel die Nachricht von der göttlichen Vergebung bringen sollte. Diese Legende verbreitete sich im 11./12. Jh. zunächst in Frankreich. In Spanien ist sie erst im 15. Jh. überliefert, doch ist anzunehmen, dass die Legende sich durch französische Pilger schon früher am Pilgerweg etablierte.

Zu dem Ensemble um die romanische **Kirche** mit halbrunder Apsis aus dem 12. Jh. gehören eine Quelle und ein Wegekreuz. Der großen Bedeutung des Patronatsheiligen entspricht die sorgfältige Gestaltung des zentralen Apsisfensters mit eingestellten Säulen und dekorierten Archivolten.

Provinz A Coruña

Von O Leboreiro über Melide, Arzúa und Monte de Gozo nach Santiago de Compostela

Das Dorf O Leboreiro (I C) ist der erste Ort der Provinz A Coruña. Die **Kirche Santa Mariá** entstammt dem 14. Jh. Im Tympanon über dem Portal ist die Jungfrau Maria mit Christus zu sehen; innen schmücken Wandfresken sowie ein spitzbogiger Triumphbogen das Gotteshaus.

Außerhalb des Dorfes verläuft die Route in Richtung Río Seco zum Teil noch auf dem alten, mit großen Steinblöcken belegten Weg. Eine auf römische Ursprünge zurückgehende Brücke mit einem niedrigen Bogen aus sehr großen Steinblöcken führt über den Fluss.

Furelo (I C) wird auch *Ponte Furela* wegen der Brücke aus dem 12. Jh. genannt, die eine der schönsten Brücken am Jakobsweg ist. Sie besteht aus vier ungleichen Bögen. Die **Kirche San Xoán** wurde unter Verwendung mittelalterlicher Überreste im 19. Jh. renoviert. Eine Besonderheit ist der hölzerne, in das 15. Jh. datierte Altar mit Holzbaldachin und einer Schnitzfigur des gekreuzigten Jesus, dessen rechte herabhängende Hand von den Gläubigen berührt wird.

In Melide (I C) treffen der Camino Francés und der Jakobsweg über Oviedo zusammen. Quellenkundlich wird der Ort im 10. Jh. erstmals erwähnt. Seine Existenz ist auf die Einrichtung des Camino de Santiago zurückzuführen.

Die Hauptfassade der **Kapelle San Roque** am Ortseingang enthält romanische und gotische Elemente unter Verwendung von Steinmaterial der abgebrochenen Pfarrkirche San Pedro, die ehemals ebenfalls am Pilgerweg stand.

Das danebenstehende Steinkreuz wird in das 14. Jh. datiert und gilt als das älteste **Wegekreuz** Galiziens. Auf der einen Seite ist der thronende und seine Wundmale zeigende Christus mit der Dornenkrone zu sehen, auf der anderen Seite der gekreuzigte Christus mit Maria und Johannes.

Das **Kloster Del Sancti Spiritus** steht im Zentrum der Altstadt an der Praza do Convento. Es wurde im Jahr 1375 gegründet und unterstand dem Orden Tercera de San Francisco. Die Klosterkirche ist heute **Pfarrkirche** von Melide. Die rechteckige Apsis überfängt ein gotisches Sterngewölbe. Die Apsis ist mit Wandfresken aus dem 16. Jh. bemalt, wird heute jedoch teilweise von dem barocken Altar aus dem Jahr 1690 von dem in Melide beheimateten Bildhauer Francisco de Castro Canseco verdeckt. Sein Bildprogramm mit den Darstellungen der hll. Franziskus, Domenikus und der María Inmaculada Concepción, deren polychrome und vergoldete Figur aus dem 18. Jh. der Werkstatt des Gambino Ferreiro aus Santiago zugeschrieben wird, entspricht franziskanischer Bildtradition. Hier befindet sich auch eine Hälfte des Eisengitters aus dem 13. Jh., das einstmals in die → Kirche Santa María de Melide gehörte.

Das kleine archäologische **Museo Terra de Melide** ist seit dem Jahr 2000 in dem ehemaligen Pilgerhospital untergebracht, das von Fernán López und Aldara González im Jahr 1375 gegründet und dessen aktuelles Gebäude im Jahr 1502 durch Don Sancho de Ulloa y Castro, Conde de Monterrei, errichtet wurde, wie dem Epitaph auf der Fassade zu entnehmen ist.

Die **Kirche Santa María de Melide** steht außerhalb des Ortes am Rande des Camino de Santiago. Sie ist der Überrest eines ehemaligen Klosters und wird in das 12. Jh. datiert. Das Stufenportal wird von Lisenen und einem schmalen Vordach umrahmt. Die Innenwände sind mit Fresken aus dem 15. Jh. bedeckt. Zu den Ausstattungsstücken gehören der romanische Altar und eine Hälfte eines Schrankengitters aus dem 13. Jh.; die andere Hälfte befindet sich in der Pfarrkirche im Kloster Sancti Spiritus.

In Boente (I C) steht wieder ein Wegekreuz mit dem gekreuzigten Christus. Der polychrome, in sieben Felder geteilte Altar der **Kirche Santiago** aus der Zeit um 1600 ist mit seinem ikonographischen Programm auf den hl. Jakobus den Älteren abgestimmt. Er erscheint im Zentrum des Altars als Pilger und im Giebelfeld als Maurentöter, als *matamoros*. In den übrigen Feldern sind u. a. der segnende Jesus in der Mitte des zweiten Registers und links daneben Maria mit dem Christuskind zu sehen.

In Castañeda (I C) wurden die in Triacastela (Prov. Lugo) aufgehobenen Steine abgelegt. In den Brennöfen, die früher hier standen, wurde der Kalk für den Bau der Kathedrale von Santiago gebrannt.

Die Ursprünge der Brücke von Ribadiso (I C) über den Río Iso werden in das 12. Jh. datiert. Hinter der Brücke stehen die Überreste eines Pilgerhospitals, das in einem Dokument von 1523 erwahnt wird.

Arzúa / Villanova (I C) wird im Pilgerführer des *Codex Calixtinus* unter dem Namen *Vilanova* (*de Arzúa*) als eine der letzten wichtigen Stationen erwähnt. In der Gegend um Arzúa finden sich einige der typischen Landsitze des Adels, die auf galizisch *pazo* heißen. Die meisten wurden verkauft und sind verlassen, einige wurden in Landgüter umgewandelt. Am besten erhalten haben sich diejenigen in Brandeso (errichtet 1554) und in Calvos de Socamiño. Der *pazo* von *El Pumar* ist bewohnt und gut erhalten.

Die **Kirche Santiago** an der Hauptstraße lässt sich auf romanische Ursprünge zurückführen. Sie hat in den nachfolgenden Jahrhunderten zahlreiche Umbauten erfahren.

Die **Kirche Santa María** wurde im 16. Jh. errichtet, doch erfolgten zahlreiche Umbauten in den nachfolgenden Jahrhunderten. Ein romanischer Bogen, der das Kirchenschiff mit der Capilla del Carmen verbindet, verweist auf die Existenz früherer Vorgängerbauten. Zu den Ausstattungsstücken gehört ein Altar aus dem 18. Jh.

Die **Kapelle De la Madalena** ist der Überrest eines ehemaligen, von Augustinermönchen gegründeten Klosters im 14. Jh. Seit dem 17. Jh. stand das Gebäude lange Zeit leer, ehe es ab 1984 restauriert wurde. Seit 2006 dient es als Ausstellungsraum.

Lavacolla (I B) war der Ort, an dem sich die Pilger kurz vor ihrer Ankunft in Santiago einer rituellen Reinigung mit Quellwasser unterzogen. Heute befindet sich hier der Flugplatz von Santiago de Compostela.

Von dem etwa 5 km entfernten, östlich von Santiago gelegenen Monte del Gozo (*Berg der Freude*, auch *Monxoi, Manxoi* oder *Monte S. Marcos* genannt) konnte der Pilger erstmals die Türme der Kathedrale von Santiago erblicken, wie es auch im *Codex Calixtinus* heißt. Zu den verschiedenen Pilgerbräuchen gehörte es, dass Pilger zu Pferde von hier aus die letzten Kilometer nach Santiago zu Fuß zurücklegten. Einem anderen, heute noch üblichen Brauch zufolge wurde derjenige Pilger aus einer Gruppe, der die Türme zuerst sah und auf Französisch ausrief »Mon joie! Je suis le roi!« als König innerhalb der Gruppe ausgezeichnet. Von der ehemaligen, hier auf Anordnung des Bischofs Diego II. Gelmírez errichteten Kirche Sta. Cruz, die im 17. Jh. ihre Dienste einstellte, haben sich keine Reste erhalten. Das Gelände des Monte de Gozo hat sich in den letzten Jahren verändert: Am Rande des Hügels steht die naturalistisch gestaltete Bronzeskulptur zweier Pilger, die mit hoch erhobenen Armen Santiago begrüßen; ferner erinnert ein monumentales Denkmal aus dem Jahr 1992 an den Besuch von Papst Johannes Paul II., der im Rahmen des Weltjugendtages 1989 hier eine Messe las. Nicht zuletzt hat das Areal durch die Einrichtung eines rund 800 Pilger fassenden Herbergskomplexes seine frühere Faszination eingebüßt.

Die Entstehung der Stadt SANTIAGO DE COMPOSTELA (I B) ist unmittelbar an die Auffindung des Jakobusgrabes gebunden. Allerdings bestand auf dem Gelände zwischen dem 1. und dem 5. Jh. n. Chr. eine römische Siedlung. Danach wurde es bis in das 6. oder 7. Jh. hinein als Gräberfeld der Sueben genutzt, wie die seit 1997 durchgeführten archäologischen Grabungen ergaben. Eine erneute Nutzung als Gräberfeld zwischen dem 9. Jh. und dem 12. Jh. ist in Zusammenhang mit der Auffindung der Apostelreliquien zu sehen. Gleichzeitig entwickelte sich jenseits der Immunitätsgrenzen der Jakobusmemorie und dem Kloster San Payo Antealtares die Stadt, die neben Jerusalem und Rom zum Zentrum christlicher Pilgerschaft wurde. Der Ausgangspunkt zur Anlage der mittelalterlichen Stadtstruktur kann in der Plaza de Cervantes gelegen haben, auf der sich der für mittelalterliche Städte charakteristische Kreuzungspunkt von *cardo* und *decumanus* feststellen lässt. Auf diesen Platz nordöstlich des Kathedralbezirks führen strahlenförmig wichtige Verbindungsstraßen von den heute nicht mehr existenten Stadttoren, z. B. von der ehemaligen Puerta de Camino im Nordosten und der Puerta de la Trinidad (auch De Santo Peregrinus) im Westen beim Hostal de los Reyes Católicos. Der Stadtteil südwestlich der Kathedrale wird hingegen durch zwei parallel auf die Kathedrale zulaufende Hauptverkehrsachsen strukturiert, die ehemals an den beiden Stadttoren Puerta de Fajeira (Tor an der Farnwiese) und Puerta de Mazarelas begannen. Die Stadt wurde einst von einer Mauer umschlossen, die der heutigen das Zentrum ringförmig umgebenden Hauptverkehrsader entspricht. Alle wichtigen Ordensgemeinschaften ließen sich hier nieder. Für viele spanische

Monarchen war eine Pilgerreise zum Apostelgrab obligatorisch.

Trotz der Gründung der Universität im Jahr 1495 büßte die Stadt als Folge von Pestepidemien und wohl auch der Reformation ihre Bedeutung als Pilgerziel ein. Mit dem Aufschwung der Küstenstädte als Handelsplätze im 18. Jh. verlor Santiago auch den Status eines kommerziellen Zentrums. Seit dem Beginn der 1960er Jahre erlebt die Stadt einen ökonomischen Aufschwung dank steigender Studentenzahlen und der Gründung eines Gesundheitszentrums für die Provinz Galizien. Seit Anfang der 1980er Jahre steigt auch die Zahl der Pilgerreisenden ständig: Im Jahr 1993 kamen 7 Millionen Touristen, im Jahr 1999 gar 11 Millionen. Die Stadt zählt insgesamt 46 Kirchen und 34 Klöster.

Das Fest des Apostels Jakobus am 25. Juli beginnt am Vorabend mit einem Feuerwerk, dem *fuego del Apostol*.

Die heutige **Kathedrale** von Santiago de Compostela wurde ab 1075 über zwei von Alfonso II. und Alfonso III. in Auftrag gegebenen Vorgängerbauten errichtet. Aufgrund archäologischer Befunde konnte ihre Form rekonstruiert werden. Der Neubau war nach der Razzia Al-Mansurs im Jahr 997, von der auch Santiago betroffen war, notwendig geworden. Zudem musste der neue Kirchenbau eine stetig wachsende Pilgerschar aufnehmen. Mit dem Bau, der in der Ära des Bischofs Diego Peláez (1075/77) begonnen wurde, werden die beiden Meister Esteban und Mateo genannt. Meister Esteban plante das dreischiffige, über 100 m lange Gotteshaus mit seinem dreischiffigen Querhaus im Anschluss an das Chorhaupt mit Umgang und Kapellenkranz. Meister Mateo fügte 1188 das Westportal hinzu. Für das Jahr 1211 ist die Weihe dokumentiert. Der zunächst dem romanischen Baustil verhaftete Bau wurde in den folgenden Jahrhunderten immer wieder an- und umgebaut. Zu den einschneidendsten Maßnahmen gehört die Vorblendung einer neuen barocken Hauptfassade im Westen vor den romanischen Pórtico de la Gloria. Der Kreuzgang stammt aus dem 16. Jh. Der heutigen, auf abschüssigem Gelände errichteten Kathedrale liegt die Form eines lateinischen Kreuzes zugrunde. Das elfjochige Langhaus wird von zwei schmaleren, auch die beiden Querhausarme säumenden Seitenschiffen sowie Seitenkapellen flankiert. Den Chor umgibt ein einfacher Chorumgang, an den sich ein Kapellenkranz anschließt.

Die barocke Westfassade an der Praza de Obradoiro wurde zwischen 1738 und 1750 von Fernando de Casas y Nóvoa einem Bühnenprospekt gleich vor die romanische Westfassade mit dem Pórtico de la Gloria gesetzt. Eine

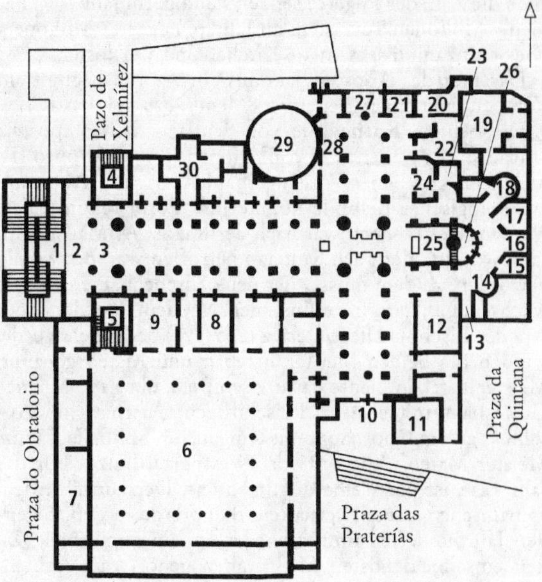

Santiago de Compostela, Kathedrale, Grundriss

1 Freitreppe
2 Obradoirofassade
3 Pórtico de la Gloria
4 Torre de la Carraca
5 Torre de las Campanas
6 Kreuzgang
(1. OG: Teppichmuseum, UG: Archäol. Museum)
7 Sala Capitular
8 Tesoro
9 Capilla de las Reliquias
10 Puerta de las Platerías
11 Torre del Reloj
12 Capilla del Pilar
13 Capilla de Mondragón
14 Capilla de San Pedro
15 Puerta Santa
16 Capilla del Salvador
17 Capilla de N. Sra. Blanca
18 Capilla de San Juan
19 Capilla de la Corticella
20 Capilla de San Andrés
21 Capilla de San Fructuoso
22 Capilla del Espíritu Santo

Santiago de Compostela, Kathedrale, Westfassade

---

23 Capilla de San Bartolomé
24 Capilla de la Concepción
25 Capilla Mayor
26 Apostelfigur mit Aufgang, darunter Krypta
27 Puerta de la Parroquia
28 Capilla de Santa Catalina
29 Capilla del Corazón
30 Capilla del Cristo de Burgos

doppelläufige Treppenanlage, die wahrscheinlich von der Goldenen Treppe Diego de Siloés in der → Kathedrale von Burgos beeinflusst wurde, umschließt den Zugang zur Unterkirche und überwindet den Unterschied im Bodenniveau zwischen dem Platz und der Kathedrale mit der doppelten Toranlage. Der rechts anschließende Glockenturm, die Torre de las Campanas, wurde 1670 von Domingo de Andrade fertiggestellt. Als Vorbild gilt die Giralda in Sevilla, die 1568 umgestaltet wurde. Die Torre de la Carraca auf der linken Seite wurde zwischen 1738 und 1750 nach Entwürfen von Fernando de Casas y Nóvoa als Pendant zur Torre de las Campanas errichtet und daher in der Gestaltung entsprechend angepasst. Sie beherbergt die hölzerne Ratsche für den Karfreitagsgottesdienst. Beiden Türmen ist die Betonung der Vertikalen gemeinsam. In den Figurennischen ist der Titularheilige in vielfacher Gestalt zu sehen, gemeinsam mit seinen Jüngern Athanasius und Theodosius.

Hinter der Westfassade verbirgt sich der romanische Pórtico de la Gloria, der ursprünglich den Pilger mit all seiner Pracht nach dem beschwerlichen Weg begrüßte. Heute wird der Eindruck durch den schmalen Vorraum beeinträchtigt. Mit der Portalanlage, die König Fernando II. zur Erinnerung an seine Pilgerfahrt in Auftrag gab, ist der Name des Meisters Mateo eng verbunden, wie eine Inschrifttafel im Türsturz des Mittelportals bezeugt. Dieser Tafel zufolge hatten Mateo und seine Bauhütte das figurenreiche Portal 1188 fertiggestellt. Es wird stilistisch als End- und Höhepunkt der romanischen Kunst angesehen – zu diesem Zeitpunkt zeigten sich im französischen Saint-Denis die Vorboten der Gotik. Der für den Pilger bewegendste Moment ist sicherlich der Kniefall vor dem Trumeaupfeiler mit der Darstellung der Wurzel Jesse und deren Berührung. Darüber thront die Sitzfigur des Apostels Jakobus, der als Vermittler zum Weltenrichter Christus im Tympanon fungiert. In den Archivolten sitzen in radialer Anordnung die 24 Ältesten der Apokalypse mit zeitgenössischen Musik-

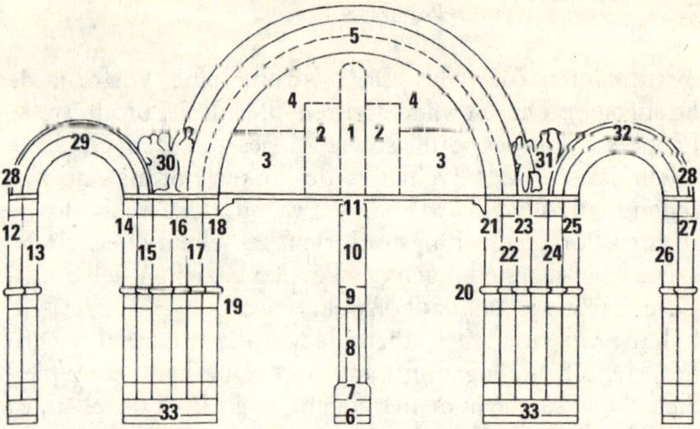

Santiago de Compostela, Pórtico de la Gloria, Schema

1 Christus als Weltenrichter
2 Die vier Evangelisten
3 Engel mit Arma Christi
4 Die Seligen
5 Die 24 Ältesten der Apokalypse
6 O Santo d'os Croques (Rückseite)
7 Zwei Löwen und bärtiger Mann
8 Wurzel Jesse
9 Hl. Dreifaltigkeit
10 Santiago (hl. Jakobus d. Ältere)
11–15 Die Versuchungen
16 Prophet Jeremias
17 Prophet Daniel
18 Prophet Jesia
19 (in der Laibung) Moses mit Gesetzestafel
20 (in der Laibung) Apostel Petrus
21 Apostel Paulus
22 Apostel Jakobus d. Jüngere
23 Johannes der Evangelist
24 und 25 Apostel
26 Apostel Bartholomäus
27 Apostel Thomas
27 Engel mit Posaunen
29 Blatt-Rollwerk, Adam und Eva (nackt) mit dem Erlöser und Patriarchen des Alten Testaments
30 Ein Engel bringt Kinder ins Haus Gottes, ein anderer hält das Volk Israel (kleine Figur) auf dem Arm
31 Ein Engel hält die Gläubigen (kleine Figur) auf dem Arm, ein Engel bringt die Kinder ins Haus Gottes
32 Jüngstes Gericht die Guten links mit Engeln, die Bösen rechts mit Monstren, in der Mitte der Archivolten zwei Büsten, Gottvater und Sohn (?)
33 Wilde Tiere (Bären, Löwen, Adler) und bärtiger Mann

instrumenten (u. a. das Organistrum, eine Vorform der Drehgeige). Die Gewändefiguren aller drei Portale stellen Propheten und Apostel sowie Moses mit den Gesetzestafeln dar. Auf der Archivolte des linken Portals sind zwischen Blattrollwerk Adam und Eva, auf der Archivolte des rechten Portals das Jüngste Gericht zu sehen. Die weiteren szenischen Darstellungen des Pórtico beziehen sich auf die Offenbarung Johanni, die Apokalypse.

Innenraum: Die Kathedrale wurde zur Aufnahme großer Menschenmengen in Lang- und Querhaus konzipiert. Sie gehört zur Gruppe der sogenannten Pilgerkirchen, die am Weg nach Santiago lagen und alle den gleichen Grundriss zeigen: Saint Martin in Tours (zerstört), Saint Martial in Limoges (zerstört), Sainte Foy in Conques und Saint Sernin in Toulouse. Der für den Pilger wichtigste Platz ist zweifellos in der Krypta unter dem Hauptaltar zu finden, wo der Schrein mit den Gebeinen des Apostels aufgebahrt ist. Der von fast allen Standpunkten aus sichtbare Hauptaltar stammt im Ursprung noch aus der Zeit der Romanik, wurde im 17. Jh. jedoch durch Peña de Toro verändert. Der hl. Jakobus tritt hier dreimal in Erscheinung: sitzend von einer Schar Engel umgeben, als Pilger und als Santiago *matamoros*. Unbestreitbarer Höhepunkt eines Festgottesdienstes ist das Schwenken des sogenannten *Botafumeiro*, eines riesigen Weihrauchgefäßes aus dem Jahr 1851 von dem Goldschmied José Losada. Er wiegt 80 kg und ist 1,60 m hoch.

Die Kirche ist umgeben von einer Vielzahl von Kapellen, die im Laufe der Jahrhunderte an- und umgebaut und mit einer Vielzahl prachtvoller Altäre ausgestattet wurden. Die *Capilla de Corticela*, ein kleiner dreischiffiger Kirchenraum für Werktags- und frühe Sonntagsmessen, bei der es sich um den ältesten Bauteil der Kathedrale handeln soll, geht auf eine Stiftung Alfonsos II. aus dem 9. Jh. zurück. Das Portal mit der Darstellung der Anbetung der Heiligen Drei Könige wird in die Zeit der Romanik datiert. Die *Capilla de San Bartolóme* ist das besterhaltene Beispiel einer romanischen Chorkapelle, die im Jahr 1102 von Bischof Pedro von Pamplona geweiht wurde. Die in ihrem Grundriss quadratische *Capilla del Salvador* hinter dem Hauptaltar verweist durch Inschrifttafeln auf die Zeit ihrer Entstehung vor 1088 und den Baubeginn der Kathedrale für 1075. Der platereske Altar wurde 1532 nach Entwürfen Juan de Alavas geschaffen. Über dem Grabmal des Kanonikers Martin Lopez, neben dem Eingang zur Sakristei nahe der *Puerta de las Platerías*, ist das Clavijo-Tympanon zu sehen, eines der berühmtesten Stücke der Kathedrale, mit der Darstellung des Heiligen als Krieger in der Schlacht bei Clavijo. Dieses Tympanon zierte wohl den Eingang zum ehemaligen romanischen Kreuzgang.

Im Kellergewölbe unter dem Hauptschiff liegen die in den letzten Jahren freigelegten Reste der ehemaligen römischen Nekropole und der Stadtmauer sowie Fundamentreste der ersten beiden Memorialbauten.

Die Unterkirche (auch *Catedral Vieja* genannt) ist von der Praza de Obradoiro aus durch den Eingang in der Treppenanlage erreichbar. Der zweigeteilte Raum mit flankierenden Seitenschiffen erfüllt die Funktion einer Substruktion, die aus statischen Gründen auf dem abschüssigen Gelände beim Neubau der Kathedrale angelegt wurde. Der Raum besticht durch seine erhabene Schlichtheit. Einzig die Kapitelle der Pfeiler tragen florales Dekorum, zumeist Akanthus-Blätter; das Kapitell der vor der mittleren Apsis eingestellten Doppelsäule zeigt Harpyien und Reiter-Figuren. Auf den Schlusssteinen der mittleren Gewölbe sind Engel zu erkennen, die Sonne und Mond halten. Die Krypta kann interpretatorisch im Zusammenhang mit dem Pórtico de la Gloria gesehen werden, da sie unterhalb des Pórtico als Fundament für denselben fungiert: Die Krypta symbolisiert die irdische Welt, während der Pórtico das Neue Jerusalem gemäß der Offenbarung Johanni darstellt.

Die Fassade des Südquerschiffs der Kathedrale wird durch die Puerta de las Platerías (*Tor der Silber-*

schmiede) und die Torre del Reloj (*Uhrenturm*), auch La Berenguela genannt, charakterisiert. Mit dem Ausbau der Torre del Reloj wurde ab 1361 über einem Vorgängerbau aus dem 13. Jh. begonnen, doch erst zwischen 1676 und 1680 wurde sie durch Domingo de Andrade in der heutigen barockisierten Form vollendet. Das Uhrwerk wurde 1831 installiert. Der zwischen 1102 und 1117 errichtete und nachfolgend umgestaltete südliche Eingang in die Kathedrale besteht aus einer rundbogigen Doppeltoranlage mit zwei Tympana. Darüber ist in teilweise zwei Registern ein figuraler Fries zu sehen, der nach oben durch ein von fratzenhaften Konsolfiguren getragenes Gesims abgeschlossen wird. Die Figurenreliefs wurden auf unterschiedlich großen separaten Platten gearbeitet, so dass sich ein disparates Gesamtbild ergibt. Ihre Entstehungszeit wird unterschiedlich datiert, und es liegt die Vermutung nahe, dass bei der Neugestaltung des Portals Elemente aus dem ehemaligen Westportal und der ehemaligen Puerta de la Azabachería eingebaut wurden.

Auf den seitlichen Gewänden sind Reliefs mit Apostel- und Königsdarstellungen zu sehen, z. B. König David mit einem Saiteninstrument. Die Kapitelle zeigen florales Dekorum und biblische Szenen. Die Tympana zeigen Szenen der Passion Christi: Auf dem rechten Tympanon sind (oben) die Anbetung der Heiligen Drei Könige, rechts flankiert von einem Engel mit der Dornenkrone in Händen, sowie (unten v. l. n. r.) die Heilung des Blinden, Christus vor Pilatus, die Geißelung Christi und der Verrat thematisiert. Im linken Tympanon sind die Versuchungen Christi zu sehen: Während Christus in der linken Tympanonhälfte neben dem Baum der Erkenntnis in Begleitung von Engeln und heiligen Figuren dargestellt ist, sind rechts Dämonen als Zeichen für die Sünde zu sehen, am äußersten rechten Bildfeld in Gestalt einer Frau mit einem Totenschädel als Personifikation der Sünde. Der Figurenfries darüber zeigt in teilweise zwei übereinander angeordneten Registern

Heilige beiderseits des im Zentrum plazierten Christus Salvator. Die Anordnung blieb bislang rätselhaft. Aufgrund des schlechten Erhaltungszustandes sind lediglich Einzelfiguren identifizierbar: Im Zentrum ist über einem Relief mit einer Darstellung des segenspendenden Gottvaters und einem Chrismon Christus zu sehen. Links neben ihm ist Jakobus zwischen zwei Zypressenbäumen erkennbar, der durch eine Inschrift auf dem Nimbus eindeutig zu identifizieren ist und der aufgrund der zweiten Inschrift »ALFONSO REX«, die sich auf Alfonso VII. bezieht, in die Zeit zwischen 1073 und 1109 datiert wurde. Die Platte stammt wahrscheinlich aus dem ehemaligen Westportal. Ferner erkennbar sind der Apostel Petrus links oben, die Vertreibung aus dem Paradies, das Tierkreiszeichen des Schützen, eine Meerjungfrau mit einem Fisch und weitere Aposteldarstellungen. Die Bogenzwickel zieren die vier posauneblasenden himmlischen Engel. Die Darstellungen lassen sich zu drei Themenfeldern zusammenfassen: die Passion Christi, Sünde und Verderben sowie die Repräsentation ekklesiastischer Autorität, wie sie sich um 1117 darstellte. Diese vor dem Hintergrund der zeitgenössischen Historie zu deutende dritte Interpretationsebene steht im Zusammenhang mit der Rebellion der Bevölkerung Santiagos gegen den Erzbischof Diego II. Gelmírez.

OO Die normalerweise geschlossene, im Osten gelegene Puerta Real an der Plaza de la Quintana mit barocken Elementen am Fuße der Torre del Reloj wurde ab 1657 nach Plänen von José de Vega errichtet.

OO Die Puerta Santa, auch Puerta del Perdón genannt, entstand 1611 nach Entwürfen von González Araujo und Fernández Lechuga. Sie öffnet sich am 31. Dezember vor jedem Heiligen Jahr. Heilige Jahre werden immer dann zelebriert, wenn der Festtag des hl. Jakobus, der 25. Juli, auf einen Sonntag fällt. Im Giebelfeld ist Jakobus zu sehen, der von seinen beiden Begleitern Athanasius und Theodosius flankiert wird. Der Eingang wird von 24 Figuren des

Meisters Mateo umgeben, die hier aus anderem Zusammenhang stammend in den Kassettenfeldern wiederverwendet wurden.

○○ Die Puerta de Azapachería an der Nordseite ist das erste Portal, das der Pilger sieht, wenn er auf dem Camino Francés ankommt. Die romanische Fassung des Eingangs wurde während eines Brandes 1117 zerstört, gerettete Teile wurden in die Puerta de las Platerías eingearbeitet. Das heutige Portal wurde zwischen 1765 und 1770 von Ventura Rodríguez geschaffen. Der Name des davor liegenden Platzes und des Eingangs leitet sich von früheren Verkaufsständen des schwarzen Steines Arzabach ab, der als Amulett oft in Form einer geschlossenen Hand vor Unheil schützen soll. Er ist auch heute noch eines der beliebtesten Mitbringsel aus Santiago.

○○ Der sich im Süden der Kathedrale anschließende Kreuzgang wurde ab 1521 von Rodrigo Gil de Hontañón mit spätgotischen und plateresken Stilelementen über dem romanischen Vorgängerbau errichtet. Der Turm in der Nordostecke weist Anleihen chinesischer Pagoden auf, der Turm in der Südostecke hat Ähnlichkeiten mit den Pyramiden der Inka und Maya in Südamerika. Im Westfügel sind heute Museen und Bibliothek untergebracht.

⌂⌂⌂ Plaza de Obradoiro / Praza do Obradoiro: Der **Palacio de Gelmírez / Pazo de Xelmírez** des für den Kathedralbau einflussreichsten Erzbischofs von Santiago de Compostela, Diego II. Gelmírez, schließt sich links der Kathedrale an. Der Vorgängerbau wurde 1117 im Zuge des Bauernaufstandes zerstört. Mit dem Wiederaufbau wurde nach 1120 begonnen. Das Bauwerk, das bis in das 18. Jh. hinein erweitert wurde, dokumentiert in eindrucksvoller Weise die Lebenswelt der Oberschicht um 1200. Durch einen zweischiffigen Erdgeschossraum erreicht man einen Innenhof, von dem aus eine Treppe in den Festsaal im ersten Obergeschoss führt. Dieser kreuzgewölbte Raum, der 32 × 8,40 m misst und für Bankette und Versammlungen genutzt wurde, entstand zwischen 1253 und 1266 in der Zeit des Erzbischofs Juan Arias unter der Leitung von Pedro Boneth. Die Konsolen der Gewölberippen zeigen Bankettszenen; darunter auch Darstellungen der Hochzeit Alfonsos IX. von León. Besonders erwähnenswert sind die beiden Küchen, die sich in dem Palast erhalten haben.

Gegenüber der Kathedrale begrenzt das **Rathaus** (*Ayuntamiento / Pazo Raxoi / Palacio Rajoy*) die Praza do Obradoiro, das zwischen 1766 und 1772 nach Plänen von Charles Lemaur in spätbarockem Stil als Seminar der Beichtväter der Kathedrale und der Chorknaben und als Gefängnis errichtet wurde. Der breitgelagerte Bau erhebt sich mit seinen 24 Fensterachsen über einem Arkadengang. Über dem Mittelgiebel, auf dem die legendäre Schlacht von Clavijo dargestellt ist, ist Santagio *matamoros* mit gezücktem Schwert auf einem sich aufbäumenden Pferd zu sehen, ein Werk des Bildhauers Gambino Ferreiro. Er wirkt hier als kriegerischer Antipode zu den Jakobusfiguren an der Fassade der Kathedrale, die ihn als Pilger zeigen. ○○

Das heute als Luxushotel umgenutzte **Hostal de los Reyes Católicos** am Nordrand der Praza do Obradoiro wurde 1492 von den Katholischen Königen als Pilgerhospital gegründet; 1499 begannen die Bauarbeiten. Die große Anlage wurde nach Plänen des Architekten Enrique Egas über einem *T* mit jeweils einem Kreuzgang für Männer und Frauen errichtet. Die beiden hinteren Höfe wurden erst im 18. Jh. vollendet. Die Geschlossenheit der im 17. Jh. renovierten Hauptfassade wird durch Fensteröffnungen mit teilweise sehr repräsentativen Rahmungen und dem Eingangsportal aufgelockert. Für das prächtige Portal wurden 1519 die französischen Steinmetze Martín de Blas und Guillén Colás vertraglich verpflichtet. Die Portalrahmung vermischt gotische Elemente mit denjenigen der Renaissance. Das Stifterpaar ist in Rundmedaillons abgebildet und durch ihre Wappenschilde repräsentiert. Im Kreuzungs- △△△ ○○○

punkt der vier inneren Flügel ist die Kirche angesiedelt, die von einer hohen Kuppel überwölbt wird. Das Sterngewölbe der Kirche entstand 1572 nach einem Entwurf von Juan de Alavas. Das Pilgerhospital von Santiago de Compostela ist eines der drei Hospitale, die von den Katholischen Königen gestiftet wurden. Die beiden anderen stehen in Toledo (Hospital de Santa Cruz) und Granada (Hospital de los Reyes Católicos), die ebenfalls nach Plänen des Architekten Enrique Egas, jedoch über einem griechischen Kreuz entstanden. Die ungewöhnliche Form der Hospitalbauten, die im Mittelalter normalerweise aus einem rechteckigen Raum bestanden, wird auf italienische Einflüsse zurückgeführt, deren bestes Beispiel das Ospitale Maggiore in dem Architekturtraktat *Sforzinda* von Antonio Averlino, genannt Filarete, gibt.

○○ Die Südseite der Praza do Obradoiro beschließt das **Colegio de San Jerónimo**. Ursprünglich im 12. Jh. neben dem Monasterio de San Martín Pinario nördlich der Kathedrale als Unterkunft für arme Studenten gegründet, wurde es 1501 von Erzbischof Alonso III. de Fonseca als Schule für Künstler und arme Studenten erneut geöffnet. Das Portal wurde im Jahr 1652 von seinem ursprünglichen Standort, einem Hospital in der Calle Azabachería, hierher verbracht. Seine Datierungen schwanken zwischen dem 12. und dem 15. Jh. Im Zentrum des Tympanons ist die Jungfrau Maria, auf der Archivolte sind Heiligenfiguren zu sehen. Das Portal wird von sechs Gewändefiguren flankiert, auf der linken Innenseite steht die Figur des hl. Jakobus. Heute dient das Gebäude als Sitz des Rektorats der Universität. Unmittelbar daran schließt das **Colegio Mayor de Fonseca**, auch Colegio de Santiago Afeo genannt, an, ebenfalls eine Gründung des genannten Erzbischofs und heute Teil der Universität. Es wurde nach Plänen von Juan de Álava unter Rodrigo Gil de Hontañón bis 1543 errichtet.

○○ Der mächtige Block des **Klosters San Martín Pinario** steht nördlich der Kathedrale an der Praza de Inmaculada, gegenüber der Puerta de Azabachería der Kathedrale. Seine Ursprünge lassen sich bis in das 10. Jh. zurückverfolgen. Mit dem Bau der heutigen Anlage wurde 1590 nach Plänen von Mateo López begonnen, der hier einen Übergangsbau zum Barock schuf. Eine päpstliche Bulle erlaubte die Ausrichtung der Klosterkirche von West (Chor) nach Ost (Eingang), wahrscheinlich um den direkten Zugang von der Kathedrale aus zu ermöglichen. Die Hauptfassade zieren Figuren des hl. Martin, der Jungfrau Maria, der hll. Benedikt und Bernhard sowie die vier Evangelisten. Darüber wacht der segnende Gottvater, der ein Kreuz trägt. Erwähnenswert ist vor allem der Hauptaltar, der um 1730 nach Entwürfen von Fernando de Casas y Nóvoa durch Diego de Romay ausgeführt wurde. Die Bauarbeiten des angeschlossenen weitläufigen Kreuzgangs, in dessen Räumen das Priesterseminar untergebracht ist, begannen 1633 nach Plänen des Architekten Bartolomé Fernández Lechuga und wurden von Fernando de Casas y Nóvoa Mitte des 18. Jh.s fortgeführt.

Das **Kloster San Pelayo**, auch *San Payo Antealtares* genannt, an der Praza da Quintana auf der Ostseite der Kathedrale, erhielt seinen Namen nach dem Finder des Jakobusgrabes, Pelayo, galizisch *Paio*. Der Konvent wurde bereits im 9. Jh. unter Alfonso II. gegründet, mit der Aufgabe, das Grab des hl. Jakobus zu beaufsichtigen. Daher wurde der erste Bau in unmittelbarer Nähe der ersten Jakobusmemorie errichtet und erhielt den Beinamen *Antealtares* (*Vor dem Altar*). Als der Neubau der romanischen Kirche geplant wurde, musste das Kloster weichen. Der damalige Bischof Diego Peláez vereinbarte mit den Benediktinermönchen die Aufgabe des Terrains, das ans Kloster angrenzte (*Concordia de Antealtares*, 1077).

Der heutige Komplex wurde im 17. und 18. Jh. errichtet OO
und der Haupteingang zur Kirche mit einer klassizistischen Fassade ausgestattet. Die beteiligten Architekten waren Velasco de Agüera, Fernando de Casas y Nóvoa, der den

Komplex bis 1749 bis zur Puerta de los Carros verlängerte, und Lucas Ferro Caaveiro. Die Kirche wurde um 1700 nach Plänen des Benediktinermönches Gabriel de Casas errichtet. Das Gebäude beherbergt das **Museo de Arte Sacro**, in dem u.a. der erste Altar, der über dem Grab des Jakobus stand, zu sehen ist.

Die **Kirche Santa María Salomé** ist eine der wenigen in Spanien, die der Mutter des hl. Jakobus geweiht sind. Der Ursprungsbau, von dem sich nur die Fassade erhalten hat, stammt aus dem 12. Jh. Die Vorhalle ist ein späterer Anbau; der Turm wurde ebenfalls modifiziert. Zu den herausragenden Ausstattungsstücken gehören die Sitzfigur der Jungfrau Maria und eine Verkündigung mit gotischen Stilelementen.

Die **Kirche San Miguel dos Agros** wurde in klassizistischem Stil über einem Vorgängerbau aus dem 12. Jh. nach Plänen des Architekten Melchor de Prado y Mariño bis 1823 errichtet. Die Fassade ist in ihrer Gestaltung den anderen Kirchen im Altstadtbereich angeglichen. Die Überlieferungen berichten, dass in der Capilla de los Dolores, auch *Capilla de los Ajusticiados* genannt, die Urteile für diejenigen Straftäter verkündet wurden, die durch den Strang sterben sollten, und dass deren Leichname hier bis zur Beerdigung aufbewahrt wurden.

Der Legende zufolge soll an der Stelle der **Kirche San Fiz de Solovio** (*San Félix*) das Gebetshaus des Eremiten Pelayo gestanden haben, der als erster die Lichterscheinungen über dem Grab des hl. Jakobus sah. Der heutige Bau ist ein Konglomerat aus Rekonstruktionen und Anbauten aus acht Jahrhunderten, dessen Neubau durch Bischof Gelmírez angeordnet worden war. Im romanischen Portal ist eine Himmelfahrtsszene aus dem 14. Jh. zu sehen, der Portikus stammt ebenfalls aus dem 14. Jh. Während des 17. Jh.s wurden einige Kapellen hinzugefügt; das 18. Jh. brachte die Erweiterung der Kirche um zwei Schiffe und den Glockenturm.

Das **Kloster San Francisco** wurde der Legende zufolge mit Hilfe eines Schatzes errichtet, den ein Köhler namens Cotolay in einem Brunnen gefunden haben soll, den der hl. Franziskus persönlich angezeigt haben soll. Von dem gotischen Bau sind fünf Bögen im Hof des Kapitelsaals erhalten. Die heutigen Bauten entstammen dem 17. und 18. Jh. Hier ist das **Museo de Tierra Santa** untergebracht.

Das **Kloster Santo Domingo de Bonaval** wurde der Überlieferung zufolge von dem hl. Domingo de Guzmán persönlich während seiner zweiten Pilgerschaft nach Santiago um 1220 gegründet. Die gotische Klosterkirche erhielt im Jahr 1561 eine Renaissancefassade. In einer Kapelle sind die letzten Ruhestätten zahlreicher bedeutender Persönlichkeiten Galiziens (u. a. des Bildhauers Francisco Asorey) zu finden, weshalb das Kloster auch den Beinamen *Panteón de Gallegos illustres* führt. Das Bildnis der Virgen de Bonaval auf dem Hauptaltar stammt aus dem 16. Jh. In dem Kloster ist das **Museo do Pobo Galego** untergebracht, in dem galizisches Brauchtum ausgestellt ist. Als architektonische Besonderheit ist die dreifach gewundene Wendeltreppe hervorzuheben, die den Kreuzgang mit den verschiedenen Geschossen verbindet. Der zum Konvent gehörige Park wurde von Isabel Aguirre in Zusammenarbeit mit Eduardo Chillida gestaltet. Von ihm stammen auch die im Park aufgestellten Skulpturen.

Das Museum **Centro Galego de Arte Contemporaneo** wurde zwischen 1988 und 1993 nach Plänen des portugiesischen Architekten und Pritzker-Preisträgers Álvaro Siza Vieira errichtet und beherbergt die Kunstwerke vor allem zeitgenössischer galizischer Künstler. Das Gebäude aus grauem Granit hat eine geschlossene, ungegliederte Fassade. Zentrum des Baus ist ein dreieckiger Innenhof, um den sich die hellen Ausstellungsräume gruppieren. Von der Terrasse eröffnet sich der weite Blick auf die Altstadt von Santiago.

Die Ursprünge des **Parque Alameda**, der heute die

grüne Lunge von Santiago ist, reicht bis in das Jahr 1546 zurück, als die Grafen von Altamira einige Grundstücke zur Einrichtung der Anlage freigaben. Im Laufe der Jahrhunderte wurde er mehrfach umgestaltet. Seit 1835 trägt er die Bezeichnung *Park*. Die heutige dreigeteilte Anlage geht auf die Veränderungen des Jahres 1918 zurück: Der Landschaftsgarten mit altem Baumbestand, der *Paseo da Ferradura*, der seinen Namen aus seiner Hufeisenform bezog und von dem aus sich spektakuläre Ansichten auf die Kathedrale eröffnen, und die *Carballeira de Santa Susana*, ein Eichenhain. In diesem letzten als *Parque Historico* eingestuften Areal sind heute u.a. die Statuen berühmter Galizier, die Kapellen der hl. Susanna (aus dem frühen 12. Jh.) und del Pilar sowie ein Musikpavillon zu finden.

○ Die **Casa de Parra** an der Praza de Quintana wurde 1683 von dem Architekten Domingo de Andrade errichtet, das Obergeschoss im 20. Jh. aufgesetzt. Der Bau fällt durch die reiche Ornamentierung und vor allem wegen seines prägnanten Schornsteins auf. Das Gebäude wird gegenwärtig als Ausstellungsraum galizischer Künstler genutzt.

Die **Casa da Conga** (*los canónigos*), die zwischen den beiden Plätzen Platerías und Quintana steht, wurde 1709 durch den Architekten Domingo de Andrade als Sitz des Kathedralkapitels errichtet.

Das **Museo de Peregrinación** (Pilgermuseum) ist in einem Gebäude untergebracht, dessen Wurzeln bis in das 14. Jh. zurückreichen, das jedoch im 18. und 19. Jh. umgebaut wurde, so dass sich von diesem frühen, in die gotische Zeit zurückreichenden Bau kaum Spuren erhalten haben. Es wird vermutet, dass dieses Haus Teil eines Ensembles gewesen ist, das den Platz gegenüber der Kirche San Miguel abgeschlossen hat.

Der **Puerta do Camino** benannte Platz bezeugt heute den Ort des Stadttors gleichen Namens, durch das die Pilger auf dem Camino Francés den Stadtkern von Santiago erreichten. Die Stadtmauer musste den Erweiterungen im 19. Jh. weichen, doch blieb die Struktur des alten Zentrums mit seinen Straßen und Platzen erhalten.

Der **Arco de Mazarelos** auf dem gleichnamigen Platz hinter der Universität für Geographie und Geschichte ist der einzige erhaltene Torbogen der ehemals sieben Tore der mittelalterlichen Stadtmauer. Dem *Codex Calixtinus* zufolge wurde durch dieses Tor »der gute Wein von Ribeiro« in die Stadt gebracht.

Das **Kloster Santa María del Sar** (I C) liegt außerhalb der Stadt am Ufer des Río Sar, nahe der Brücke, über die die Pilger aus Ourense nach Santiago gingen. Die Initiative zur Gründung des Konvents, die Unterstützung durch Erzbischof Gelmírez und König Alfonso VII. fand, ging im Jahr 1136 vom Bischof von Mondoñedo, Minio Alfonso, aus. Aufgrund der engen personellen Beziehungen zur Kathedrale von Santiago waren hier die gleichen Bauhütten wie an der Kathedrale beteiligt, was sich vor allem in der Person des Meisters Mateo (Kapitellplastik) zeigt. Die Arbeiten an der romanischen Kirche wurden 1168 abgeschlossen; im 18. Jh. wurden umfangreiche Renovierungen durchgeführt, beispielsweise an der Hauptfassade. Einzelne Elemente wie das Rosettenfenster, das heute in der Chorwand eingebaut ist, ursprünglich aber in der Hauptfassade zu finden war, und ein Lanzettfenster mit Maßwerk in der mittleren Apsis verweisen bereits auf die Gotik. In dem Halbkugelgewölbe der mittleren Apsis sind Reste der Wandmalereien, hier der Virgen de la Misericordia (1546) zu sehen. Von dem ursprünglichen Bau des Kreuzganges, der ebenfalls im 12. Jh. begonnen wurde und um die Mitte des 13. Jh.s beendet war, haben sich neun Rundbögen über Doppelsäulen im Nordflügel erhalten. Auch hier wird die Mitarbeit des Meisters Mateo angenommen. Im Zentrum des Hofes steht ein Brunnen aus dem 13. Jh., der aus einem Granitblock gearbeitet ist. In den angeschlossenen Räumen ist heute das

Museo de Arte Sacro de Santa María del Sar untergebracht.

⇨ Ein Ausflug an das Cabo Fisterra / Cabo Finisterre (›Das Ende der Welt‹; I A) gehört zum Pflichtprogramm nach der Ankunft in Santiago. Im Mittelalter vermutete man hier das Ende der Welt, ehe durch Kolumbus das Gegenteil bewiesen wurde. Die wilde Küstenlandschaft des Atlantiks ist auch als *Costa del Muerte* bekannt, da die unberechenbare Strömung, die Steilküsten und kleinen Inseln immer wieder zu Todesfallen für Schiffe und unvorsichtige Schwimmer werden.

Anhang

Glossar der Fachbegriffe

Alcázar: (span., abgeleitet von arab. *al-qasaba* ›Zitadelle‹) Burg, Festung

Alfiz: (span., abgeleitet von arab. *al-ifrīz* ›Kante, Fries‹) rechteckiges, durch eine Kante eingefasstes Feld um einen Bogen, ein charakteristisches Motiv der hispanoarabischen und mudéjaren Architektur

Apostolado: (span.) Figurenfries der zwölf Apostel

Archivolte: Gewändebogen in romanischen und gotischen Portalen, häufig verziert und mit Skulpturen besetzt

Arco: Bogen, Stadttor

Artesonado: (span.) Technik zur Vertäfelung von Decken und Türen aus verschieden geformten Hölzern in geometrischen Mustern in vertieften Feldern (*artesón* ›Kassette‹), charakteristisch in der hispano-arabischen und mudéjaren Architektur

Bifore: zweibogiges Fenster

Capilla Mayor: (span., ›Hauptkapelle‹) bezeichnet den Chor oder das Chorhaus in der Verlängerung der Vierung

Crismon: (span., *Chrismon* ›Christusmonogramm‹) seit der Spätantike ein wiederkehrendes rundes Motiv auf Tympana, Kapitellen, Grabstelen, Sarkophagen und geformten Ziegeln; monogrammartig setzt es sich mit griechischen Buchstaben aus den Konsonanten X und P des Wortes *christos* zusammen – mitunter erscheinen auch das A und das Ω

Cimbor(r)io: Laterne über dem Vierungsturm oder allgemein Kuppelgewölbe

Coro: Mönchschor, in spanischen Kirchen im Hauptschiff zwischen Haupteingang und Vierung eingelassener abgeschlossener Gebäudeteil

Fuero: (span.) Stadtrechte

Herrera-Stil: strenger schmuckarmer Architekturstil, benannt nach Juan de Herrera, dem Architekten des Escorial-Palastes bei Madrid (beendet 1584)

Isabellinischer Stil: Ornamentstil, der spätgotische Ornamente mit Renaissanceelementen vermischt, zur Zeit Isabellas der Katholischen (z. B. Burgos, Kartause von Miraflores)

Kūfī: (arab., abgeleitet von der Stadt Kūfa) geometrisch eckige Schriftart der arabischen Sprache, die ein besonders hohes Ansehen genoss; wird als hochrangige Schrift bei Architekturinschriften verwendet (vgl. Nashī)

Mozárabes: (Mozaraber, abgeleitet von arab. *musta'rab* ›arabisiert‹) spanische Christen, die in dem islamischen Teil der Iberischen Halbinsel lebten und dort Tribut zahlten

Mozarabische Kunst: künstlerische Zeugnisse der aus dem islamischen Teil Spaniens ausgewanderten Christen, die ihre arabisierten Kulturformen nach Nordspanien (vorwiegend nach León) brachten; bezieht sich zumeist auf Architektur und Bildwerke (z. B. Santiago de Peñalba)

Mudéjares: (span., abgeleitet von arab. *dağana* ›zähmen, dienstbar machen‹) Mauren, die nach der Wiedereroberung in den christlichen Königreichen Nordspaniens gegen Tributzahlungen weiterlebten und ihren Glauben beibehielten

Mudéjar-Kunst: künstlerische Zeugnisse der in den christlichen Königreichen lebenden Mauren, vor allem in der Architektur, bei Stuck- und Fliesendekoration und Holzdecken; Fortführung der islamischen, vorwiegend gegenstandslosen Kunsttradition, in die auch einzelne figürliche Motive wie Tiere und heraldische Motive eingearbeitet werden konnten (z. B. Sahagún, San Tirso; Burgos, Las Huelgas Reales)

Nashī: (arab.) gerundete Schriftart der arabischen Sprache, als Standardschrift gebräuchlich, auch in Architekturinschriften neben der Kūfī-Schrift

Plateresk-Stil: Ornamentstil, der an flache, gehämmerte

Silberschmiedearbeiten erinnert, um 1500, der mit Maskeronen, Wappenschilden, Girlanden usw. als Gestaltungselementen arbeitet

Retabel: Altaraufsatz, Altarwand

Trifore: dreibogiges Fenster

Trascoro: Außenwand des Coro, oft reich dekoriert

Tympanon: Bogenfeld einer Kirche zwischen Türsturz und Archivolten

Yesería: (span., abgeleitet von *yeso* ›Gips, Stuck‹) reich ornamentierter Stuckdekor als Wandverkleidung, charakteristisch in der hispano-arabischen und mudéjaren Baukunst

Literaturhinweise

Arbeiter, Achim / Noack-Haley, Sabine: Christliche Denkmäler des frühen Mittelalters vom 8. bis zum 11. Jahrhundert. Mainz 1999.

Barral I Altet, Xavier (Hrsg.): Die Geschichte der spanischen Kunst. Köln 1997.

Borngässer, Barbara (Hrsg.): Spanien. Kunst, Landschaft, Architektur. Köln 2001.

Bottineau, Yves: Der Weg der Jakobspilger. Geschichte, Kunst und Kultur der Wallfahrt nach Santiago de Compostela. Bergisch-Gladbach 1987.

Bravo Lozano, Millán: Praktischer Pilgerführer. Der Jakobsweg. León 1993.

Bredekamp, Horst: Romanische Skulptur als Experimentierfeld. In: Hänsel, Sylvaine [u. a.] (Hrsg.): Spanische Kunstgeschichte. Eine Einführung. 2 Bde. Berlin 1992. Bd. 1, S. 101–112.

Bredekamp, Horst: Die nordspanische Hofskulptur und die Freiheit der Bildhauer. In: Beck, Herbert [u. a.] (Hrsg.): Studien zur Geschichte der europäischen Skulptur im 12./13. Jh. 2 Bde., Frankfurt a. M. 1994. S. 263–274.

Castiñeiras, González / Manuela, Antonio: Compostela and Europe. The story of Diego Gelmírez. Mailand 2010.

Caucci von Sauken, Paolo G. (Hrsg.): Pilgerziele der Christenheit. Jerusalem, Rom, Santiago de Compostela. Darmstadt 1999.

Domke, Helmut: Spaniens Norden. Neuauflage München 1999.

Drouve, Andreas: Lexikon des Jakobswegs. Personen, Orte, Legenden. Freiburg/Basel/Wien 2006.

Durliat, Marcel: Romanische Kunst. Freiburg 1983.

Engels, Odilo: Die Anfänge des spanischen Jakobusgrabes aus kirchenpolitischer Sicht. In: Römische Quartalschrift 75 (1980), S. 146–170.

Herbers, Klaus / Plötz, Robert: Der Jakobsweg. Mit einem mittelalterlichen Pilgerführer unterwegs nach Santiago de Compostela. Tübingen [6]1998.

Herbers, Klaus: Jakobsweg. Geschichte und Kultur einer Pilgerfahrt. München 2006.

Höllhuber, Dietrich / Schäfke, Werner: Der Spanische Jakobsweg. Landschaft. Geschichte und Kunst auf dem Weg nach Santiago de Compostela. Köln [2]2000.

Klein, Bruno: Die geleitete Wallfahrt. Konstruktion und Wirklichkeit im Pilgerführer nach Santiago. In: Noehles, Gisela (Hrsg.): Kunst in Spanien im Blick des Fremden. Reiseerfahrungen vom Mittelalter bis in die Gegenwart. Frankfurt a. M. 1996. S. 33–49. (Ars Iberica 2.)

Kubisch, Natascha: Der Jakobsweg nach Santiago de Compostela. Unterwegs zu Kunst und Kultur des Mittelalters. Darmstadt 2002.

Marten, Bettina: Der alte Streit ›Spain or Toulouse‹ oder: Wer ›erfand‹ die romanische Kunst auf hispanischem Boden? In: Arbeiter, Achim [u. a.] (Hrsg.): Hispaniens Norden im 11. Jahrhundert. Christliche Kunst im Umbruch. Petersberg 2009. S. 15–20.

Müller, Beatrix: Santa María la Real, Sangüesa (Navarra). Die Bauplastik Santa Marías und die Skulptur Navarras und Aragóns im 12. Jahrhundert. Rezeptor, Katalysator, Innovator? Phil. Diss. Berlin 1997. Berlin 1997.

Porter, Arthur K.: Spanish Romanesque Sculpture. Florenz [u. a.] 1928. – Erneut New York 1969.

Rückert, Claudia: Die Bauskulptur von San Miguel in Estella (Navarra). Königliche Selbstdarstellung zwischen Innovation und Tradition. Mainz 2004.

Santiago de Compostela – 1000 ans de Pèlerinage Européen (Europalia 85 España – Ausstellungskatalog). Hrsg. Ville de Gant, Centrum voor Kunst en Cultuur, Abbaye Saint-Pierre. Gent 1985.

Shaver-Crandell, Annie [u. a.]: The Pilgrim's Guide to Santiago de Compostela. A Gazetteer. London 1995.

St. James – The Hope (Xacobeo '99 – Ausstellungskatalog). Hrsg. Xunta de Galicia, Fonseca School. University of Santiago. Santiago de Compostela 1999.

Valdeón, Julio [u. a.] (Hrsg.): España y el »Sacro Imperio«. Procesos de cambios, influencias y acciones recíprocas en la época de la »europeización« (siglos XI–XIII). Valladolid 2002.

Wegener, Ulrich: Der Jakobsweg. Auf der Route der Sehnsucht nach Santiago de Compostela. Freiburg/Basel/Wien 2000.

Nachweis der Karten und Abbildungen

Achim Bednorz: 58, 183, 195, 210, 255 – Huber: 46, 327 – Huber/Gräfenhain: 103, 181, 213, 269, 281 – Huber/Schulte-Kellinghaus: 8, 14, 107, 113, 121, 160, 193, 235, 245, 308 – Huber / von Dachsberg: 34, 55, 169, 276, 287, 303 – Klaus Kühner, Hüttenwerke: Karten in den Umschlagklappen, 44, 95, 176, 248, 324 – Schapowalow/Huber: 217

Der Verlag Philipp Reclam jun. dankt den Rechteinhabern für die Reproduktionsgenehmigung. Nicht nachgewiesene Abbildungen und Lagepläne entstammen dem Archiv des Verlags. In einigen Fällen konnten die Rechteinhaber nicht ermittelt werden. Hier ist der Verlag bereit, nach Anforderung rechtmäßige Ansprüche abzugelten.

Ortsregister

Personenregister

Zur Autorin

BETTINA MARTEN studierte Kunstgeschichte, Klassische Archäologie, Soziologie und Philosophie in Hamburg. Sie verbrachte zweieinhalb Forschungsjahre in Spanien und arbeitete u. a. für das Weserrenaissance Museum Schloss Brake/Lemgo, gefolgt von der Lehrtätigkeit an der TU Dresden und an der Johann Wolfgang Goethe-Universität Frankfurt a. M. Neben zahlreichen Aufsätzen im In- und Ausland veröffentlichte sie zuletzt u. a. *Hispaniens Norden im 11. Jahrhundert – Christliche Kunst im Umbruch* (mit Achim Arbeiter und Christiane Kothe), Petersberg 2009, und den Stadtführer *Limburg an der Lahn*, Petersberg 2010.